全国鉄道事情大研究
東北・西部篇

川島令三

草思社

はじめに

全国の鉄道事情をエリアごとに詳説する『全国鉄道事情大研究』は本篇をもって30篇となり完結した。現地取材に多くの時間を費やし、現状を把握して丁寧に執筆したため1篇あたりのページ数は多くなった。第1巻目の『神戸篇』は平成4年（1992）3月に刊行した。本篇でシリーズを完結するのに、実に26年もの年月を要した。しかし、その分、各篇の中身は濃いものであることを自負している。最終篇にあたる『東北・西部篇』はトリを飾るにふさわしい、東北の大幹線である東北新幹線をまず取り上げる。

東北新幹線は実キロで672キロもあり、東海道新幹線よりも長い。東海道新幹線は山陽新幹線と相互直通しているが、走っている車両は700系かN700系の2種しかない。列車種別も「のぞみ」と「ひかり」、それに「こだま」の3種しかない。

東北新幹線はE2系、E5系だけではなく、新幹線と奥羽《おうう》・田沢湖《たざわこ》線を直通する、いわゆる新在直通電車のE3系、E6系があり、列車種別も「はやぶさ」「はやて」「やまびこ」「なすの」、それに新在直通電車の「つばさ」「こまち」と6種類に及ぶ。

東京—大宮間だけに限ると、E4系とE7系が加わり、列車種別も上越新幹線の「とき」と「Maxとき」「たにがわ」、北陸新幹線の「かがやき」と「はくつる」「あさま」も加わる。

形式で6種類、列車種別で12種類が走っている。さらにJR北海道のH5系とJR西日本のW7系も走る。多種多様の電車が走る東北新幹線なので興味が尽きない。

ところで、JR東日本は将来的に東北新幹線や山手線で完全自動運転を目指すとしている。ところが自動運転の技術は昭和56年（1981）2月に開通した神戸ポートライナーで実現している。なぜ、すでに確立しているのに行わないかというと、新幹線は高速で走るためなにかあったときに自動運転は不安だ。それに、新幹線のような複雑なダイヤの運行は機械ではできない、人間による微妙な匙《さじ》加減の運転が必要だということで自動運転は採用していない。

AI技術は人間が行ってきた微妙な運転操作を学習していくので、数々のマイナスの要因は解消できる。そうなれば人間が介在する、いわゆるヒューマンエラーが起こらない。かえって手動運転よりも安全である。なんら心配がない自動運転技術の確立を目指して開発してもらいたいものである。

東北の主な在来線に目を向けると、多くの区間が標準軌化してミニ新幹線電車が走る奥羽本線、日本海縦貫線を担う羽越《うえつ》本線、それに『東北・東部篇』で取り上げた東北本線の3路線がある。そして、東西に結ぶ東北横断線は多くの路線があるが、本篇では磐越《ばんえつ》西線と米坂《よねさか》線、仙山《せんざん》線、陸羽東《りくうとう》線、陸羽西《りくうさい》線、北上線、それに全線標準軌化された田沢湖線を取り上げている。

各路線とも特徴ある路線形態や運転形態をしており、興味が尽きない。なかでもミニ新幹線電車が走る田沢湖線は雪深いローカル路線のように見えて、最新のE6系電車が走っている。これがミスマッチではなく周囲の自然の景色に溶け込むように走っている。

只見《ただみ》線は一部区間が不通だが、只見川に沿って走る区間は、まさに大自然の中を走り抜けており絶景が楽しめる。磐越西線の郡山―喜多方間は東北新幹線連絡の快速が頻繁に走る。途中には、スイッチバック駅としては廃止された中山宿駅があったが、その旧スイッチバック駅が公園として整備されている。また、仙山線の仙台—愛子《あやし》間は仙台都市圏、白新《はくしん》線全線は新潟都市圏として朝夕の通勤通学時にはラッシュ輸送をしている。さらに白新線の新潟駅は高架化され、上越新幹線電車と在来線の特急「いなほ」とが同じホームに顔を並べて、新在の両線の乗り換えが楽になった。

左沢《あてらざわ》線は距離が短い盲腸線だが、山形近郊路線として朝夕通勤通学時は混んでいるだけでなく、閑散時も結構利用されている。

私鉄に目を向ければ、野岩《やがん》鉄道と会津《あいづ》鉄道が、東武日光・鬼怒川《きぬがわ》線と接続して南北に路線を伸ばしている。そこに3社一体運営で長距離列車を走らせている。

このほかの第3セクター鉄道として山形鉄道と由利高原《ゆりこうげん》鉄道、それに秋田内陸縦貫《あきたないりくじゅうかん》鉄道がある。3路線とも赤字路線ではあるが、乗客増に努力を重ねている。そのなかで秋田内陸縦貫鉄道は営業キロが90キロを超える長大路線である。

本書の各統計数字は断りがない限り平成27年度のものだが、混雑率については平成28年度のものである。

冒頭で述べたように『全国鉄道事情大研究』は初篇から26年もの長い年月をかけた。大幹線はもとより注目されない小路線も何度も足を運んで調査した。埋もれていた事実を発掘し、それを理解して読者諸兄に紹介させていただくとともに、筆者自身もいろいろと学ばせていただいた。

『全国鉄道事情大研究』はこれで終了するが、筆者自身としてはこのシリーズは宝物であり、ライフワークでもある。ずっと愛読していただいた読者諸兄に対して、ただただ感謝する次第である。

平成30年9月

目次

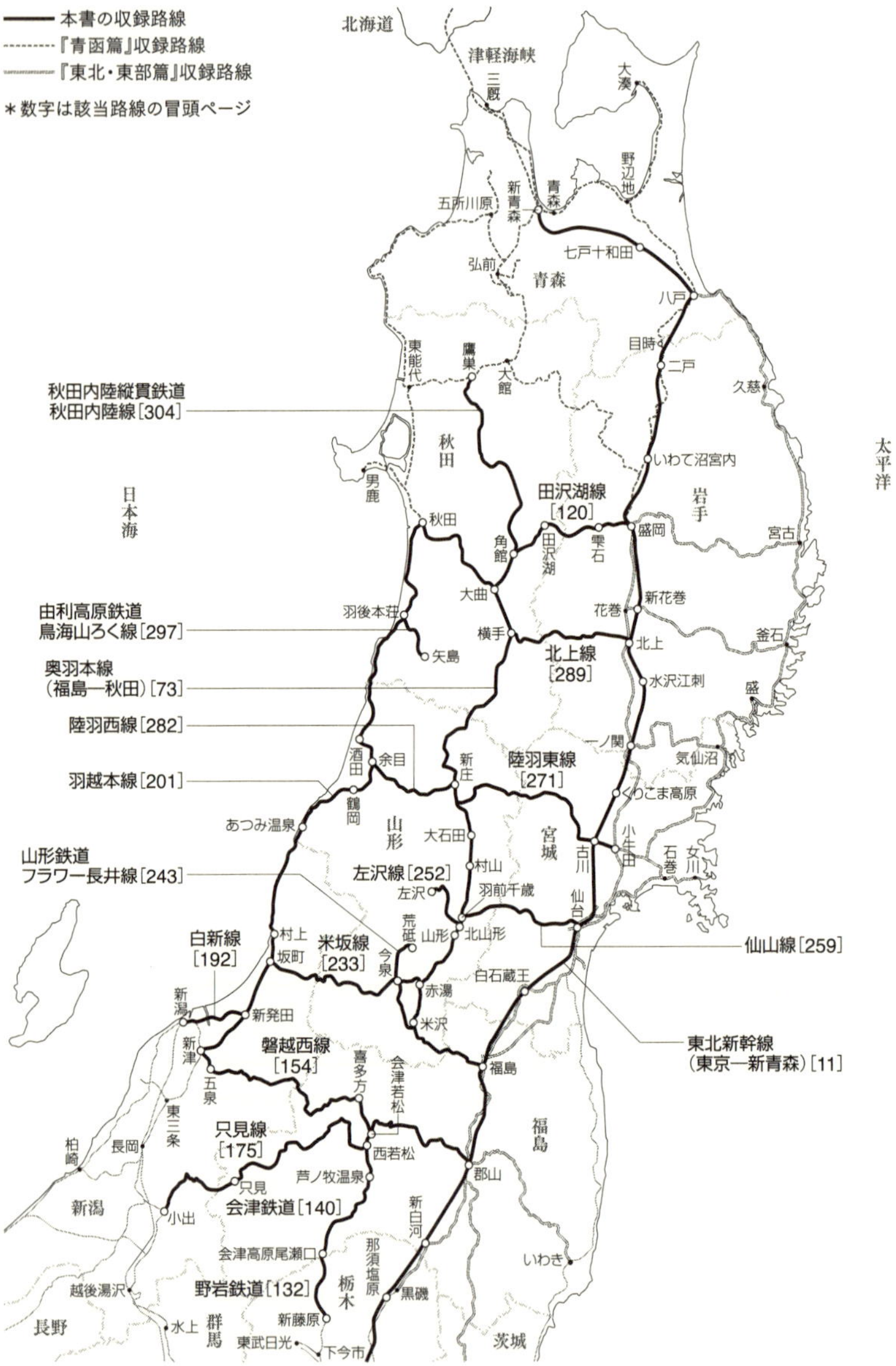
本書の収録路線
『青函篇』収録路線
『東北・東部篇』収録路線
＊数字は該当路線の冒頭ページ
北海道
津軽海峡
三厩
大湊
野辺地
青森
新青森
五所川原
七戸十和田
弘前
青森
八戸
目時
二戸
東能代
鷹巣
大館
久慈
太平洋
秋田内陸縦貫鉄道
秋田内陸線［304］
秋田
いわて沼宮内
男鹿
日本海
田沢湖線
［120］
岩手
秋田
盛岡
宮古
角館
田沢湖
雫石
大曲
新花巻
花巻
由利高原鉄道
鳥海山ろく線［297］
羽後本荘
横手
北上
釜石
矢島
北上線
［289］
奥羽本線
（福島―秋田）［73］
水沢江刺
盛
陸羽西線［282］
一ノ関
酒田
余目
新庄
陸羽東線
［271］
気仙沼
羽越本線［201］
くりこま高原
鶴岡
山形
あつみ温泉
大石田
宮城
古川
小牛田
石巻
女川
山形鉄道
フラワー長井線［243］
左沢線［252］
村山
左沢
羽前千歳
仙台
白新線
［192］
村上
荒砥
山形
北山形
仙山線［259］
米坂線
［233］
坂町
今泉
赤湯
白石蔵王
新潟
新発田
米沢
東北新幹線
（東京―新青森）［11］
新津
磐越西線
［154］
福島
五泉
喜多方
会津若松
東三条
只見線
［175］
福島
柏崎
長岡
西若松
郡山
只見
芦ノ牧温泉
新潟
小出
会津鉄道［140］
新白河
会津高原尾瀬口
那須塩原
いわき
越後湯沢
野岩鉄道［132］
栃木
黒磯
長野
群馬
水上
新藤原
茨城
東武日光
下今市

全国鉄道事情大研究

東北・西部篇

ＪＲ東北新幹線

盛岡以北でも３２０㌔運転をして東京―新函館北斗間４時間の壁を破るべし

POINT!

東北新幹線は、北海道新幹線と相互直通をして東日本と北日本の背骨にあたる大幹線である。現在は宇都宮―盛岡間で、最高速度３２０㌔で運転されている。今後、北海道新幹線が札幌まで開通したときには３６０㌔運転も予定されている。

だが、北海道新幹線も含めて全区間で設計速度は２６０㌔である。この設計速度以上の速度を出すことを可能にするために、車体の正面形状に工夫を加え、車体傾斜機能を持たせて３２０㌔運転を実現させた。これを今後は３６０㌔に向上させる予定である。今後の焦点は３６０㌔で走る上下線の列車がすれ違う時のショックをどう和らげるかである。これについては台車に工夫を加えて車内のショックを和らげることになる。事実、東海道山陽新幹線で走るＮ７００Ｓはこれを採用している。しかし、乗客へのショックは和らげられるが、車体にかかる様々な空気圧までは和らげられてはいない。ずっとショックを与えられ続けていると経年疲労によって車体に亀裂ができる恐れがある。最もいいのは車体幅を在来線並みに狭くして上下列車間の距離を広げることである。

ということは、在来線に直通する秋田新幹線用のＥ６系を札幌行に使用するということである。あるいは車体幅だけＥ６系にして長さはフル規格にすることである。何はともあれ、今後の速度向上が楽しみである。

【概要】東北新幹線は東京と新青森を結ぶ路線である。実キロは672・0キロ、営業キロは713・7キロとなっている。うち東京—盛岡間は東北本線の線増線名目で開通したため、営業キロは東北本線と同じになっている。同区間の東北新幹線の実キロは493・6キロである。

盛岡以北の東北本線は一度廃止されて、それをIGRいわて銀河鉄道と青い森鉄道が引き継ぎ運行する方式を採用しているために、東北新幹線のほうは実キロイコール営業キロとなっており、その距離は178・4キロである。

東北新幹線は東北本線と並行し、多くの駅で東北本線と連絡する。東北本線ではなく他の路線だけと連絡している駅も多い。古川《ふるかわ》駅で陸羽東線、新花巻《しんはなまき》駅で山田線、いわて沼宮内《ぬまくない》駅と二戸《にのへ》駅でIGRいわて銀河鉄道、八戸《はちのへ》駅で八戸線と青い森鉄道、新青森駅で奥羽本線と連絡している。

大宮駅で上越新幹線が分岐し、東京—大宮間に上越新幹線電車と北陸新幹線電車が直通している。福島駅では標準軌化された奥羽本線（愛称・山形新幹線）、盛岡駅では同じく標準軌化した田沢湖線（愛称・秋田新幹線）、そして新青森駅で北海道新幹線と接続して、それぞれの路線と直通運転をしている。東京駅では東海道新幹線とはレールがつながっていない。一応は接続することができるように準備はなされているが、今のところはつなげることはない。

他線とまったく連絡をしていない単独駅は白石蔵王《しろいしざおう》、くりこま高原、水沢江刺《みずさわえさし》、七戸十和田《しちのへとわだ》の4駅がある。

昭和45年（1970）5月に全国新幹線鉄道整備法が制定され、これに基づいて46年1月に「建設を開始すべき新幹線鉄道の路線を定める基本計画」が運輸省から告示された。このとき東北新幹線と上越新幹線、成田新幹線が指定された。東北新幹線の起点は東京都、終点は青森市、主要な経由地は宇都宮市附近、仙台市附近、盛岡市とした。

続いて14路線の基本計画が2回に分けて告示された。これらは基本計画新幹線と呼ばれる。

昭和46年4月に東北新幹線と上越新幹線、成田新幹線の整備計画（整備新幹線）が決定した。東北新幹線は国鉄、上越新幹線と成田新幹線は鉄道建設公団が建設することで運輸大臣から指示された。

ただし、各線の着工区間は東北新幹線は東京―盛岡間、上越新幹線は大宮―新潟間、成田新幹線は東京―新東京国際空港間全線とし、東北新幹線の盛岡―新青森間と上越新幹線の新宿―大宮間は先送りされた。

国鉄は同年2月に新幹線建設局を設置、6月に東京第二建設局宇都宮工事事務所と仙台新幹線工事局、それに福島工事事務所が置かれ、建設体制が整備された。10月に東京―盛岡間の工事実施計画が運輸大臣から認可されて着工した。

建設基準は最高設計速度260㌔、最小曲線半径4000m、最大カント量155㎜、最急勾配15‰、軌道中心間隔4・3m、標準電圧交流25kVと、ここまでは山陽新幹線広島―博多間と同じだが、周波数は60Hzから50Hzに、ATCの周波数は各速度段階毎に2周波組合せとして誤動作を防ぐようになった。2周波組合せは、東海道・山陽新幹線にも取り入れられた。

しかし、その後オイルショックや戸田市から伊奈町にまでわたって建設反対運動が起こった。このため予定していた昭和51年度開業は遅れに遅れ、大宮―盛岡間が開通したのは57年6月となってしまった。大宮以南は用地買収などに時間がかかり、開業は先送りされた。

その前の昭和53年６月に東京起点50・８キロの東北本線久喜《くき》駅北側から93・６キロの東北本線石橋《いしばし》駅南側の延長42・８キロを先行完成させて、新幹線総合試験線として各種試験を行った。ちょうど東海道新幹線が開業する前に、小田急の高座《こうざ》渋谷《しぶや》駅の交点付近から鴨宮までを先行完成させてモデル線にしたようである。

試験車両は９６１形と９６２形である。９６１形は昭和48年８月に竣工したもので、全国新幹線鉄道が開通したときの標準となる車両を造るにあたっての仕様を決める試験電車である。

現在では０系とされている量産新幹線電車を上回る高速性能を持つ試験電車として９５１形２両編成があった。量産新幹線電車のモーター出力は１８５kWだが９５１形は２５０kWにアップして時速２５０キロ運転を目指した。

昭和47年２月に９５１形は山陽新幹線で２８６キロを達成したものの、次期新幹線電車として、いま一つ物足りないものがあったので、山陽新幹線での２６０キロ運転は当分先として、ずっと０系が造られ続けた。

この９５１形を再考した試作電車として９６１形が昭和48年に登場した。２両編成では各種試験を行いにくいということで６両編成となった。モーター出力は２７５kWにさらにアップし６両編成のうち１両は食堂車、もう１両は１人個室と２人個室、６人個室、枕木方向向かい合わせの寝台とレール方向向かい合わせの開放寝台などを設置した。個室は寝台と座席の兼用で２人個室は間仕切りで１人個室にもできる。９６１形は山陽新幹線で各種試験を行ったが、山陽新幹線では２１０キロを超える走行試験は行われなかった。新幹線総合試験線の完成によって東海道新幹線大井基地から総合試験線の小山基地まで陸路で回着して、こちらで速度向上試験を含む各種試験を行い始めた。そして昭和52年12月に３１９キロを達成した。

各種試験を行うには９６１形６両編成１本では無理があるということで９６２形が造られた。９６１形と異なるのは北を走る新幹線電車を前提に寒冷地対策と雪害対策が施されていることである。また、雪国の春を待つということで、窓回りやスカートは東海道・山陽新幹線の濃紺色から若草色に変更された。

総合試験線では９６１形と９６２形、それに電気・軌道総合試験電車の９２５形７両編成によって各種試験がなされた。当面の最高速度は２１０キロだが、９２５形による速度向上試験が仙台―一ノ関間で行われた。まず２４０キロ、続いて２６０キロ、そして２７２キロをマークした。

９６２形をもとにして東北上越新幹線用の量産電車が登場した。これを２００系とした。東海道新幹線ではそれまで「系」はなく、各形式だけ番号が付けられていた。たとえば博多寄り先頭車は21形、パンタグラフ付普通車の中間車は26形、パンタグラフなし普通車の中間車は25形、東京寄り先頭車は22形としていた。

東北新幹線電車が東海道山陽新幹線に乗り入れた場合を前提に、東京寄り先頭車は博多寄り先頭車になるので、東海道新幹線の博多寄り先頭車の21形に２００を足して東京寄り先頭車を２２１形とした。そして東京寄り先頭車を１号車にした。

他の形式も東海道新幹線の形式に２００を足したものにした。このため系列称号を２００系とした。そして東海道山陽新幹線電車の系列称号を０系としたのである。

しかし、東海道山陽新幹線電車を0系とするならば021形ということになる。さすれば0系ではなく000系とするのが正しい。0系とするならば東北新幹線電車は2系とするほうが正しいという意見もあった。なお、東海道山陽新幹線用の0系のモデルチェンジ車として100系が考えられていたために東北・上越新幹線用は200系とした。

そして、JR東日本になってからの新系列電車では山形新幹線用の400系を除いて、EastのEを付けてE1系とするようになった。形式称号で理にかなったやり方である。

ともあれ200系はモーター出力を230kWにアップし、ボディマウント構造で雪が機器に付着しないようにした。また、モーター等への冷却送風装置への空気に雪が混ざらないようにする雪切室を設けた。そのため、各車は0系にくらべて横1列5人分の定員が少なくなっている。

200系は、上越新幹線用も含めて12両編成36本432両を用意して昭和57年6月に大宮―盛岡間が開通した。当初は上野―大宮間も含めて上野―盛岡間を一気に開業する予定だったが、学校の下を通る赤羽台トンネルでの騒音問題や荒川を渡った埼玉地区では、埼京線の新設と線路に沿って緩衝地帯を設けて騒音を緩和することにしたため工事は遅れに遅れた。

大宮―盛岡間は昭和56年6月に先行開業された。しかも並行する東北本線の昼行特急のうち「やまびこ」4往復と「ひばり」14往復中6往復を廃止するが、残りの「ひばり」と「はつかり」の盛岡―青森間は存続させる。上越新幹線が開通する11月には在来線も含めて大幅にダイヤを改正するが、それまでの期間は暫定開業で、盛岡での特急接続もあまり考慮されないダイヤが組まれた。

列車愛称は通過列車タイプを「やまびこ」、各駅停車タイプを「あおば」とした。「やまびこ」は大宮

―盛岡間とし、停車駅は宇都宮、郡山《こおりやま》、福島、仙台、以遠各駅、「あおば」は大宮―仙台間の運転である。

1日の運転本数は「やまびこ」が4往復、「あおば」が6往復と非常に少ないが、お盆の時期には不定期「やまびこ」が7往復（うち2往復は大宮―仙台間）運転された。大宮―盛岡間の所要時間は3時間17分、表定速度141・8キロである。また、「やまびこ」の大宮―仙台間の所要時間は1時間59分、表定速度148・3キロとなっている。

未開通の上野―大宮間には「新幹線リレー」号を運転する。使用車両は185系特急電車の14両編成だが、下りの3号は近郊形115系15両編成、上りの28号は急行形455系12両編成を使った。

「新幹線リレー」号はノンストップで所要時間は25分、大宮駅での最短の乗り換え時間は15分となっている。「新幹線リレー」号と「やまびこ」号、そして乗り換え時間を合計した上野―盛岡間の最短所要時間は3時間58分である。東北新幹線開通前の特急「はつかり」号の上野―盛岡間の最速の所要時間は6時間23分だったので、2時間25分短縮した。

上越新幹線も開通した11月の本開業をしたときには「やまびこ」は1時間毎の運転となり、その間に「あおば」が運転されるパターンダイヤになっており、始終発時には大宮―仙台間の区間「やまびこ」が下り1本、上り3本が走る。

暫定開業時には盛岡駅で特急「はつかり」との接続が非常に悪かったが、本開業後には盛岡駅で下り13分、上り15分で接続する「はつかり」を設定した。盛岡―青森間の最速の所要時間は2時間26分なので上野―青森間は6時間36分となった。

また大宮駅では下りの東北新幹線電車が発車して5分後に上越新幹線電車が発車、上りでは上越新幹線電車が到着して7分後に東北新幹線電車が発車するダイヤにしており、これら2列車を一本の「新幹線リレー」号が接続するようにした。

昭和60年3月に上野―大宮間が開通した。このとき、水沢江刺駅と新花巻駅が開設され、最高速度も２４０キロになった。ただし、上野―大宮間の最高速度は１１０キロと在来線並みの遅さなので、所要時間は19分、表定速度86・8キロでしかない。

さらに停車駅を福島または大宮、郡山、仙台に限定した「やまびこ」が設定された。利用者はこれを「スーパーやまびこ」あるいは「スーパー」と呼び、非常に重宝された。

「スーパー」の所要時間は上野―盛岡間で2時間45分である。大宮―盛岡間では2時間25分、表定速度は１９２・７キロにもなる。また、大宮―仙台間では1時間33分、１８９・８キロになっている。廃止された「新幹線リレー」の乗り換えがなくなったことも加わり、上野―青森間は5時間22分に短縮された。

通常の停車駅による「やまびこ」の大宮―仙台間でも1時間43分と16分短縮した。大宮―盛岡間の所要時間は3時間1分とやはり16分の短縮である。しかし、盛岡以北に水沢江刺駅と新花巻駅が開設され、仙台―盛岡間で２４０キロ運転をしても停車駅が2駅増えたために短縮効果が出ず所要時間が変わらなかった。また、上野―仙台間が通常「やまびこ」でも所要時間が2時間3分に短縮された。このため所要時間だけでなく運転本数や利便性を見ても圧倒的に空路よりも有利になり、ほどなくして羽田―仙台間の空路は廃止された。

国鉄が分割民営化され、東北新幹線はＪＲ東日本の路線となった。その約1年後の昭和63年8月に運輸省は整備新幹線の暫定整備計画を発表した。東北新幹線盛岡—青森間では、沼宮内—八戸間については通常の新幹線規格で建設するが、その前後の区間は在来線を標準軌化して、ミニ新幹線電車を走らせる計画にした。

このとき沼宮内駅も八戸駅も在来線の駅を使用する。正確には沼宮内駅を過ぎて次の御堂駅の手前に新沼宮内信号場を設置、ここから新幹線区間に入る。八戸駅でも同駅手前に新八戸信号場を設置して、ここから在来線に入る。途中に新幹線二戸駅を設置する。延長127・9キロの区間を新幹線として建設するものである。

平成元年8月に難工事事業として岩手トンネルを着工、また、東京—上野間も着工した。しかし、結局、盛岡—新青森間はフル規格で建設されることになる。

平成3年6月に東京—上野間が開通した。東京駅の東海道本線の6、7番線を東北新幹線用に転用したため、島式ホーム1面2線しかない。また、神田駅付近では東北本線の高架橋を撤去して新たに東北新幹線用高架橋を新設した。この高架橋は上部に東北本線高架橋（今の上野東京ライン）を設置する2重高架にできるような設計になっていた。

島式ホーム1面2線しかないが、それまでの上野発着の列車のうち96％を東京発着にできるようにし、上野発着は主として臨時列車とした。多くを東京発着としたので、東京駅での折り返し時間を短縮しなくてはならない。そこで折り返し清掃の時間の短縮を行った。

国鉄が昭和45年ころに計画した東北新幹線東京駅は島式ホーム2面4線とし、そのうちの1面2線は現在の東海道新幹線の14、15番線となっている。14、15番線の頭端側が東北新幹線に並行して曲がって

昭和46年時の東京駅配線計画

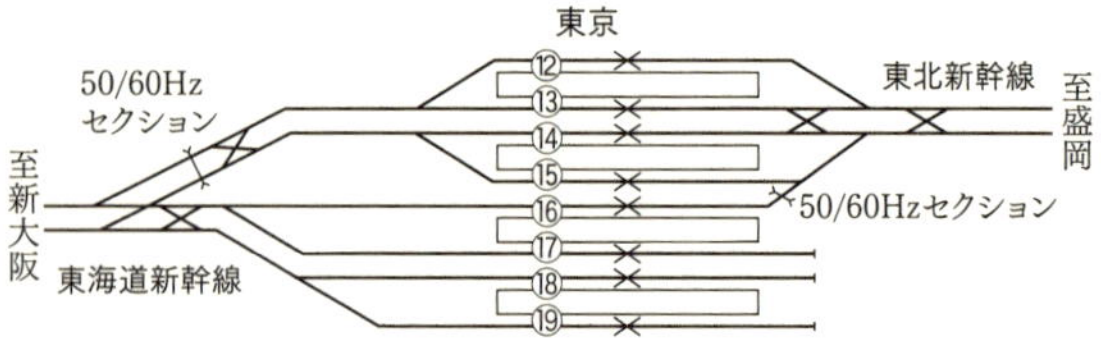

昭和46年に構想された東北新幹線の配線計画図には、当時の東海道・横須賀線の12〜15番線のスペースを東北新幹線用に転用し、東海道新幹線と直通運転をすることを念頭に置いていた。東北新幹線の発着線となった12〜15番線はすべて東海道新幹線に直通できるようにし、東海道新幹線の16番線も東北新幹線に直通できる配線とした。

東北本線の上野—東京間はそのまま残しておくために、東北新幹線と東海道新幹線のホームはすべて直線にして東北本線からやや離れて北上するつもりだった。

なお、上野駅も設置するが、このときの配線略図では島式ホーム１面２線になっている。

昭和52年時の東京駅配線計画

……………は15番線を東海道新幹線用に転用変更計画時

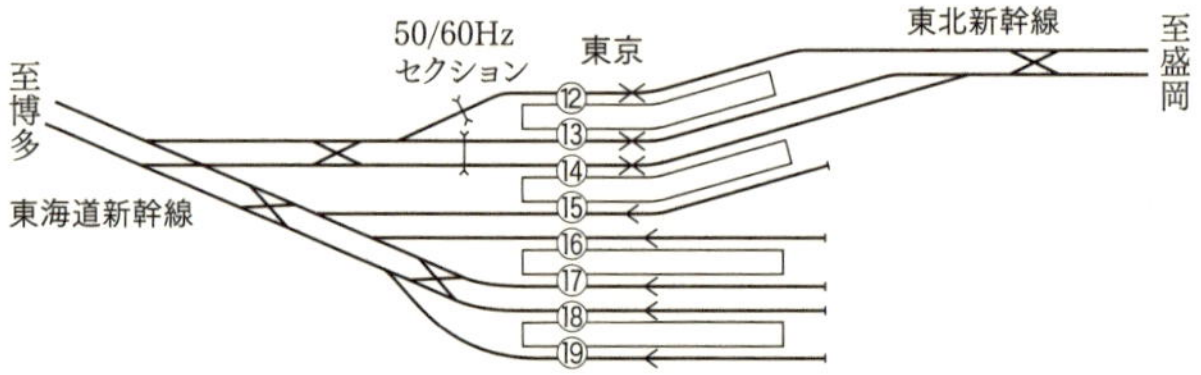

昭和52年になると、東北新幹線をまっすぐ北上するための用地買収は困難と判断され、東北本線と東北新幹線を２重高架にして用地買収をしなくてすむようにした。また、東海道新幹線の発着線不足によって入線待ちの電車が多発したことから15番線は東海道新幹線の発着に変更した。このために東北新幹線の発着線は３線に減じた。東北新幹線の発着不足対策としては新宿駅に第２ターミナルを造るとした。もともと計画では上越新幹線の起点は新宿駅であり、上越新幹線の新宿—大宮間を建設することは決定していた。

平成2年頃の東京駅配線構想

………が東海道新幹線直通時

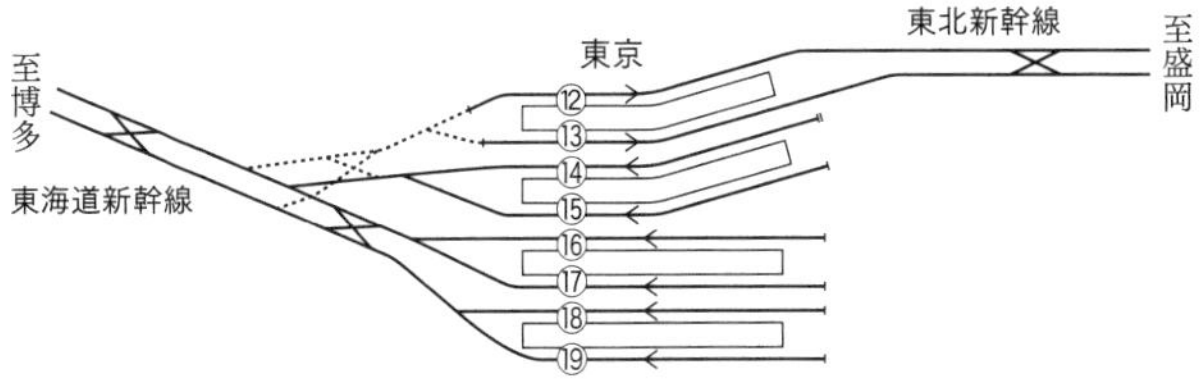

東海道新幹線用として東北本線の14・15番線を転用したため、東北新幹線は東海道本線の12・13番線だけを転用することになった。2線の発着線では折り返しのための時間が制約される。そこで、一部の列車を東海道新幹線に直通することで解決を図ろうとした。しかし、東海道新幹線を運営するJR東海は同線のダイヤに余裕がないことから拒否した。このため折り返し整備を迅速に行えるように、さらに上野駅まで回送して同駅の19・22番線でも折り返し整備をすることにした。

現在の新幹線東京駅

………は直通想定

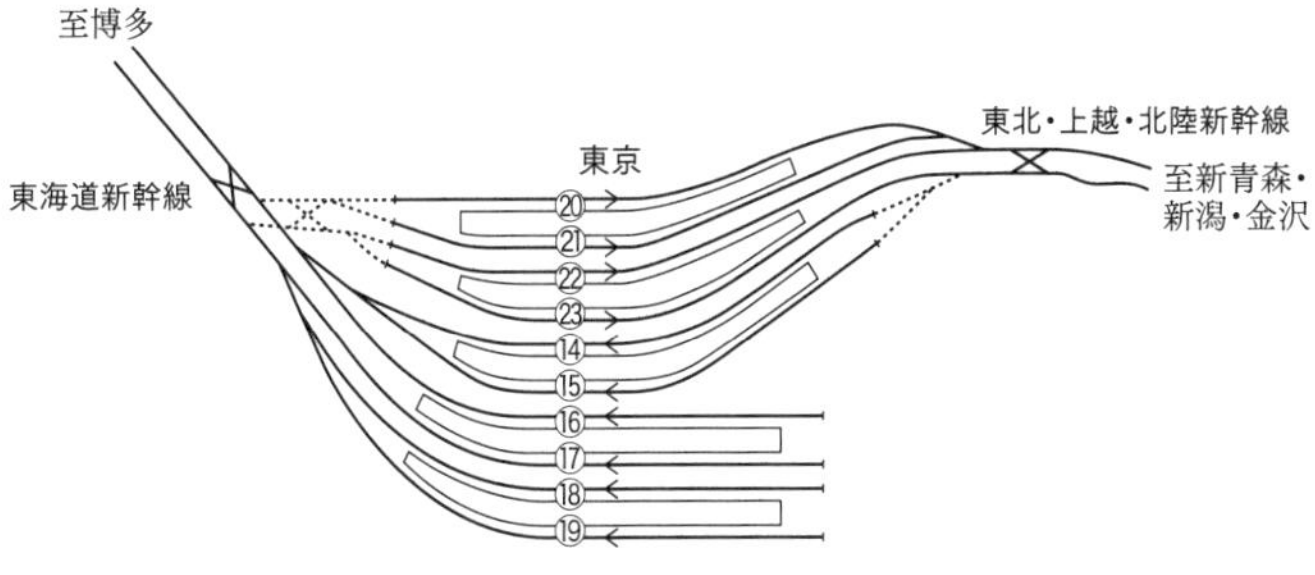

現在の東京駅は14～19番線が東海道新幹線、その北側に東北新幹線の20～23番線がある。東海道本線の9・10番線をそのまま東北新幹線に転用すると東海道本線の発着線は2線だけになってしまう。そこで中央線東京駅を高高架にして、その下に京浜東北線北行と山手線内回りを置くという2重高架にし、順次、北にずらして東海道本線用の2線分の発着線のスペースを造った。東北新幹線が20番線から始まっているのは、2線分の発着線を増やしたために中央線を1番から付番すると14・15番線が重複してしまう。それを避けたものである。

リニア中央新幹線が完成すれば東海道新幹線のダイヤに余裕ができることから、東北新幹線と東海道新幹線の直通運転は可能ということで、一応直通できる構造で20～23番線は造られているといわれる。

いるのはこのためだった。また、16番線も頭端側で東北新幹線に接続するとした。

その後、東海道新幹線の発着線不足で同新幹線用として14、15番線を設置した。分割民営化後、JR東日本は14、15番線で一部の東北新幹線電車を発着させてほしいと申し込んだが、JR東海は東海道新幹線の発着線不足を理由に即座に断った。そこで、東海道本線の島式ホーム1面2線を東北新幹線の発着線に転用することにした。

平成4年7月には、奥羽本線福島―山形間を標準軌化して新幹線電車が直通する、いわゆる山形新幹線が開業した。新幹線電車が在来線に直通することから新在直通電車と呼ばれ、東京―山形間直通電車の愛称は「つばさ」とした。

新在直通用として400系を用意し、200系のうち8両編成11本を400系と連結できるように改造した。山形寄りに400系、東京寄りに200系を連結する。「つばさ」の最高速度は新幹線区間で245キロ、在来線区間で130キロで、東京―山形間の最速の所要時間は2時間27分である。しかし、多くは2時間40分から50分で走り、それらの新幹線電車の新在直通前にくらべて所要時間の短縮は20分程度である。それでも乗り換えなしの直通運転は便利である。

那須塩原《なすしおばら》駅や上越新幹線の高崎駅から東京方面への新幹線通勤客が増加の一方にあり、朝の上り列車が混雑してきた。そこで平成6年にオール2階建て新幹線電車E1系が登場して7月から運転を開始した。

12両編成で総定員は1235人、うちグリーン車102人である。常時自由席車となる1～4号車の階上（2階建て部分の2階）の座席は横3&3の6人掛けになっている。空いているときに2&2列で使用ができるように3人掛けの中央の座席に折り畳み式のアームレストを設置していた。さらにデッキ部分に左右各2席分の折り畳み式の補助座席も設置している。

平成7年12月に各駅停車の「あおば」を廃止して東京―那須塩原間を走る各駅停車「なすの」が登場した。このとき「つばさ」は6両編成から7両編成に増結した。併結する「やまびこ」も10両編成となり、17両編成の「つばさ・やまびこ」の併結列車が走るようになった。

平成9年3月に秋田新幹線が開業した。秋田新幹線用車両はＥ３系、北陸新幹線用Ｅ２系の盛岡寄り先頭車にＥ３系と連結できる分割併合装置を設置したＥ２′系8両編成を新造した。これに従来の２００系も使う。

秋田新幹線直通列車の愛称は「こまち」とし、Ｅ２′系併結「こまち」は東北新幹線宇都宮―盛岡間で２７５キロ運転をする。ただし２７５キロになるとＡＴＣによって自動的にブレーキがかかる頭打ち速度なので実際は２７０キロ運転である。

これによって東京―盛岡間の所要時間は2時間21分となった。また、東京―秋田間で最速「こまち」は3時間49分としたが、多くの「こまち」は4時間30分程度なので、空路に対して競争力が落ちる。しかし、途中の大曲や田沢湖そして角館に行くには「こまち」のほうに分がある。

同年に、8両編成のオール2階建て車両のＥ４系も登場した。定員は普通車が７６３人、グリーン車が54人である。分割併合装置を装備し、2編成を連結して16両編成で走らせることができる。そのときの定員は１６３４人にもなり、朝の通勤新幹線電車に威力を発揮するようになった。

10月には北陸新幹線高崎―長野間が開通した。前述したように東京駅の発着線不足を緩和するために島式ホーム1面2線を増設して2面4線にした。さらに東京―那須塩原間を走る各駅停車はすべて「なすの」にした。東京―仙台間を走る各駅停車もあるが、これは「やまびこ」のままとした。平成10年12月には東京―郡山間を走る「なすの」も設定した。

その後、200系の廃止、E2系、E3系、E4系の増備が続き、「つばさ」と「やまびこ」の併結列車は400系またはE3系とE4系、「こまち」と「やまびこ」併結列車はE3系とE2系となった。

平成14年12月に盛岡―八戸間が開通した。同区間の最高速度は260キロである。主に東京―八戸間を走る列車を「はやて」とした。同区間の所要時間は2時間56分で、全列車が「こまち」を併結する。

400系をE3系への置き換えも進み、200系よりも先に平成22年にすべて置き換えられた。また、このときE5系の量産車が登場している。そして12月に八戸―新青森間が開通して東北新幹線は全通した。東京―新青森間の所要時間は3時間29分である。

平成23年3月にE5系による「はやぶさ」が登場した。最高速度は宇都宮―盛岡間で300キロなので、東京―新青森間の所要時間は3時間10分となった。また、1年前の22年に東北新幹線での200系の運用がなくなった。

平成24年にはオール2階建てのE4系は上越新幹線用となり、東北新幹線で2階建て電車が走ることがなくなった。日本の新幹線のトンネル断面積は狭く、オール2階建てでは240キロよりも高い速度は出せない。宇都宮―盛岡間でほとんどの電車について275キロ以上で走ることにしたため、E4系を使えなくなったのである。

そして「こまち」用のE6系も登場し、「はやぶさ」と「こまち」の最高速度は320キロ向上して北海道新幹線が開通して現在に至っている。

しかし、最高速度は大宮—宇都宮間が245キロ、盛岡—新函館北斗《しんはこだてほくと》間が260キロである。この二つの区間でも320キロに向上すれば、東京—新函館北斗間の所要時間は4時間を切ることができる。そろそろ速度向上をする必要時期である。


【沿線風景】●東京—大宮間　東京駅の20〜23番線が東北新幹線の発着線である。その西側に中央本線、山手・京浜東北線、東海道本線の1番線から10番線までの在来線のホームがあり、東側には14番線から19番線までの東海道新幹線のホームがある。

東海道新幹線の14、15番線は国鉄時代に東北新幹線と東海道新幹線との直通電車が発着できるように神田寄りで東北新幹線のホームとともに西に寄っている。また、有楽町寄りでも東北新幹線の4線の発着線は東海道新幹線に直通できる連絡線の設置ができるようになっている。しかし、国鉄分割民営化後にこの計画は中止になっている。

直通運転ができるようになるときは、リニア中央新幹線の品川—新大阪間が開業して東海道新幹線のダイヤに余裕ができたときだろう。そのときには東北・上越・北陸の各新幹線電車が三島駅まで、東海道新幹線電車は宇都宮と高崎まで、いずれも各駅停車で直通する。また、札幌—鹿児島中央間を走破する豪華列車が設定されるかもしれない。とはいえ、気が遠くなるような先の話である。

東京駅を出ると20、21番線は合流してから22番線に接続し、その先で22、23番線との間にシーサスポイントが置かれている。

上下線が広がって首都高速道路4号都心環状線の橋脚を挟みこみ、やや右カーブしてから左にカーブして東北本線（上野東京ライン）の真下を進むようになる。並行する在来線の神田駅を過ぎ、秋葉原駅の手前で右にシフトする。上野東京ラインが33・1‰の勾配

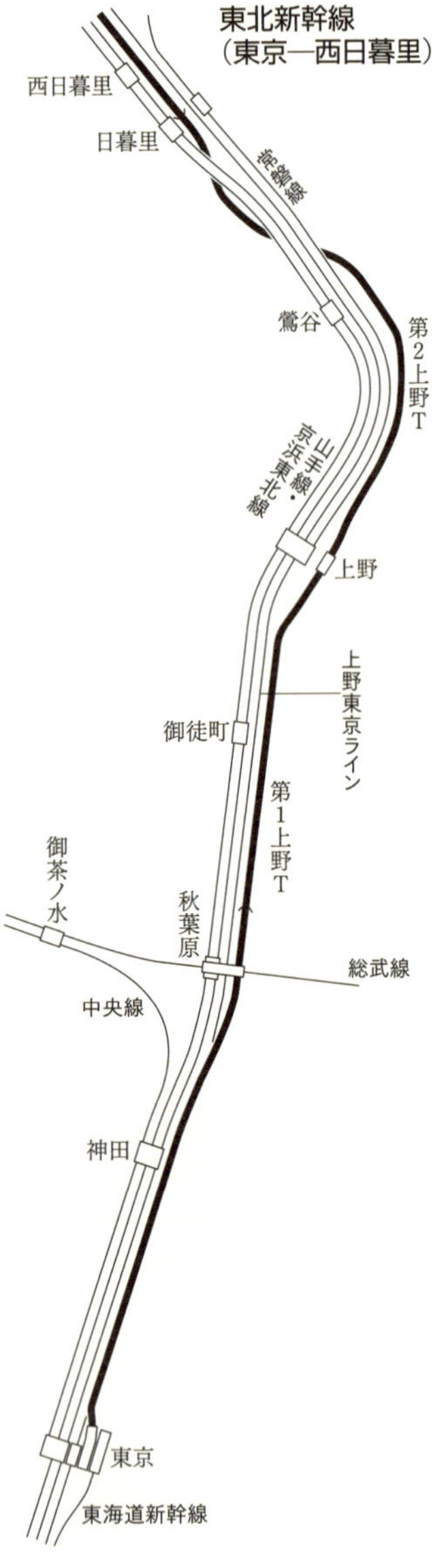

で降りてきて山手・京浜東北線と同じレベルの高架橋になって割り込んでくるからである。そして上野東京ラインの横を走るようになる。

その先で東北新幹線は25‰の下り勾配で降りて、1370mの第1上野トンネルに入って地下4階にある上野駅に滑り込む。島式ホーム2面4線で両端それぞれにシーサスポイントがある。東京寄りのシーサスポイントの先で右カーブしながら上下線とも副本線が分岐、内側の本線が直線になってホームに面するようになる。ホームの大宮寄り手前でやや左にカーブしてから直線になる。要するにまっすぐになっていない。

東京駅で折り返し整備ができない列車を上野駅まで回送させて副本線で折り返し整備をして再び東京駅に回送する。

大宮寄りのシーサスポイントを過ぎると1495mの第2上野トンネルに入る。半径420mで左カーブして、言問通りの地下を通る。言問通りが京浜東北線や山手線、東北本線などを乗り越して西に向かうが、新幹線はこれらの路線の下を斜めに横切って谷中の墓地の地下を走る。

半径600mで大きく左カーブし、日暮里《にっぽり》駅の上野寄りで東北本線と京浜東北線南行の線路の間に割り込

東京駅を出発したE5系「やまびこ」。後ろの首都高速都心環状線の奥で
新幹線の上を上野東京ラインの高架橋が覆いかぶさる

秋葉原駅で上野東京ラインは通常の高さの高架になり、その横で東北
新幹線は地下に入るために降りていく。走っているのはE6系

東北新幹線（西日暮里―赤羽）

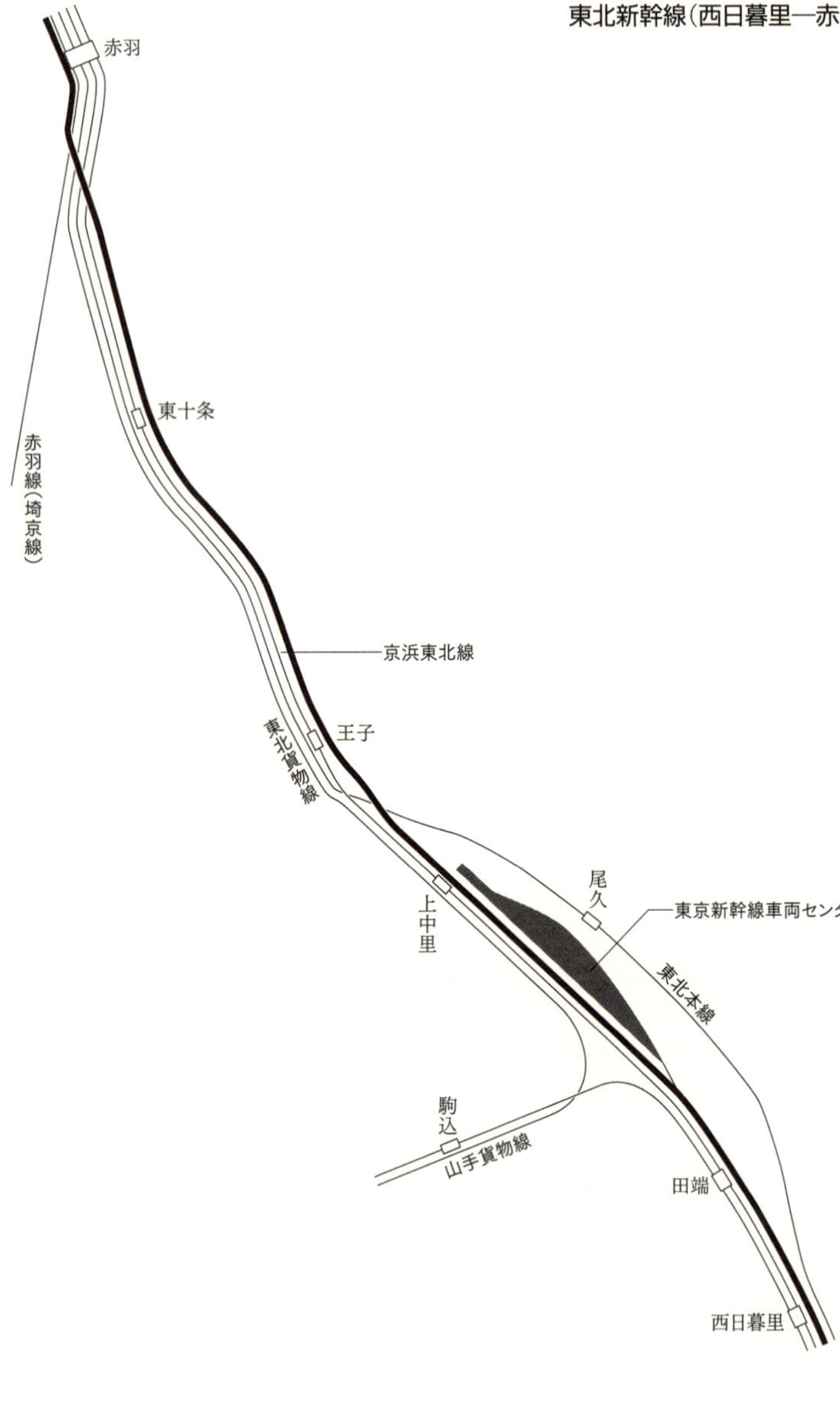

み、25‰の上り勾配で地上に出る。坑口からは19・6‰になり、さらに15‰で高架になる。

地上に出たところは日暮里駅構内である。現在、東北線には日暮里駅のホームはないが、新幹線が建設する前にはホームがあった。しかし、東北線列車はずっと通過していて使われていなかった。そのホームを撤去して東北新幹線の用地に転用した。

高架になって左手に西日暮里駅を見て、この先で上下線から田端《たばた》にある新幹線の車両基地である東京新幹線車両センターへの入出庫線が分かれる。

田端駅を過ぎると右手に車両センターが見えるようになる。その奥には東北本線の尾久車両センターがある。左手、西側では眼下で並行する京浜東北線と東北貨物線（湘南新宿ライン）があり、その向こうには高架の新幹線より高い山手台地が立ちふさがっている。

山手台地の北端にある飛鳥山を過ぎると、左手も土地が開けてくる。左手から赤羽線（埼京線）が近寄ってきて新幹線の高架橋の下を通るようになる。赤羽駅の埼京線ホームのうち下り線側は新幹線線路の真下にある。下り線そのものは新幹線高架橋の横を通っている。

新幹線は25‰で下って埼京線と同じレベルになる。埼京線とともに585m（埼京線は571m）の赤羽台トンネルに入る。トンネルの上は星見学園のグラウンドや校舎がある。

埼京線としばらく並行する。半径700mで右に大きくカーブし、617mの荒川橋梁を渡る。この先、大宮駅手前まで最小曲線半径800mとなっている。新幹線電車は大宮駅まで最高速度110キロとなっているが、半径800mでは130キロ走行ができる。所要時間の短縮は1分余りとわずかだが、スピードが命の新幹線では各所で丹念に時間短縮をすることも必要である。なお、許容最高速度は136キロである。

東海道新幹線も東京を出て並行する横須賀線の武蔵小杉あたりまでは、開業当初110キロだったのを120キロにアップして1分程度所要時間を短縮した。東北新幹線では135キロまでアップできるが、沿線住民との協定で110キロを超えるスピードは出ない。しかし、開業当初の200系にくらべて最近の車両は静粛性が高くなり、防音技術も向上している。ということ

東北新幹線(赤羽―大宮)

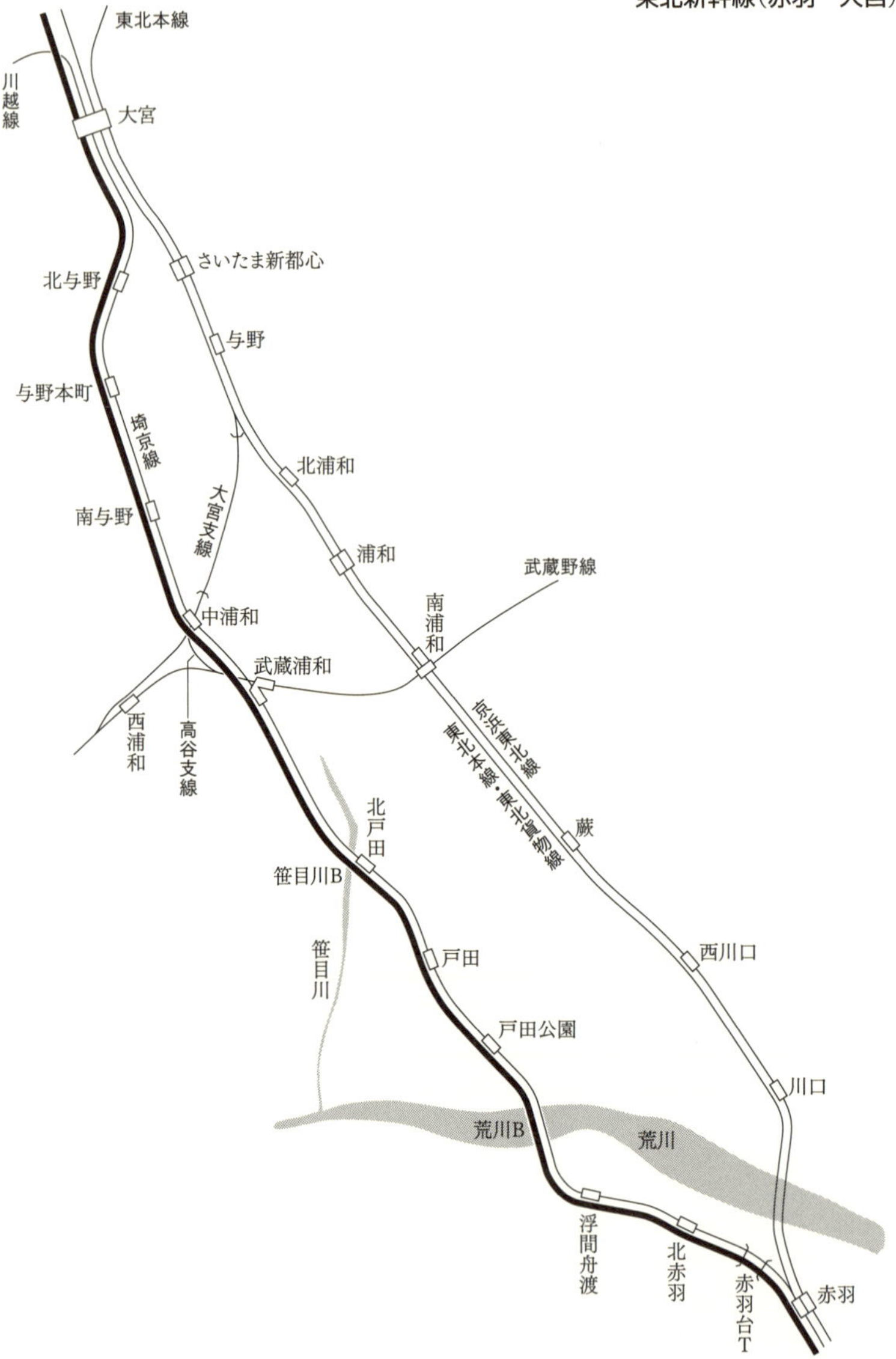
東北本線
川越線
大宮
さいたま新都心
北与野
与野
与野本町
埼京線
大宮支線
北浦和
南与野
浦和
武蔵野線
南浦和
中浦和
武蔵浦和
西浦和
高谷支線
京浜東北線
東北本線・東北貨物線
蕨
北戸田
笹目川B
戸田
笹目川
西川口
戸田公園
川口
荒川B
荒川
浮間舟渡
北赤羽
赤羽台T
赤羽

で荒川橋梁—大宮間では１３０キロにアップし、１分程度の所要時間を短縮する。

１７３ｍの笹目川橋梁を渡るために15‰の上り勾配になる。埼京線は笹目川橋梁の手前に北戸田駅があるので18‰の勾配で先に高くなる。このため新幹線と段差ができる。笹目川橋梁付近では新幹線と埼京線は同じ高さになり、笹目川を渡った先でともに14‰の勾配で降りる。

武蔵野線を乗り越して15‰で下る。この辺りでは新幹線の規格である15‰にしている。しかし、大宮駅の手前には20‰の上り勾配がある。並行していた埼京線は34‰の急勾配で下って大宮トンネルに入り大宮駅に滑り込む。

その上の地上３階に新幹線ホームがある。島式ホーム３面６線で、13番線は上越新幹線上り、14番線は東北新幹線上り、17番線は東北新幹線下り、18番線は上越新幹線下りが発車する。中央の島式ホームの15、16番線はあまり発着しない。東京—大宮間が過密運転になったときに大宮折返を設定、15、16番線はその折返用に使われることが考えられている。

通常の新幹線駅は相対式ホーム２面４線で中央に通過線、その両側に停車線がある。東北新幹線大宮駅では新宿駅が起点の上越新幹線が合流し、大宮駅を出ると途中まで複々線で東北と上越の両新幹線は並行する。
このため当初の大宮駅の全体配線計画では、通常の新幹線駅の通過線と停車線があるホーム２面４線とするが、片面ホームではなく島式ホームにして、ホームの反対側に上越新幹線の停車線が設置され、その外側に上越新幹線の通過線を配置する。ようは島式ホーム２面８線とした。
しかし当面は新宿—大宮間を造らないために上り線側だけを島式ホームにし、下り線側の島式ホームの外側に停車線を置かない２面５線で建設することにした。
新宿—大宮間ができたときには、新宿駅からやってきた新青森行東北新幹線電車と、東京駅からやってきた新潟行上越新幹線新潟電車が同時発車しても、ぶつからないように新青森寄りに立体交差区間を設置するとした。

昭和46年時の大宮駅配線計画

………は上越新幹線新宿—大宮完成時

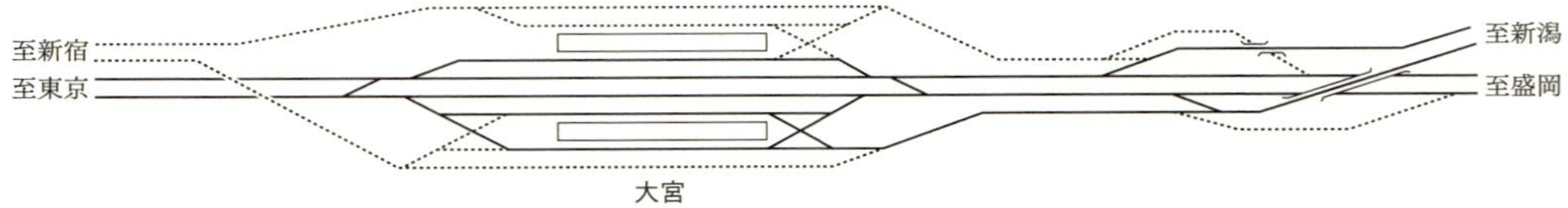

大宮駅は将来上越新幹線の新宿—大宮間ができるとその合流設備のために規模が大きな駅になる。昭和46年当時は大蔵省からの予算の圧迫を受けていたために、大宮駅で東北新幹線と上越新幹線は分岐するだけの規模があればよい。開通時にはそれぞれ１時間に２本程度しか発着しないと想定されていた。そこで通過線と第１、第２の停車線がある島式ホーム２面６線とし、しかも下りの第２停車線は路盤のみとした。下りはさらに東北新幹線と上越新幹線が同じ線路を走らせ、160㌔で通過できる38番ポイントで分岐させることにした。

そして将来的に上越新幹線の新宿—大宮間ができると、破線のように上越新幹線の通過線は駅の外側に設置することを予定した。大宮停車の新宿発と東京発を同時に停車させて互いに乗り換えができるようにする。そして同時発車させるが、東京発の新潟行と新宿発の盛岡行ではそれができない。そこで分岐点で破線のような配線にして、これを可能とするよう計画した。

昭和52年時の大宮駅配線計画

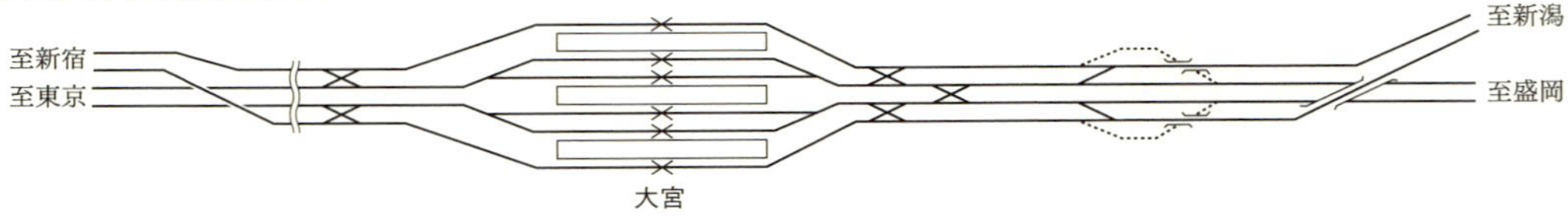

昭和52年になると新宿—大宮以南のルートはほぼ確定し、新宿から荒川橋梁まではほぼ地下を通し、以北は東北新幹線と方向別複線にすることにした。そして大宮駅では島式ホーム３面６線とし、新宿—大宮間が開通するまでは大宮駅折返電車（東海道新幹線直通と反対側の上越・北陸新幹線電車など）を設定できるようにした。新宿—大宮間が開通後は大宮駅で同時発車しても交差支障が起こらない立体交差設備を設置するが、位置はもっと大宮寄りに置くとしたようである。

大宮駅(現状)

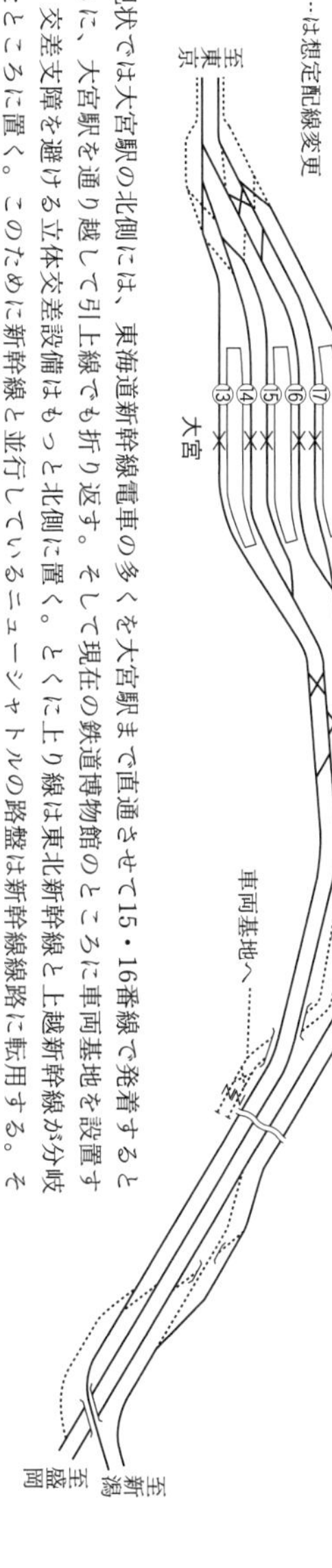

現状では大宮駅の北側には、東海道新幹線電車の多くを大宮駅まで直通させて15・16番線で発着するとともに、大宮駅を通り越して引上線でも折り返す。そして現在の鉄道博物館のところに車両基地を設置する。交差支障を避ける立体交差設備はもっと北側に置く。とくに上り線は東北新幹線と上越新幹線が分岐したところに置く。このために新幹線と並行しているニューシャトルの路盤は新幹線線路に転用する。そのために新たにニューシャトルの路盤を設置する。

南側では予定していた上越新幹線と東北新幹線との方向別複々線の一方の複線分は埼京線に使用することにしたため別途、新たに上越新幹線の用地を確保することにした。その方法として現在、使われていない東北新幹線に並行して左右に置かれている環境緑道の一部を流用するとか、東北新幹線と2重高架にする、あるいは東北貨物線を転用するなどといわれているが、定かではない。一番、実現しやすいのは2重高架だろうが、それに耐えられる橋脚にはなっていないようである。そうすると環境緑道の地下というのが現実的であろう。

その後、島式ホーム3面6線とした。当初は大宮駅を通過する電車は160キロ程度で走り抜ける予定だったが、大宮駅以南での最高速度を110キロとしたことで通過線は不要とし、それよりも新宿—大宮間の建設は難しいことから、新潟・青森方面から大宮で折り返しができる配線に変更したのである。

この変更時には東京・新宿寄りではシンメトリーなシーサスポイントを設置することにしていたが、さらにその後、東海道新幹線電車が大宮駅の16番線で折り返すことができるようにした現在の配線に落ち着いた。

新宿—大宮間ができたときにはシンメトリーな配線に変更を予定しているために、簡単に配線変更ができるバラスト軌道になっている。

●**大宮―宇都宮間**　大宮駅を出ると、シンメトリーに3組のシーサスポイントが設置されている。

東北新幹線が内側、上越新幹線が外側となった方向別複々線になる。新幹線線路の両側に埼玉新都市交通ニューシャトルの上下線が張り付いて並行する。右に旧大宮工場である現在の大宮総合車両センターを見て北上する。東北新幹線の上下線間が広がっていくと、右手に鉄道博物館が見える。

もともと鉄道博物館の用地は、国鉄時代に東海道新幹線電車の留置線にするつもりだったところである。新幹線の上下線が広がっているのは地上に降りて引上線へ向かう入出庫線を通すためである。そして引上線でスイッチバックして留置線に入る。鉄道博物館入口に立つと高架橋の橋脚の間に線路が敷ける空間が開け

大宮駅の北側で東北新幹線と上越新幹線の上下線の間が広がって複線の入出庫線が地上に降りて引上線につなげ、この引上線から折り返して高架線の右側に留置線を置く予定で高架橋は造られている。留置線予定地に現在は鉄道博物館が置かれている。同博物館の入口付近から眺めると入出庫線や引上線が通ることができるように高架線の橋脚を広げて設置されているのがはっきりわかる

そのもう少し北側で、写真の左側に見える上越・東北の両新幹線の下り線の間が広がっている個所がある。広がっているところに図にあるようにさらに高い高架にした線路を追加して、その下側で上越新幹線から東北新幹線への渡り線がくぐる予定になっている

られているのがわかる。また、新幹線と入出庫線がつながる予定の位置はバラスト軌道になっている。

　ニューシャトルの今羽《こんば》—吉野原《よしのはら》間の下り線側では、上越新幹線と東北新幹線の間に1線分の線路が開けられている。ここに上越新幹線の本線を高くさせて、現行の上越新幹線の線路が、その下を通って東北新幹線につながるようにするためである。ここもポイント設置部分はバラスト軌道である。

　上り線側では、大宮方向から見て上越新幹線が東北新幹線を斜めに乗り越す手前で、上越新幹線から分岐した連絡線が東北新幹線本線と接続するように準備されている。この橋脚や路盤はニューシャトルが使用しており、連絡線ができるときにはニューシャトルの新たな軌道が敷きなおされる。

東北新幹線
（大宮—鷲宮信号所）

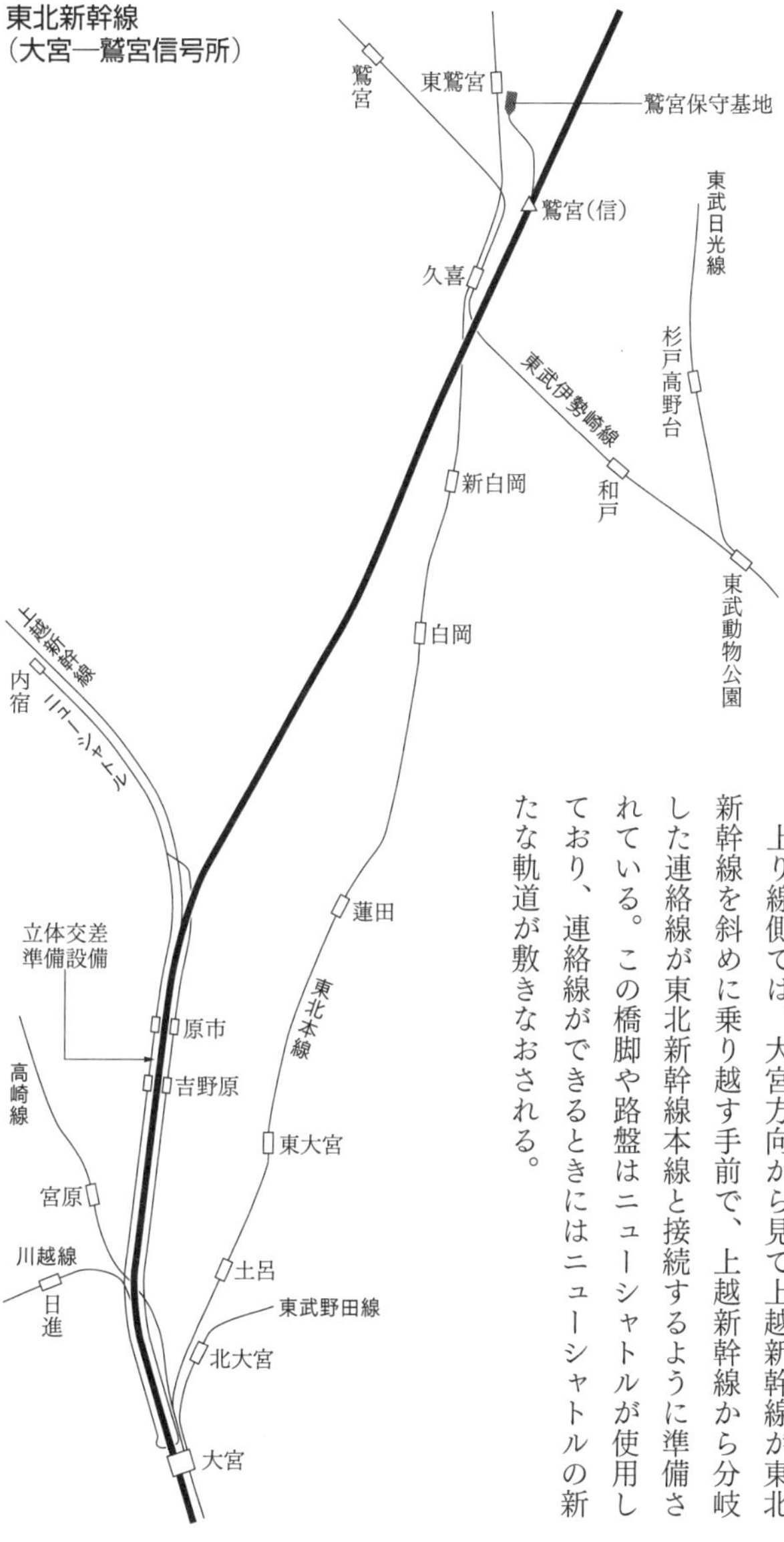

上越新幹線の上り線が東北新幹線の上を斜めに交差して左手に分かれて行く。眼下にはニューシャトルの丸山車庫が見える。このあたりで半径4000mで右に曲がっていく。200mの元荒川橋梁を渡り、東北自動車道を斜めに乗り越し、続いて首都圏中央連絡自動車道（圏央道）が上を横切っていく。

東北本線、続いて東武伊勢崎線が交差して並行する。ここに両線の久喜駅がある。同駅に新幹線駅を造ってほしいという要望がある。二つの在来線が集まっていて利便性が高まる。用地的にもできないことはない。

久喜駅の先で東北本線と東武伊勢崎線は左にカーブし東北新幹線と分かれる。その先で新幹線の下り線から分岐して左手に分かれて行く高架の単線線路が見える。この線路は東北本線の東鷲宮《ひがしわしのみや》駅に隣接している鷲宮新幹線保守基地まで伸びている、保守基地のための出入り線で、新幹線本線との分岐ポイント地点は鷲宮信号場となっている。保守基地内では狭軌の在来線も乗り入れ標準軌との3線軌になっていて、レールの搬入搬出用に使われる。

整然とした住宅地を過ぎると東武日光線と交差する。右手に南栗橋《みなみくりはし》駅があり、左手には南栗橋駅から分岐した東武の南栗橋車両管理区が見える。その先で818mの利根川橋梁を渡り、関東平野を突き進んでいく。

左手から東北本線が近づいてくる。このあたりの東北本線はずっと直線である。新幹線は東北本線と交差する手前から半径4000mで右にカーブし、交差した先で東北新幹線と並行する。

市街地に入って、半径4000mで少し左にカーブすると小山《おやま》駅がある。通過線の本線とホームに面した停車線があり、下り線側は相対式ホーム、上り線側は第2副本線がある島式ホームとなった2面5線である。

小山駅は新幹線下り停車線が1番線、下り通過線が2番線、上り通過線が3番線、上り第1停車線が4番線、第2停車線が5番線となり、在来線はその続きの6番線から始まり、やはり旅客列車が通らずホームに面していない副本線（貨物着発線）と側線にも番号（11、14番線）を数えて番線が振られている。水戸線の発着線の16番線が一番端にある。

東京寄りは順方向と逆方向の渡り線、新青森寄りは逆方向の渡り線がある。新幹線ホームの真下には両毛線の頭端島式ホーム1面2線、新幹線上り線の下あたりに東北本線の9番線がある。

小山駅の手前、東京起点65キロあたりから上り勾配基調で進む。小山駅の新幹線ホームの標高は51・8mである。


両毛《りょうもう》線を乗り越し、東北本線と並行、半径1万2000mで緩くS字カーブを切る。そして上下線から入出庫線が分かれ、その先、左手に小山新幹線車両センターがあり、2線の検修庫と7線の留置線がある。

右手にまずは東北本線の小金井《こがねい》駅、その先で東北本線の小山車両センターが見える。そして東北本線の自治医大《じちいだい》駅を過ぎると、東北新幹線は半径5000m、東北本線は半径3200mでともに左にカーブするの

東北新幹線（鷲宮信号所―那須塩原）

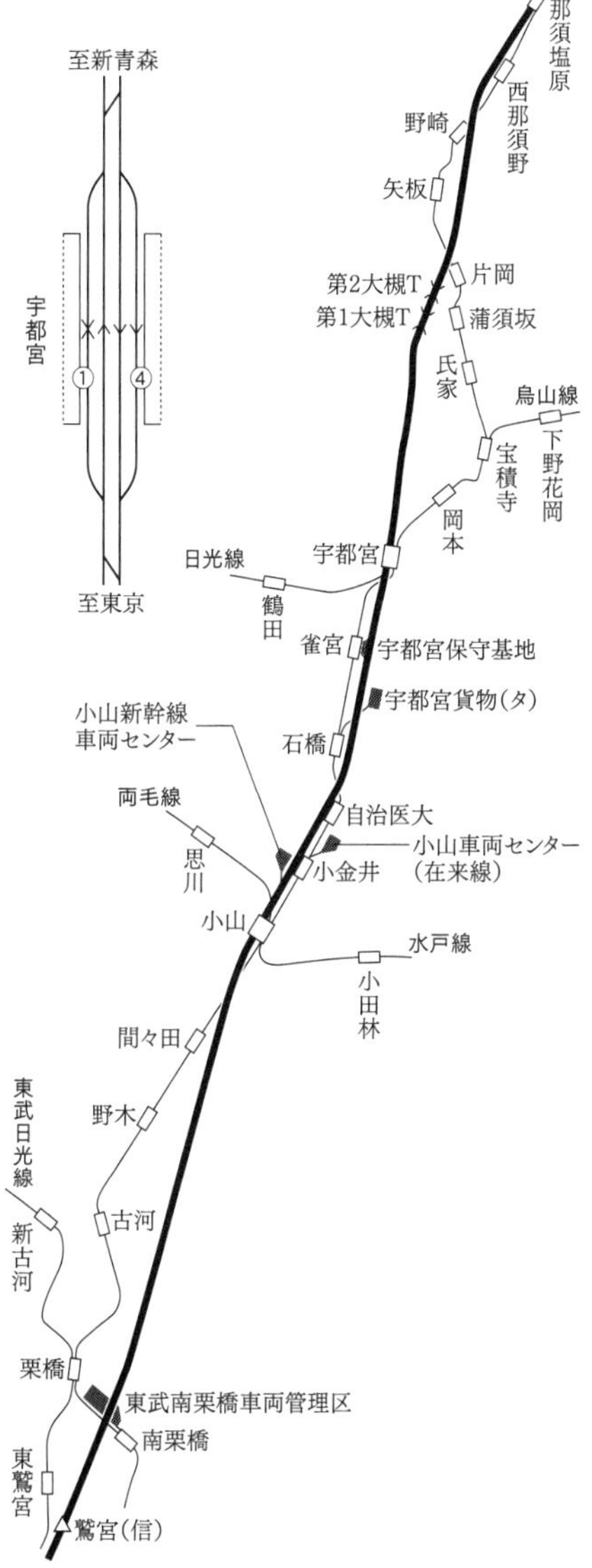

で、東北本線が左手に移る。

東北本線の石橋駅を過ぎた先の右手に宇都宮貨物ターミナルのヤード群が広がる。東北本線上り線は新幹線の右手に移り、新幹線の高架下にも着発線などの貨物線路が置かれている。

半径4000mで右に曲がる。東北本線は直線で進むので両線は離れていく。そこに新幹線宇都宮保守基地がある。保守基地の向こうに東北本線の雀宮駅が見える。保守基地からの出入り線が合流、110mの田川橋梁を渡る。その先で半径6000mの左カーブがある。

左手から東北本線と日光線が近寄ってきて新幹線がこれらを跨ぐと宇都宮駅である。通過線と停車線がある相対式ホーム2面4線で、新幹線ホーム自体は半径1万4000mという非常に緩い左カーブ上にある。在来線の5番線は新幹線上りホームの真下にある。宇都宮駅の新幹線ホームの標高は125・6mである。

宇都宮駅も下り停車線が1番線、上下通過線にも番線が振られ、上り停車線は4番線である。在来線もその続番の5番線からはじまり、副本線や側線にも番号が振られている。このため在来線ホームの一番端の発着線は10番線である。続いて上り副本線にも11番の番号が振られている。

●**宇都宮—福島間**　大宮—宇都宮間の最高速度は240キロだが、宇都宮駅からは320キロになる。宇都宮駅通過時点で240キロから320キロへ加速しはじめる。
東北本線が左カーブして分かれて行く。街並みがなくなり、田園地帯を新幹線は突き進む。1万mのカーブしかなく、ほぼ直線である。

半径6000mで右にカーブし、763mの鬼怒川橋梁を渡る。このあたりの鬼怒川は暴れ川で、ときおり橋脚が水に浸かったりする。標高が200m前後となり、丘陵地帯をアップダウンするようになる。750mの第1大槻トンネル、続いて短い第2大槻トンネルを抜け、東北本線と交差、13‰で下り、203mの内川橋梁を渡る。再び上り勾配になって、安沢《やすざわ》、605mの中本田《なかほんだ》、西成田、東成田の4トンネルを抜ける。

田園地帯を抜け、390mの箒川《ほうきがわ》橋梁を渡る。左手から直線で進む東北本線が近づき、新幹線は半径4000mで右にカーブして東北本線を乗り越し、同線と並行するようになる。

市街地に入って那須塩原駅となる。下り線側に第2停車線がある島式ホームになっており、上り線は通常の片面ホームになっている2面5線である。

小山駅や宇都宮駅と同様に新幹線と在来線各線路は通し番号になっている。下り第2停車線が1番線、第1停車線が2番線、上下通過線が3、4番線、上り停車線が5番線になっており、続いて在来線の下り1番副本線（貨物着発線）が6番線で、旅客発着線は7～9番線となっている。

東京寄りに逆方向の渡り線があり、島式ホームに面した1、2番線は東京方向へ発車できる。新青森寄りでは上下の停車線はそのまま那須電留基地への入出庫線となる。新幹線ホームの標高は286mで新幹線駅全体は半径4000mのカーブ上にある。

駅を出ると本線は7‰の上り勾配になる。両側の入出庫線は下り勾配になって、地上にある8線の電留線と保守基地がある那須電留基地につながる。

右手を並行する東北本線の黒磯《くろいそ》駅の旧機関庫などを見て124mの那珂川橋梁を渡り、東北本線と分かれ、第1、第2の高久《たかく》トンネルを抜ける。

切り通しと盛土でアップダウンしている地形を12‰の上り勾配で抜け、124mの余笹川《よささがわ》橋梁を渡る。すぐに7030mの那須トンネルに入る。トンネル内では当初3‰、続いて7‰の上り勾配になっている。抜けてすぐに2965mの白坂トンネルに入る。白坂トンネルは拝み勾配になっている。当初は7‰の上り勾配、途中から3‰の下り勾配になる。そのサミットの標高は東北新幹線で一番高い396・3mである。

次に短い西郷《にしごう》トンネルを抜け、右手から東北本線が近寄ってきて新幹線とともに右にカーブしながら交差して並行すると新白河《しんしらかわ》駅である。

新幹線の駅は停車線と通過線からなる相対式ホーム2面4線で、上り停車線が1番線、上下通過線が2、3番線とし、上り停車線は4番線になっている。在来線は4番線に続いて5～7番線である。地上にある在来線の標高は378・1mで、3階にある新幹線の標高は391・6mと、在来線よりも13・5mも高い。

新白河駅の前後はずっと直線である。新白河駅を出ると東北本線が半径600mで右カーブして分かれ

東北新幹線(那須塩原―福島)

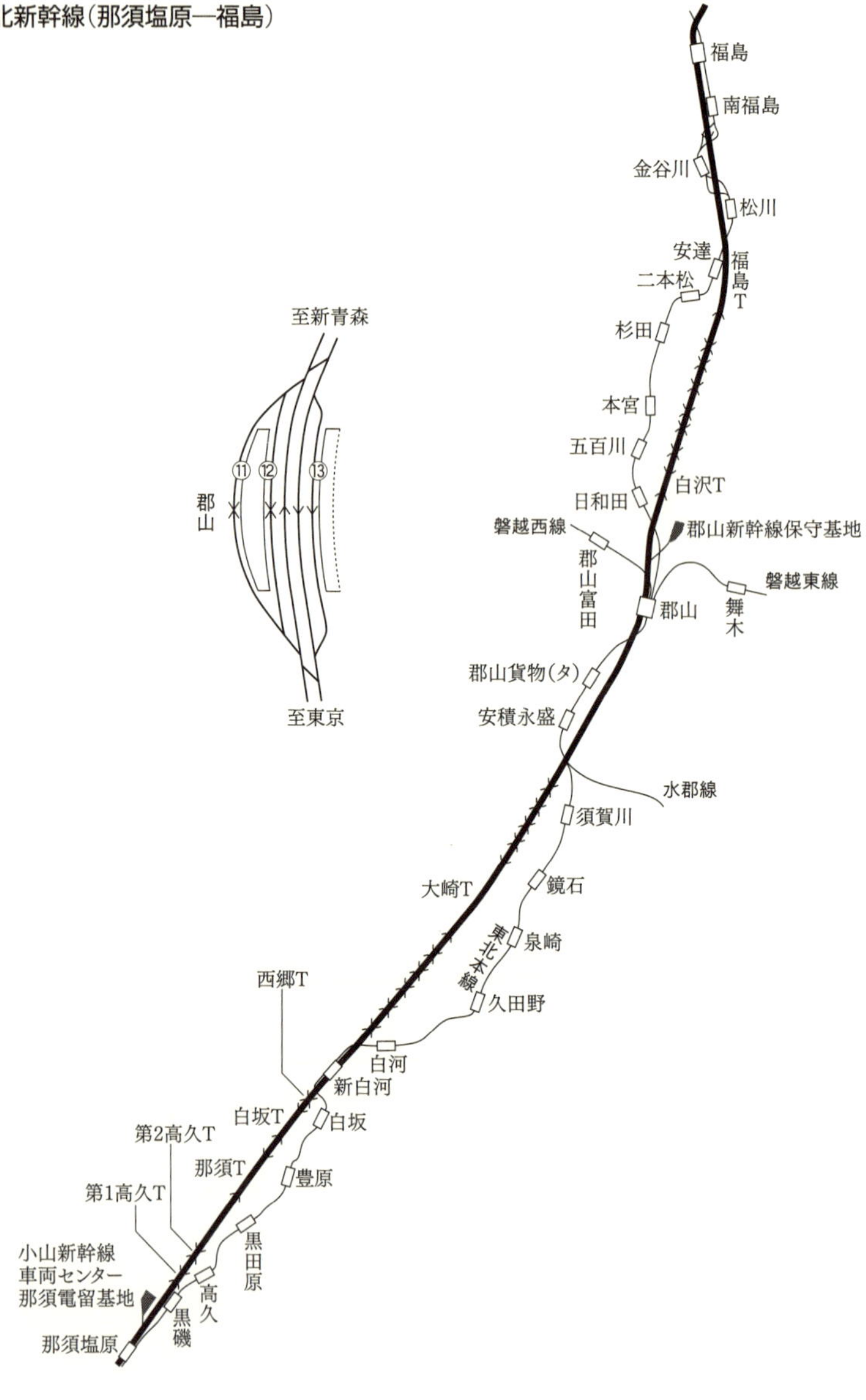

る。少しのあいだレベルで進むが、その先は地形が下がっていくので新幹線も15‰で下っていく。勾配が緩み、第１阿武隈川橋梁を渡ってすぐに５２５ｍの金勝《こんじょう》寺《じ》、続いて５６０ｍの飯沢の二つのトンネルを抜ける。

東北自動車道を乗り越し、11‰の上り勾配になって６５０ｍの第１広谷地《ひろやじ》トンネルを抜けると、こんどは14‰の連続下り勾配になる。第２広谷地トンネルなど短い四つのトンネルを抜けて３０６５ｍの大崎トンネルに入る。出ると勾配は３‰に緩み60ｍの隈戸《くまと》川《がわ》橋梁を渡る。

次に１１１７ｍの中新城、短い第１芹沢、７７５ｍの第２芹沢、６００ｍの十文字、７０９ｍの岩渕、５８５ｍの第１小屋、短い第２小屋トンネルを通って、ようやく丘陵地帯を抜ける。

東北自動車道を乗り越し、１８５ｍの滑川橋梁を渡った先でレベルになって東北本線、水郡《すいぐん》線と交差する。蛇行している阿武隈川を５２５ｍの第１阿武隈川橋梁、３８４ｍの第２阿武隈川橋梁で渡る。周囲は市街地になっている。

左手に郡山貨物ターミナル、次に国鉄時代には郡山工場と呼ばれていた郡山総合車両センターの建屋の真横を走り、その先で建屋から出てきたヤード群を見て東北本線を乗り越すと郡山駅となる。

新幹線郡山駅の標高は２４１・１ｍ、地上にある在来線郡山駅は２２６・８ｍで、新幹線駅は地上から14・３ｍの高さにある。下り線側に第２停車線がある島式ホームと片面ホームが各１面となった５線がある。郡山駅からは通過線を発着番線に取り扱わなくなっている。下り第２停車線が11番線、第１停車線が12番線、上り停車線が13番線としている。さらに在来線とは連番とはなっていない。在来線もホームに面した線路のみに番線が付いている。

郡山駅の新青森寄りで磐越西線を乗り越し、90ｍの逢瀬《おうせ》川《がわ》橋梁を渡り、右手に新幹線郡山保守基地が見え、その先で東北本線が新幹線高架橋の下を通り抜けて左へ分かれて行く。

市街地から田園地帯になって１２０ｍの第４阿武隈川橋梁を渡り、12‰の上り勾配になって９５０ｍの白《しろ》沢《さわ》トンネル、続いて短い笹田、羽黒の二つのトンネルを抜ける。

10‰の上り勾配になって峠を越える。峠の標高は271・1mである。13‰の下り勾配になる。途中に385mの和田、525mの錦の二つのトンネルを抜ける。この先も2〜12‰の下り勾配になる。短い平石、第1栗須の二つのトンネル、次に950mの第2栗須、570mの安達ヶ原トンネルを抜け第5阿武隈川橋梁を渡る。

そして1万1705mの福島トンネルに入る。東京寄り坑口から約1キロまでは9‰、福島寄り坑口付近は2‰だが、その先は12‰の連続下り勾配になっている。トンネル中央付近に半径4000mの左カーブがある。途中東北本線と交差する。まずは上下線がまとまって交差し、次に上下線がたすき掛け線増で離れている個所で下り線、次に上り線と交差、さらに福島寄り坑口付近で上り線と交差する。といってもトンネルなので交差している個所は見えない。

福島寄り坑口付近で半径4000mで右にカーブし、トンネルを出ると左手に東北本線下り線が並行する。少し進んで下り線を乗り越す。東北本線下り線は上り線と合流して南福島駅に滑り込む。新幹線の右下に駅がある。その先で299mの荒川橋梁を渡って福島駅となる。

●福島—仙台間　福島駅の標高は87・5m、郡山駅が241・1mだから150mほど降りてきたことになる。上下線とも第2停車線がある島式ホーム2面6線となっている。新幹線は在来線とは別に10番台の発着線番号としている。

下り第2停車線が14番線で、奥羽本線に直通する上下の「つばさ」が発着する。「つばさ」は福島駅で仙台発着の「やまびこ」と連結解放を行う。このため上り「やまびこ」は一度下り線に転線してから14番線に入る。5分後に「つばさ」と連結してさらに2分停車し、再び上り線に転線して東京駅に向かう。上りは7分停車するが、下りは切り離すだけなので基本的に5分停車となっている。

開業時の新幹線福島駅は上り線側に第2停車線がある2面5線だったが、奥羽新幹線の分岐駅のために下り線側にも第2停車線が設置できるように準備されていた。そして山形新幹線が開通するときに下り第2停車線の14番線が増設された。

福島駅を出ると奥羽本線への連絡線が14番線から分岐する。さらに標準軌化された奥羽本線、次いで東北本線と福島交通を乗り越す。半径400mで右にカーブしながら722mの信夫《しのぶ》山《やま》トンネルに入る。

駅からこのトンネルまで新幹線の両側に環境緑道が置かれている。この緑道は片側だけでも新幹線の路盤よりも幅が広くなっている。奥羽新幹線ができたとき、緑道の一部を奥羽新幹線の路盤とすることになっている。そして信夫山トンネルのなかで奥羽新幹線は左にカーブして米沢駅に向かうことになっている。このため信夫山トンネルを出た新青森寄りには環境緑道はない。

180mの松川橋梁を渡り、阿《あ》武《ぶ》隈《くま》急行《きゅうこう》を乗り越すと左手に貨物ヤード群が見える。現在は廃止されている東福島貨物駅である。コンテナホームは東福島ORS（Off Rail Station ＝トラック便積載駅）になっている。着発線は旅客駅に隣接しており、また、新幹線保守基地も設置されている。

東北本線と貨物着発線を乗り越し195mの摺上川《すりかみがわ》橋梁を渡ると再び東北本線を乗り越す。さらに東北本線の伊達駅の先でも東北本線を乗り越す。その先で東北本線と並行

信夫山展望台から見た新幹線福島駅。山形新幹線の分岐構造がよくわかる。その山形新幹線分岐線に「つばさ」（左）が山形に向けて発車し、その横を「こまち・はやぶさ」が通過していく

「やまびこ」に連結する寸前の「つばさ」東京行

東北新幹線(福島—仙台)

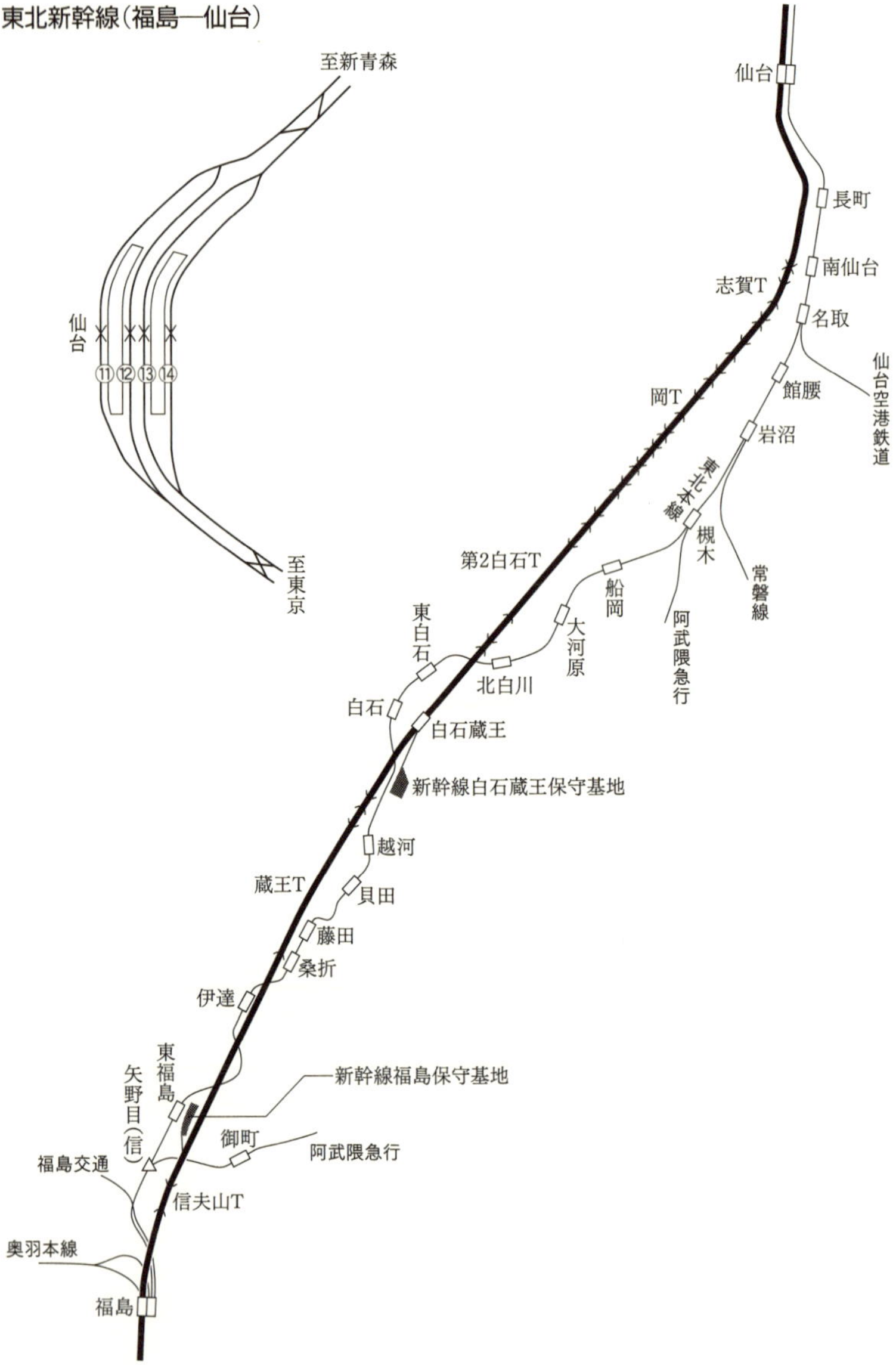
至新青森
仙台
⑪⑫⑬⑭
至東京
仙台
長町
南仙台
志賀T
名取
仙台空港鉄道
館腰
岡T
岩沼
東北本線
槻木
常磐線
第2白石T
船岡
阿武隈急行
大河原
東白石
北白川
白石
白石蔵王
新幹線白石蔵王保守基地
越河
蔵王T
貝田
藤田
桑折
伊達
東福島
新幹線福島保守基地
矢野目(信)
御町
阿武隈急行
福島交通
信夫山T
奥羽本線
福島

する。東北本線は丘にある桑折《こおり》駅に向かって25‰で上っていくが、新幹線14‰で上っていくために桑折駅では新幹線と東北本線は、ほぼ同じレベルになる。

桑折駅の先で東北本線は右にカーブして分かれていく。東北自動車道を乗り越し1万1215mの蔵王トンネルに入る。同トンネルを出ると東北自動車道をまた乗り越す。その先で東北本線が右手から近づいてくる。東北本線の線路越しに新幹線白石蔵王保守基地が見える。東北本線は左にカーブして斜めに新幹線を横切っていく。そして保守基地からの出入り線が合流する。

左手前方に東北本線白石駅が一瞬見えると白石蔵王駅となる。上り線に第2停車線がある2面5線だが、下り線にも第2停車線が設置して島式ホームになるように準備がなされている。

短い第1白石トンネル、続いて3737mの第2白石トンネル、そして691mの第3白石トンネルを抜け、東北本線を乗り越して白石川を渡る。第1と第2の小金山など五つのトンネルを抜ける。第2小金山トンネルは1070mあるが、他のトンネルは短い。

少し明かり区間（トンネルでない区間）を走るが、その先で1750mの岡、そして短い平城内と第1葉坂、1470mの第2葉坂、2341mの愛宕山、短い中井の各トンネルを抜ける。すべて上り勾配上にある。次の3502mの志賀トンネルは東京寄りが上り勾配、新青森寄りが下り勾配の拝み勾配になっている。そして緩い3‰の上り勾配上に750mの愛島《あいじま》トンネルがある。

愛島トンネルを抜けると仙台平野に入る。右手から東北本線が近寄ってきて並行し、525mの名取川橋梁を渡る。半径4000mでS字カーブを切ってから800mで左カーブする。仙台駅には全列車が停車するために速度を落としているので急カーブがあっても問題はない。

この先も半径500m以上のカーブで進む。また、高架橋の高さは16m、通常のビルの6階に相当する。そして仙台駅に滑り込む。

●仙台—北上間　新幹線仙台駅は島式ホーム2面4線で、東京寄りにシーサスポイント、新青森寄りに順方向と逆方向の渡り線がある。東京寄りホーム端部付近は半径５００ｍで右カーブし、新青森寄りも半径５００ｍで右カーブしている。発着番線は在来線と切り離した11番線から14番線になっている。

4階にホームがあり、その上の屋上に駐車場がある。ホームの下の3階にコンコースがあるが、中央部分は2階からの吹き抜けになっていて北側の中央コンコースと南口コンコースに分かれている。在来線との連絡改札口もそれぞれのコンコースに設置されているが、幅が狭く、一見、連絡改札口ではないと思ってしまう。しかも、連絡改札口を出て階段などで2階にある在来線コンコースに降りる。

仙台駅を出ても半径５００ｍのカーブが続く。新幹線のポイントは基本的に直線に置かれている。このため4線のまま右カーブして、直線になると上下線ともY形ポイントで合流する。このため、合流地点で上下線の間隔が広がっている。

直線になって渡り線が設置され、左下に東北本線が並行する。少し進むと新幹線は半径１０００ｍで右にカーブして東北本線との間隔を広げる。東北本線は上下線の間隔が広がって仙台車両センターのヤード群を抱き込んでいる。新幹線の左手車窓から車庫に留置されている在来線車両を見ることができる。

車両センターの北端で新幹線は半径１０００ｍで左に曲がる。東北貨物線を乗り越し、その先で東仙台駅を見る。東北本線が左カーブして新幹線との間隔を開ける。ここでJR貨物の仙台総合鉄道部となった旧仙台機関区を眺めることになる。

田園地帯を走るようになるが、すぐに市街地になり２１０ｍの七北田川《ななきたがわ》橋梁を渡る。左手に東北本線の岩切駅を見て東北本線を乗り越していく。新幹線から新幹線総合車両センターへの入出庫線が分かれる。同センターを右手の田園地帯越しに眺めることができる。仙台北部道路をくぐり、１８７ｍの砂押川《すなおしがわ》橋梁を渡る。

山岳地に入って第1〜第4の利府《りふ》トンネルを抜ける。このうち第2利府トンネルは５２０ｍ、第3利府トンネルは１９２０ｍ、第4利府トンネルは５４５ｍの長さがある。さらに第1〜第5の小鶴沢《こつるさわ》トンネルをくぐって、２６２０ｍの石倉山トンネルに入る。同トンネルの途中までは上り勾配だが、途中から下り勾配になる。短い梅ヶ沢トンネルを抜けると盆地に入って

２０８ｍの吉田川橋梁を渡る。

再び山越えをするために上り勾配になり、１９９５ｍの三ヶ《さんが》内《うち》、第１、第２の大角《おおすみ》の各トンネルを抜け、この先は下り勾配になるが、また上り勾配に転じて、第１〜第３柏木《かしき》原《ばら》トンネルを抜けた先で下り勾配になり、第１〜第４の三本木トンネルを抜ける。第１三本木トンネルは１１３３ｍの長さがある。平地に出て２９３ｍの鳴瀬川橋梁、続いて２２８ｍの多田川橋梁を

東北新幹線（仙台―一ノ関）

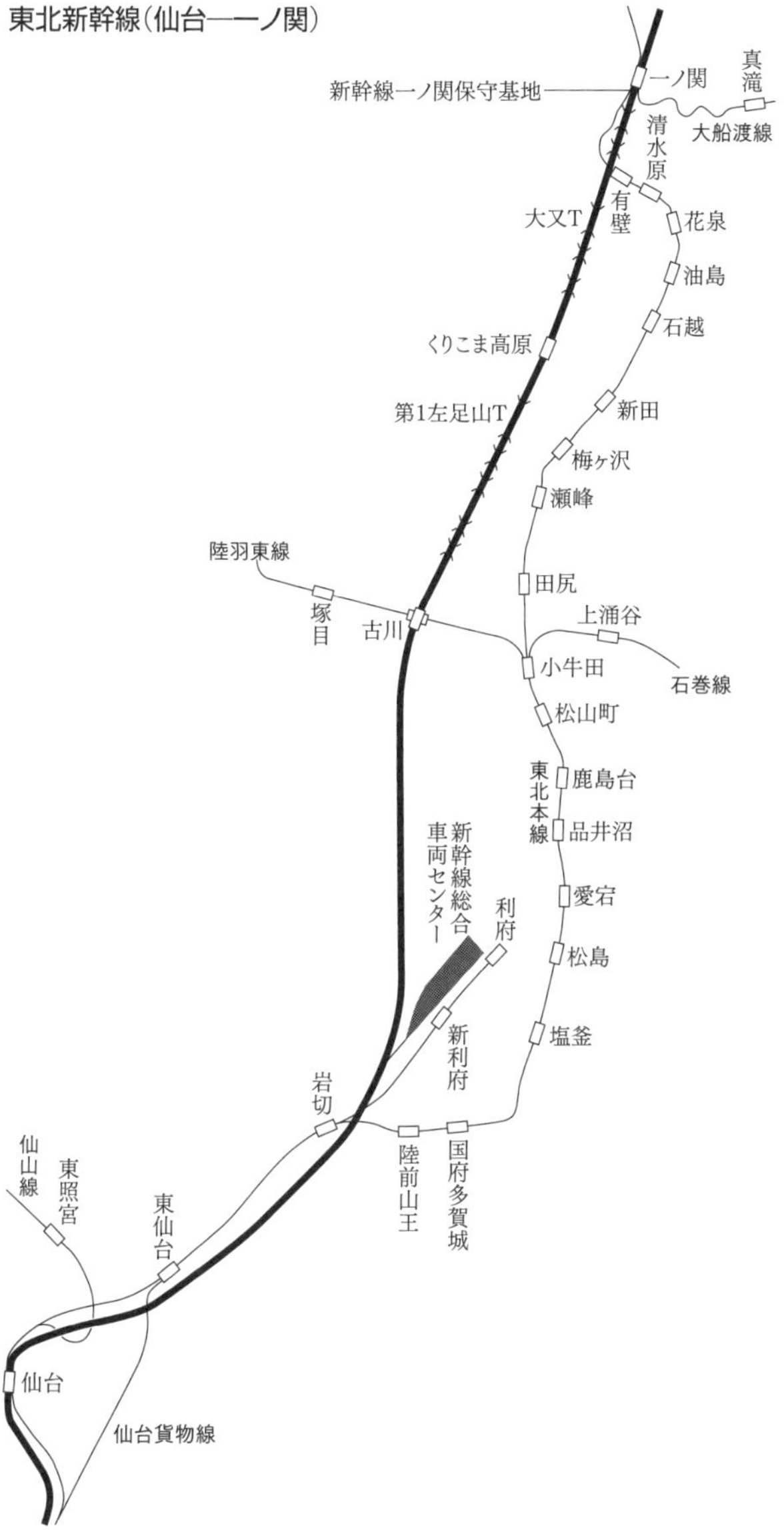

渡ると、左下側に新幹線古川保守基地が見える。

その先で市街地に入って古川駅となる。高架下で陸羽東線が直交している。停車線と通過線がある相対式ホーム2面4線だが、上りホームは島式になっていて第2停車線の路盤も置かれ、すぐにでも第2停車線を敷くことができる構造になっている。

古川駅を出ると半径4000mで右にカーブし397mの江《え》合川《あいがわ》橋梁を渡る。地形がアップダウンするので、新幹線も15‰の上下勾配でアップダウンしながら、半径6000mで左にカーブする。山地に入って565mの第1、530mの第2の二つの上大田トンネル、次いで1475mの第1左近山、短い第2左近山トンネルを抜ける。

13‰の上り勾配を通って1‰の下り勾配になると、くりこま高原駅となる。相対式ホーム2面2線の棒線駅である。ホームドアを設置し「はやぶさ」が320㌔で通過しても安全なようにしている。駅の東側に駅前ホテルともいうべきホテルエポカがある。

駅開設時は12両編成対応のホームの長さしかなかったが、フル規格の16両編成あるいはフル規格10両＋ミニ7両の17両編成対応にホームを延伸した。

この先、半径6000mで左カーブしながら280mの迫川《はさまかわ》橋梁を渡り、その先で廃止されたものの、線路が残っている、くりはら田園鉄道の廃線跡を乗り越していく。左手に東北自動車道が並行するようになって570mの第1有賀、短い第2〜第4の有賀トンネル、さらに2415mの大又《おおまた》トンネルを抜ける。これらトンネルは11‰の上り勾配上にある。また大又トンネル内で宮城県から岩手県に入る。

次いで1635mの第1有壁《ありかべ》トンネルを抜け、東北本線を乗り越す。右手に東北本線の有壁駅が見える。下り勾配になって2428mの第2有壁トンネル、次いで真《ま》柴《しば》トンネルを抜ける。

13‰の下り勾配で進んで、左手の国道342号越しに東北本線が並行、少し進んで342号と斜めに交差して、東北本線はもっと新幹線に近寄ってくる。東北本線との間の地上に新幹線一ノ《いちの》関《せき》保守基地がある。

そして保守基地からの出入り線が合流し、大船渡《おおふなと》線を乗り越すと一ノ関駅となる。相対式ホーム2面4線になっている。新幹線との間に留置線群があり、その向こうに在来線のホームがある。留置線群は約半数が撤去されている。西側には気動車区があり、新幹線駅は在来線の線路に取り囲まれている。

●一ノ関―盛岡間　一ノ関駅を出て新幹線はずっと直線で勾配もなく進む。東北本線は半径４５０ｍ、続いて５００ｍで左にカーブして分かれて行く。２９６ｍの磐井《いわい》川《がわ》橋梁を渡り、半径５０００ｍで左カーブし、一瞬４％の下り勾配になるがすぐにレベルになって進む。北上川遊水池と北上川を３８６８ｍと長い第1北上川橋梁で渡り、すぐに９７３０ｍの一ノ関トンネルをくぐる。次いで５１０ｍの天王、２０１３ｍの黒石、５２９ｍの鶴城、９８５ｍの岩森、１２２５ｍの京ヶ森、７４３ｍの北鵜木、短い洗田の七つのトンネルを抜けると水沢江刺駅となる。

相対式ホーム2面2線の棒線駅である。当初は通過線と停車線がある相対式ホーム2面4線にすることで計画されたが、建設費の圧縮で棒線駅となった。しかも12両編成対応のホームの長さで開設された。その後、フル規格の16両編成あるいはフル規格車体の10両編成と新在直通用のミニ新幹線車両の7両を連結した17両編成対応にホームを延伸した。開設時は線路全体を覆う屋根にして雪がホームと線路に吹き込まないように

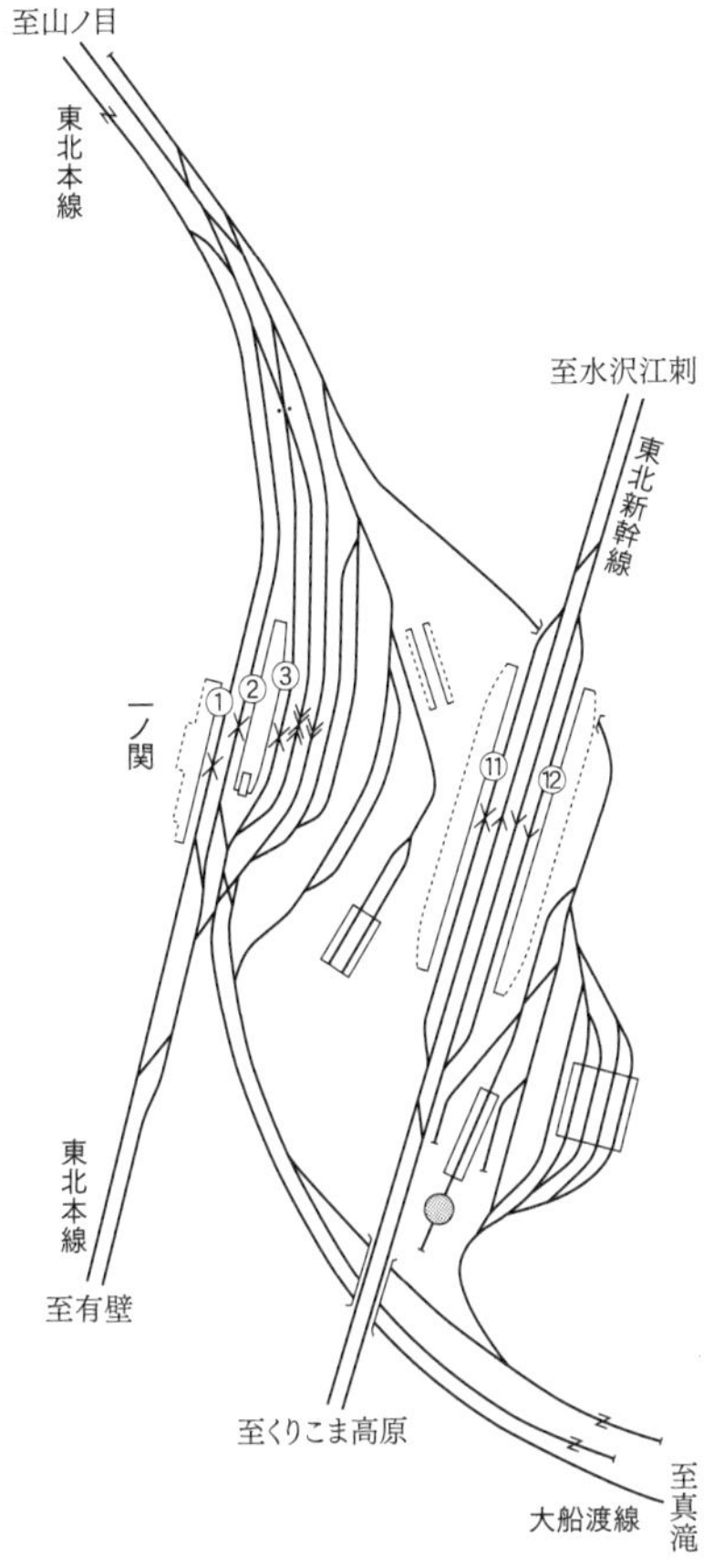

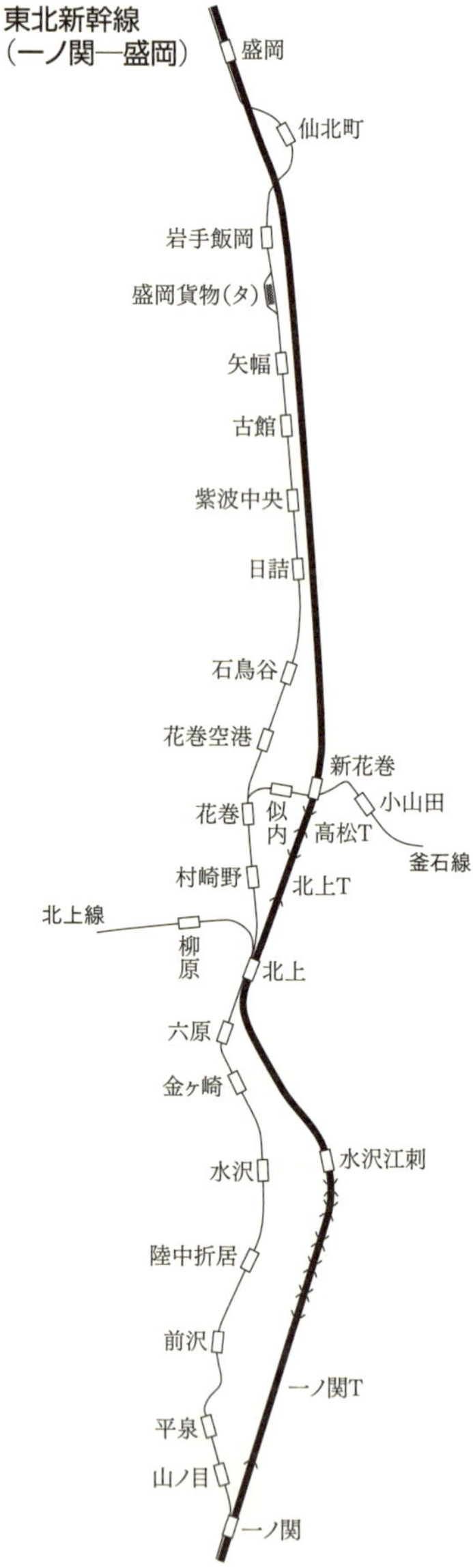

しているが、延伸したホームの屋根は線路までは覆っていない。

水沢江刺駅を出た先はトンネルがなくなる。249mの入首川橋梁を渡り、半径4000mで左に曲がる。左手に北上川が並行するようになる。しばらく直線で進むが、右に大きく曲がりながら1029mの第2北上川橋梁を渡る。

左手から東北本線が近づいてくるが、新幹線との間に新幹線北上保守基地が並行する。保守基地には東北本線からの狭軌も入り込み、標準軌線とで3線軌になっている。東北本線からレール運搬貨車が入線して標準軌のレール運搬貨車に積み替えたりするためである。

北上保守基地からの出入線が合流した先で466mの和賀川《わがかわ》橋梁を渡り、工場の間を通り抜けて北上駅となる。下り線に第2停車線があり、ホーム部分は半径5000mで右にカーブしている。東北本線と北上線は駅を出ると左にカーブしているので新幹線と在来線は扇状に分かれていく。

10‰の上り勾配になって進み、市街地を出て田園地

並行する東北本線の紫波中央―古舘間を走る最速「はやぶさ」。「こまち」を連結していないために盛岡駅での停車時間を短くできる

帯を走る。366mの第3北上川橋梁を渡り、1908mの花巻トンネルに入る。トンネル内は11‰の上り勾配になっている。685mの猿ヶ《さるが》石川《いしかわ》橋梁を渡った先で12‰の下り勾配になって1000mの高松トンネルに入る。

同トンネルを抜けると棒線駅の新花巻駅となる。釜石線と交差し、東京寄りでホームを延伸した。延伸したホームの屋根は水沢江刺駅と同様に線路までかかっていない。最急勾配12‰の上り勾配基調で進む。454mの第4北上川橋梁を渡り、左手から東北本線が近寄ってきて並行するようになる。

東北本線紫《し》波中央《わちゅうおう》駅付近の新幹線の高架橋はさほど高くない。このため紫波中央駅の跨線橋は新幹線の窓よりも上にある。この先では東北本線と同じ高さで並行し、掘割を進む。東北本線の古館駅の手前で再び高架になる。矢《や》幅《はば》駅の手前で東北本線を乗り越す道路跨線橋があるために、新幹線の高架橋はもっと高くなる。

その先、左手に盛岡貨物ターミナルを見て進む。半径2500mで左にカーブして東北本線を斜めに乗り

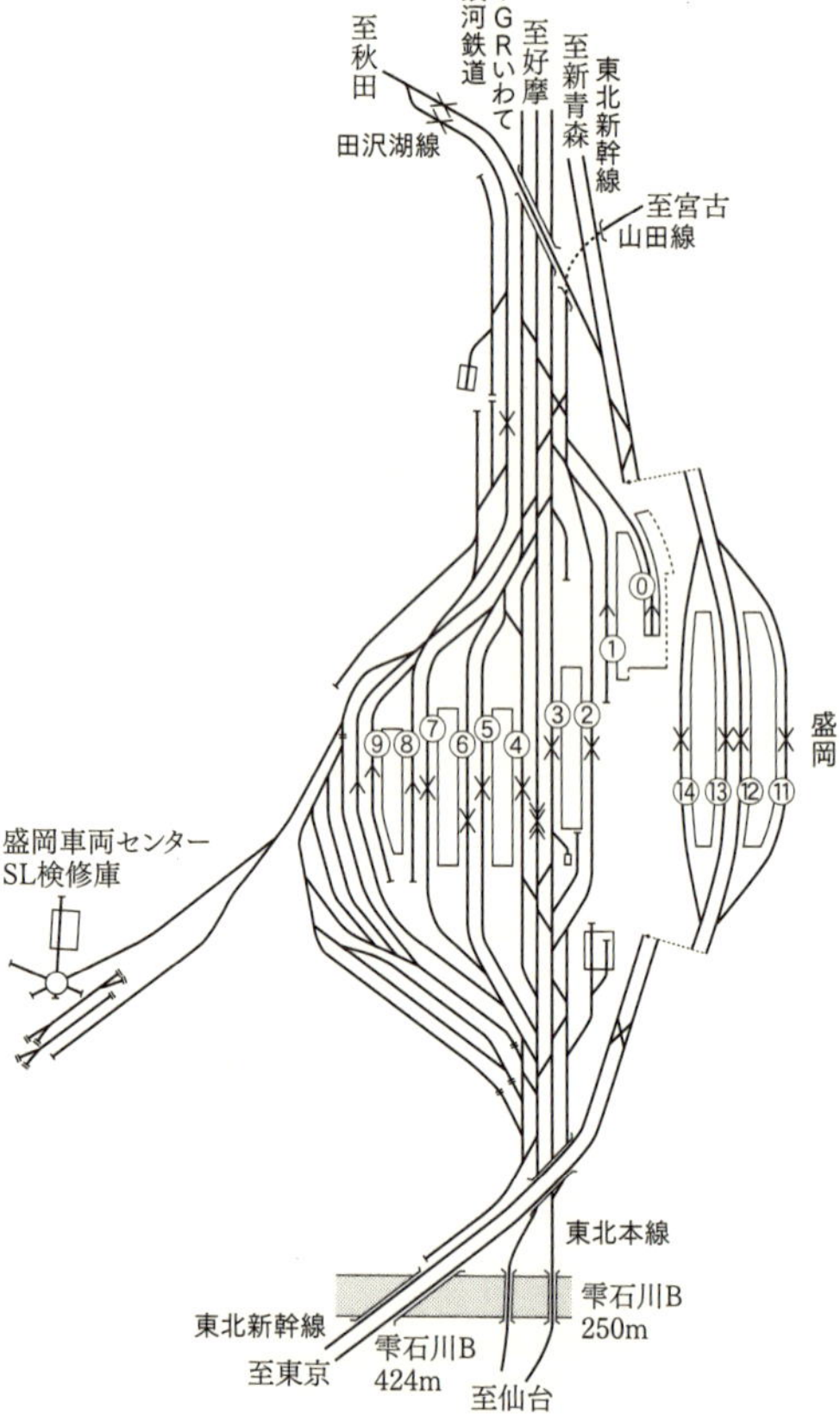

越し、半径１０００ｍで左に曲がって４２４ｍの雫石《しずくいし》川《がわ》橋梁を渡る。再び東北本線を乗り越すと盛岡駅となる。盛岡駅は全列車が停まることを前提にしているために１０００ｍの急カーブがあっても構わないし、盛岡駅は通過線がない島式ホーム2面4線となっているのもそうである。

●盛岡―八戸間　盛岡駅の東京寄りにシーサスポイントがあるが、新青森寄りは順方向と逆方向の片渡り線になっている。その先で秋田新幹線が分かれる。ほぼ同じところで山田線が新幹線の高架線をくぐって右に分かれて行く。

新幹線は元東北本線だったＩＧＲいわて銀河鉄道線（以下ＩＧＲ線）を左手に見て並行して進む。左手にＪＲ在来線の盛岡車両センターが見え、その先は半径４０００ｍで右に曲がる。曲がり終えた地点付近でＩＧＲ線が斜めに交差して、新幹線の右手で並行するようになる。

その先で盛岡新幹線車両センターへの入出庫線が分かれ、左手眼下に同センターが見えるようになる。大

右にカーブしているのが東北新幹線、左右に走っているのが秋田新幹線

宮—盛岡間が開通したとき、同センターの新青森寄り端まで高架橋が造られていた。線路は敷いていなかったが、八戸延伸までずっと雨ざらし状態で放置され、高架橋は黒ずんでしまった。八戸開業で新しい高架橋とつながった。その接続部を境に東京寄りは黒ずみ、新青森寄りは白くなっていて、明らかに新旧高架橋の違いがわかった。現在、新しい高架橋も黒ずみだしているが、それでも国道あたりから高架橋を見ると違いがわかる。

ＩＧＲ線の厨川《くりやがわ》駅を過ぎると地面が上がっていき、新幹線は高架橋から地平、そして掘割になる。国道４号が頭上を斜めに横切る。並行するＩＧＲ線の下り線は新幹線と同様に掘割で進むが、上り線は地面のレベルに合わせて高いところを走っている。

そして２４４６ｍの滝沢《たきざわ》トンネル、続いて１４７ｍの第５北上川橋梁を渡り、すぐに３２９６ｍの渋民《しぶたみ》、続いて２８８０ｍの山屋、４０１２ｍの巻堀、短い秋浦、丹藤、９９５ｍの芦田内の６本のトンネルを抜けて相対式ホーム２面２線のいわて沼宮内駅となる。いわて沼宮内駅以北のホームはフル規格新幹線10両編成

東北新幹線（盛岡―新青森）

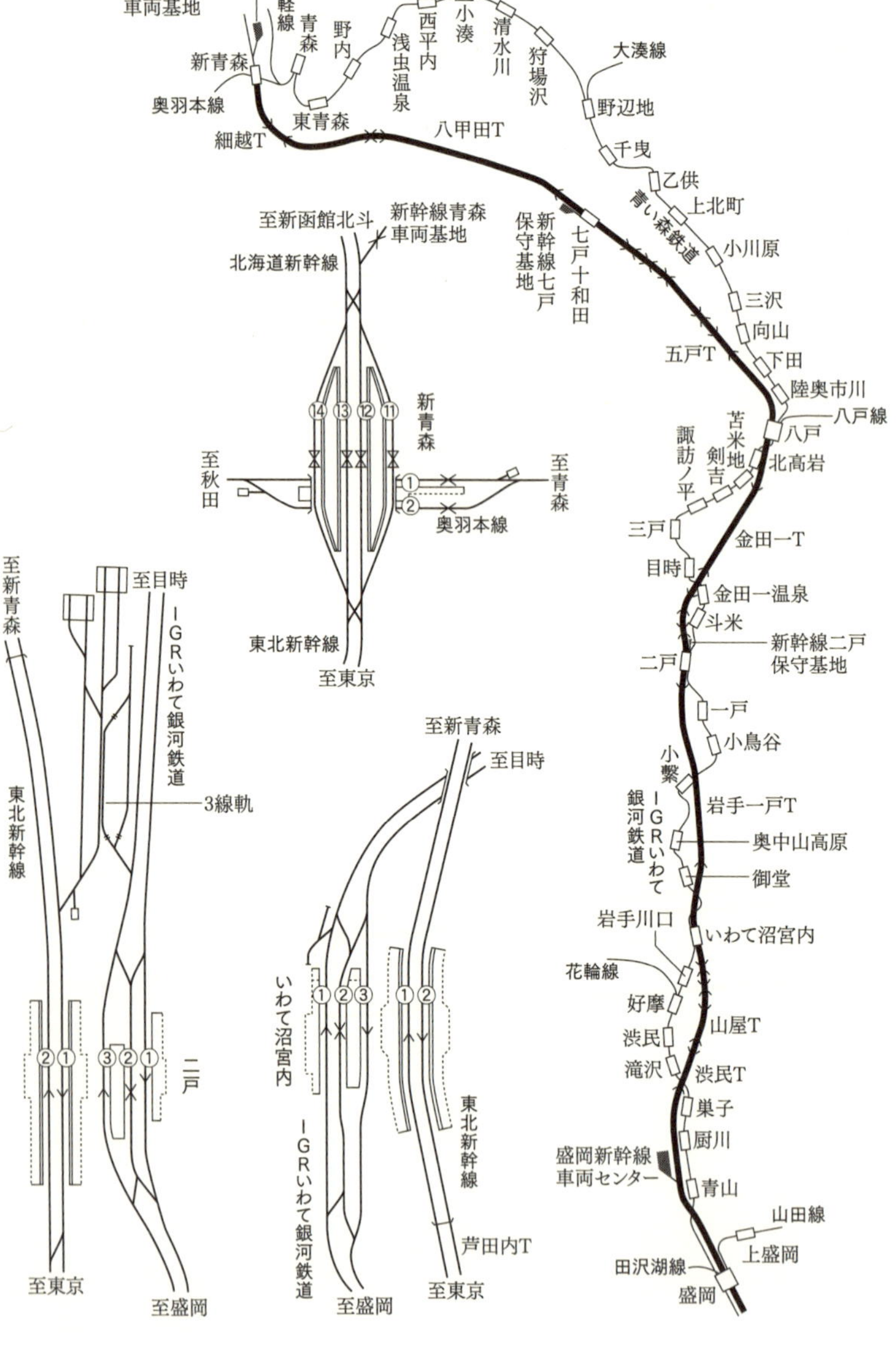

新幹線青森車両基地
津軽線
青森
野内
浅虫温泉
西平内
小湊
清水川
狩場沢
大湊線
野辺地
千曳
乙供
上北町
青い森鉄道
小川原
三沢
向山
下田
陸奥市川
八戸線
八戸
北高岩
苫米地
剣吉
諏訪ノ平
三戸
金田一T
目時
金田一温泉
斗米
新幹線二戸保守基地
二戸
一戸
小鳥谷
小繋
岩手一戸T
IGRいわて銀河鉄道
奥中山高原
御堂
岩手川口
いわて沼宮内
花輪線
好摩
山屋T
渋民
滝沢
渋民T
巣子
厨川
盛岡新幹線車両センター
青山
山田線
上盛岡
田沢湖線
盛岡
新青森
奥羽本線
細越T
東青森
八甲田T
新幹線七戸保守基地
七戸十和田
五戸T
至新函館北斗
新幹線青森車両基地
北海道新幹線
新青森
至秋田
至青森
奥羽本線
東北新幹線
至東京
至新青森
至目時
IGRいわて銀河鉄道
3線軌
東北新幹線
二戸
至東京
至盛岡
至新青森
至目時
いわて沼宮内
IGRいわて銀河鉄道
東北新幹線
芦田内T
至盛岡
至東京

対応である。

　同駅の先に半径５０００ｍの右カーブがあり、その緩和曲線上に駅がある。駅の新青森寄りはカント（左右のレールの高低差）量が１４０㎜になっている。駅の右手は山が迫っているが、山を少し切り取ってパーク・アンド・ライド用の駐車場がある。左手はＩＧＲ線の駅が隣接している。

　いわて沼宮内駅の新青森寄りでＩＧＲ線が斜めに新幹線をくぐる。その先で新幹線は短い第1、１１７０ｍの第2の二つの五日市トンネルを抜ける。その先で再びＩＧＲ線が斜めに新幹線をくぐっていく。

　７６０ｍの川原木、２６０ｍの尾呂部の2本のトンネルを抜けてから、2万５８０８ｍという長大な岩手《いわて》一戸《いちのへ》トンネルに入る。出ると１１５ｍの第1馬淵川橋梁を渡ってすぐに鳥越トンネルを抜け、１３５ｍの第2馬淵川橋梁を渡り、二戸の街中を掘割で抜け、その先の地平に二戸駅がある。

　相対式ホーム2面2線で東京寄りに逆方向の渡り線、新青森寄り右手に新幹線保守基地がある。また、右手にＩＧＲ線の二戸駅がある。左手には「カシオペアメッセ・なにゃーと」の展望タワーがあり、ここから新幹線を一望できる。二戸駅の新青森寄りに半径８０００ｍの右カーブがあり、駅はその緩和曲線上にあって新青森寄りのカント量は１００㎜になっている。

　駅を出ると高架になって１１６０ｍの福岡トンネルに入る。抜けると右手にＩＧＲ線の斗米《とまい》駅が見える。それもつかの間、２００ｍの長瀬トンネルと３３３０ｍの二戸トンネルに入る。二戸トンネルを出て、すぐに東北本線の金田《きんた》一温泉《いちおんせん》駅の北側を斜めに乗り越し、馬淵川を渡り、国道4号を跨ぐ。これらを3連と両端に半連のアーチ橋（アーチ部のスパンは１８４ｍ）となった３２６ｍの第3馬淵川橋梁で渡る。

　そして８７４０ｍの金田《きんだ》一《いち》トンネルと８２５０ｍの三戸《さんのへ》トンネルをくぐる。両トンネルの間はシェルターで覆われていて、一つのトンネルのようになっている。

　トンネルを出ると左側から馬淵川が近寄ってくる。馬淵川と国道１０４号、それに東北本線を３８３ｍの第4馬淵川橋梁で渡る。同橋梁の最大スパンは88ｍになっている。左手に東北本線の北高岩《きたたかいわ》駅が見える。その先で1210mの高岩トンネルを抜け、右に新幹線保守基地があり、そしてIGR線が近づいてきて八戸駅となる。

八戸《はちのへ》駅は在来線とともに地平にあり、島式ホーム2面4線で東京寄りにシーサスポイント、新青森寄りに順方向の渡り線がある。

整備新幹線として造られた路線では建設費の圧縮のために通過線を設置せず、ホームドアで対応している。八戸駅の内側2線にホームドアがあって260キロで通過しても安全なようにしている。

在来線の八戸線は東北新幹線と同じJR東日本の路線だが連絡改札口はない。一旦改札を出てIGR線の改札口に入って乗り換える。

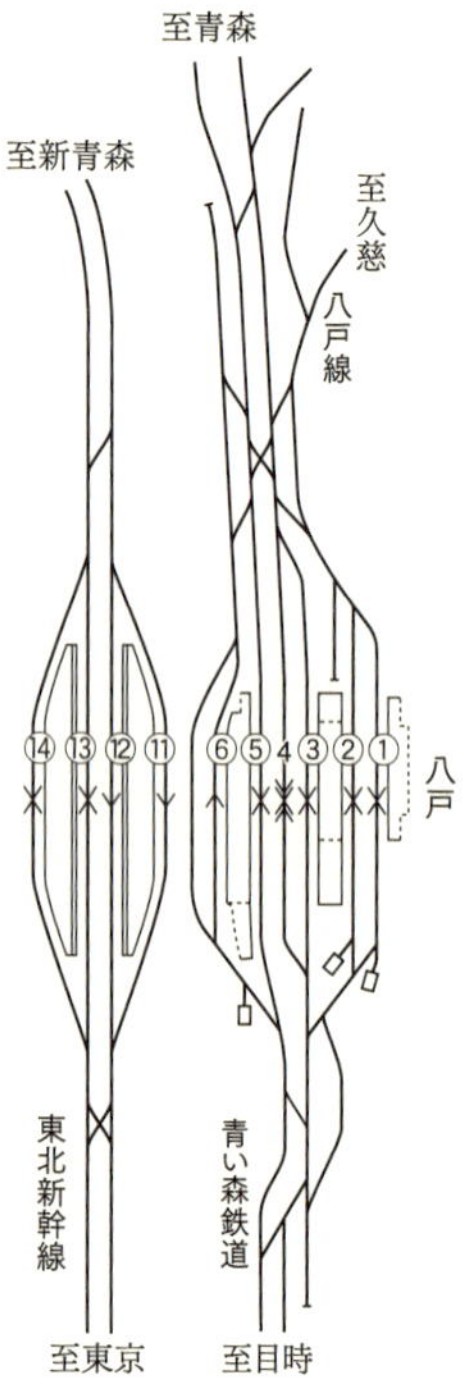

八戸延伸時には新青森寄りに2線の電留庫、1線の検修庫、そして1線の引上電留線が設置されていたが、2線の電留庫は新青森延伸時には本線にすることを前提にして仮使用していた。しかも半径4000mの左カーブ上にあり、そのカント量は200㎜もあった。新青森延伸時に検修庫と引上電留線は撤去された。

●八戸―新青森間　八戸駅を出ると少しの間IGR線と並行するが、新幹線のほうが左にカーブして分かれ、南部《なんぶ》山《やま》トンネルに入る。トンネルの上は南部山公園の田名部記念アリーナの駐車場がある。東北本線も左カーブして少し離れて並行する。1280mの高館、続いて市川の二つのトンネルを抜ける。

少しの間、明かり区間を走ってから1090mの五戸トンネルを抜け、少しの間明かり区間を走る。350mの奥入瀬《おいらせ》川《がわ》橋梁を渡り、少し進んで丘陵地帯に入って1350mの錦ヶ岡、短い舘野、柴山の三つのトンネルを抜ける。このあたりは半径1万mの右カーブになっている。カント量は80㎜である。

そして3370mの六戸、4280mの三本木《さんぼんぎ》原《はら》の二つの長大トンネルを抜ける。三本木原トンネル内には半径8000m、カント量80㎜の左カーブになっている。続いて2065mの牛鍵《うしかぎ》、短い上北、赤平の三つのトンネルを抜けて国道4号をくぐると七戸十和田駅となる。

七戸十和田駅は地平にある相対式ホーム2面2線の駅である。南側にイオンタウンがある。新青森寄りには七戸保守基地があるため、逆方向の渡り線がある。渡り線と保守基地へのポイントはスノーシェルターで覆われている。この先で半径8000m、カント量100㎜の右カーブがあり、さらにその先で2万6455mの長大な八甲田《はっこうだ》トンネルに入る。

72mの駒込川橋梁を渡り、2195mの田茂木野《たもぎの》トンネル、続いて短い2本のトンネルを抜けると、しばらく明かり区間を走る。青森空港へのアプローチ道路をくぐった先に東北新幹線最後のトンネルである3010mの細越トンネルを抜ける。

トンネル内には半径3500m、カント量200㎜の右カーブがある。そして国道7号をくぐるあたりに三内丸山《さんないまるやま》可動橋がある。三内丸山架道橋は国道7号のほかに沖館川《おきだてがわ》や三内丸山遺

八甲田山をバックに走るE5系「はやて」東京行

新青森駅に停車中の「はやぶさ」。新青森寄りはグランクラスでアテンダントに迎えてもらえる

跡を乗り越すために、両端のスパンが75ｍ、中間の2スパンが150ｍの橋長450ｍの4径間の斜張橋となっている。

そして新青森駅となる。島式ホーム2面4線の高架駅で、下部に奥羽本線の島式ホームが設置されている。周囲には高いビルがないだけでなく、レンタカーの営業所はあっても商業地は駅構内の土産物店を除いてなにもない。新幹線が通らない青森駅前の衰退を危惧して高いビルや商業地の建設が規制されているのである。

新青森駅からは北海道新幹線となるが、新青森の先にJR東日本の青森車両基地があるため、青森駅から約650ｍほどはJR東日本の路線になっている。

【車両】 E5系10両編成41本、E6系7両編成24本、E3系7両編成15本、E2系10両編成31本に加えてJR北海道のH5系10両編成4本が大宮以北の東北新幹線を走る。

E6系とE3系は新在直通用のミニ新幹線電車で、連結器を含む中間車の車体長は20ｍである。フル規格の車体長が25ｍなので5ｍ短い。

E5系とE6系は宇都宮—盛岡間にある最小曲線半径4000ｍのカーブで320㌔運転ができるように、車体を1・5度カーブの内側に傾ける車体傾斜装置を装備している。大宮—宇都宮間の4000ｍのカーブでも同様だが、この区間は245㌔で走る。

盛岡以北も最小曲線半径は4000ｍとなっているが、同区間でのカント量は200㎜になっている。このため車体傾斜装置がなくても320㌔運転ができる。大宮—盛岡間のカント量は155㎜のため、乗り心地基準である遠心力を0・08G以下にするには車体を傾斜させる必要があるためである。

車体傾斜装置は空気バネの伸縮によって行う。車体傾斜装置には振り子方式もあり、車体傾斜量も大きいが、振り子方式は車体重心がカーブの外方に移動するために最悪の場合脱線してしまう恐れがある。空気バネ伸縮方式では重心は内方に移動するので脱線の心配はない。

盛岡以北のカント量200㎜では320㌔走行は可能であり、車体を1・5度傾けると339㌔走行ができる。しかし、建設した鉄道・運輸機構は最高速度2

６０キロまでの信号保安装置を設置しただけである。国が定めた建設基準では中央新幹線を除いて最高速度を２６０キロとしたためである。引き受けたＪＲ各社が、３２０キロ運転をしたいならば、３２０キロの速度に対応する信号保安装置を自前で設置せよということである。

カント量２００㎜は３２０キロ運転を前提にしている。鉄道・運輸機構は保安装置については２６０キロ運転までを前提として造ったが、カント量については３２０キロ運転を前提にしている。このため２６０キロ走行でカーブの内側に傾くオーバーカントになっている。

１００キロの距離を２６０キロで走ったとすると所要時間は23分15秒弱、３２０キロでは18分45秒で所要時間の短縮は４分30秒にすぎない。３２０キロ運転用の信号保安装置の追加設備を設置して４分30秒しか短縮しないのであれば、当面はしないほうがいいということで、整備新幹線区間で２６０キロを超える速度で運転をしているところは今のところないのである。

各トンネルは２６０キロ走行に対応した大きさである。３２０キロ走行ではそれなりにトンネル断面を大きくしなければならないのに、大宮—盛岡間も整備新幹線区間である盛岡—新函館北斗間もトンネル断面積は変更していない。さらに上下列車がすれ違いをするときの両列車にあたる空気圧をあまり考慮していない。上下線間の間隔、つまり軌道中心間隔も広げる必要がある。これも山陽新幹線以来拡大していない。

国鉄時代では、３００キロ超の速度を出すときは車体幅を今の在来線並みにする必要があると考えていた。最初に３００キロ運転を開始した山陽新幹線５００系は輸送力が必要な東海道新幹線との直通運転を前提にするために横２＆３列、すなわち５列シートにせざるを得ない。そこで、車体断面を楕円形にして、極力、トンネル内での空気抵抗を少なくし微気圧波の発生を抑え、トンネル内でのすれ違い時のショックを和らげた。しかし、居住性が悪いとしてＪＲ東海からクレームが来た。

そこで微気圧波を極力抑えるために車体幅を５００系を含む従来の３３８０㎜から３３６０㎜としただけでなく、腰掛け部分付近から上を内側に絞り込んだＮ７００系を登場させて山陽新幹線で３００キロで走るようにした。もっとも、狭くしたのは車体傾斜時に車両限界内におさめる理由のほうが大きい。

Ｅ５系はさらに車体幅を３３５０㎜に狭くし、ノーズ部の長さをＮ７００系の約８ｍの倍近い15ｍにした。ノーズの形状も左右に空気をかき分けるのではなく上部に空気が流れるようにしてすれ違い時のショックを軽減させている。

列車の横揺れは後方車両に蓄積されて後方車両の揺れは激しい。そのため車両間ダンパを設置して後ろの車両に揺れを極力伝わらないようにした。これによって後方車両の揺れは大きく抑えられた。

といっても、２６０キロの速度で走行することを前提にしたトンネル断面積であり、軌道中心間隔で造られているのが日本の新幹線である。そこに３２０キロで走行するには、いくら空力をよくしたとしても、トンネル走行時や上下列車のすれ違い時の車体や台車に与えるストレスは大きい。さらに車両間ダンパによって後方車両への横揺れの蓄積は抑えられたとしてもやはり各車両や台車にストレスを与え続けている。

東海道新幹線はカント量を２００㎜に上げ、さらにＮ７００系は車体傾斜装置を設置し、そして乗り心地に対しての許容カーブ通過速度（カント不足量を60㎜から90㎜へ）を上げて東海道新幹線の規格である最小曲線半径２５００ｍで２８５キロ運転を可能にした。山陽新幹線ではカント量を１５５㎜から１８０㎜に上げた。最新のＮ７００系Ｓはアクティブサスペンションを改良してすれ違い時のショックをやわらげるようにした。

東北新幹線の大宮―盛岡間ではカント量を１５５㎜のままにし、車体傾斜装置によって３２０キロ運転を可能にした。

これらは乗り心地基準内に収めるための措置である。これに加えて空力特性をよくした車両を設計して３００キロ運転なり３２０キロ運転を実現させたのは確かだが、そうはいっても設計速度を上回る速度を出して走らせるのは、車両や軌道、トンネルにストレスを与え続けていることは否めない。設計速度は東海道新幹線が２１０キロ、山陽新幹線以降が２６０キロだが、実際の運転速度は東海道新幹線が２８５キロ、山陽新幹線が３０４キロとなっている。そして東北新幹線は３２０キロである。

上下「はやぶさ」がすれ違う時の相対速度は640キロにもなる。E5系は東海道・山陽・九州の各新幹線で使用しているN700系よりも空力特性がいい。N700系同士がすれ違う時のショックは大きい。それよりはショックが少ないが、今後、360キロ運転を開始したときには結構なショックが出る可能性がある。

これを抑えるにはトンネル断面積を拡大し、軌道中心間隔を広げるのが一番だが、すでに出来上がっているものを拡大するには大変な工事になる。

逆にいえば、現在の大ぶりな車両ではなく、在来線と同じ小ぶりな車両にすることである。まさしく在来線と同じ大きさの車両は新在直通用のE6系である。E6系はトンネル内で上下列車のすれ違い時のショックはE5系にくらべて小さい。ただし、車体の長さも在来線に合わせているために前後方向の揺れなどはE5系のほうが少ない。

今後、360キロ運転を実現しようとしているのは東北新幹線である。360キロ運転用の車両は幅だけを在来線と同じ2950mmにしたほうがいい。

●E5系　E5系は10両編成で前後の先頭車2両を除いて、すべて電動車になっている。電動車1両あたりに出力300kWのモーターを4個搭載している。起動加速度は1.71、3‰の上り勾配で均衡速度は360キロとなっている。
回生ブレーキと空気ブレーキ併用の電気指令式ブレーキにより編成単位でブレーキ力制御を行っている。このため空気ブレーキも高速時に動作させている。セラミック噴射装置でセラミック粒子をレールに噴射して滑走が起こりにくいようにしている。ブレーキ力については問題はないが、停止寸前のときにブレーキライニングがディスクブレーキを締めるときに「ギュー」という不快な音がする。この音をできるだけ小さくしてほしいものである。

フロントノーズが15mと長いので、東京寄り1号車の定員は29人である。2、4、8号車の定員は100人、トイレ付の3、7号車は85人、トイレのほかに多目的室がある5号車は59人、グリーン車の9号車は55人、青森寄り10号車はグリーン車よりもゆったり座れるグランクラスになっており18人である。

普通車は横2&3列だが、1、5号車のデッキ寄り1列は2&2にして、1人分をなくした空間は車椅子スペースになっている。グリーン車は横2&2列、グランクラスは横1&2列でゆったりしている。

通常はE6系7両編成を青森寄りに連結した17両編成で走る。このためE5系の青森寄り先頭車には分割併合装置が設置されている。

盛岡以南の各駅のホームの長さはフル規格の新幹線電車の16両対応になっている。先頭車は25mよりも若干長いが、16両編成の長さは概ね400mである。E5系10両編成の長さは253m、E6系7両編成は149・65mで、E5系10両とE6系7両の17両編成の長さは402・65mだから、フル規格車両の16両編成よりも2・65m長いだけである。盛岡以南のホーム有効長は420mか410mなのでホームからはみ出すことはない。

●E6系　E6系は秋田新幹線用新在直通車で秋田車両センター所属である。E5系の車体長は先頭車が26・5m、中間車が25mに対してE6系は先頭車が23・075m、中間車が20・5mとなっている。国鉄時代の特急の中間車の長さは連結器の長さを含んで20・0mだったが、JR東日本が造った在来線特急車の中間車は車体が20m、これに連結器の長さを足すと20・5mにした。E6系もこれに合わせている。

通常の新幹線電車の車体幅は3380㎜である。これでは在来線を走行するときにホームやトンネルなどに当たってしまう。そこで車幅は2945㎜と在来線より5㎜狭くなっている。しかし、新幹線の各駅のホームは3380㎜に対応しているので、新在直通電車はホームと車体との間に220㎜以上の隙間が開く。このため新幹線区間で駅に入るところで各扉に可動ステップが引き上がってくる。

先頭車の長さはE3系と同じにしているが、先端から客室の仕切り壁までの長さはE3系が7・22mなのに対してE6系は12・61mにもなっている。またフロントノーズ長はE5系よりも短い13mとなっている。車体の幅が2945㎜と狭いためにE5系よりも空力特性を小さくしても同じ効果が得られるからである。

7両固定編成でモーターなし車両は中間車とし2両、電動車は5両である。あまり先頭車を電動車にしないＪＲ東日本の特急車だが、雪深い山形新幹線と秋田新幹線では、軌道回路による位置検知を確実にするために新在直通用の最初のＥ３系からずっと先頭車を電動車にしている。電動車は重いためにレールの上に雪が少々積もっても軌道回路を短絡しやすい。そして先頭車を電動車にすれば素早く短絡でき、最後部車両が一つの閉塞区間を出ていくときも確実に把握できる。

Ｅ５系と併結運転をするために起動加速度や３‰の上り勾配での均衡速度は同じにしている。

在来線区間では起動加速度を２・０、最高速度１３０㌔、25‰の上り勾配での均衡速度を１２０㌔以上にしている。当然、車体傾斜装置も装備しているが、在来線区間では使用しない。

Ｅ５系と連結することを前提としているため、東京寄り先頭車が11号車、青森寄り先頭車が17号車になっている。そして11号車がグリーン車で定員23人となっている。車体幅が狭くなっても普通車と同じ横２＆２列である。普通車と差別化するために通路幅を普通車の５５０㎜から４５０㎜にして、掛け幅を普通車よりもちょっぴり広くしている。シートピッチは普通車が９８０㎜に対してグリーン車は１１６０㎜と広い。

12号車以下は普通車である。12号車はトイレ洗面所と車販準備室などがあって定員は35人、13、14、16号車はトイレ洗面所付で定員は60人、15号車は座席のみで定員は68人、17号車の定員は32人である。７両１編成の定員は３３８人である。

Ｅ５系の１編成の定員は７３１人、Ｅ５系とＥ６系を併結した17両編成の定員は１０６９人になる。１０００人を超える定員になっているため、17両編成は新在直通の「こまち」に使用するだけでなく、輸送力が必要な新幹線列車にもこの編成が使用されている。

しかし、Ｅ５系の先頭普通車はロングノーズのために定員が少なく、青森寄り先頭車はグランクラスでより定員が少ない。というよりも「なすの」や「やまびこ」に使用するときのグランクラスはほとんどだれも利用していない。そのためアテンダントの乗務はなく、軽食や飲み物サービスもしない。また、一部の列車ではグランクラス自体の営業を中止している。

これではグランクラスは不要である。定員を多くするにはグランクラスの座席をグリーン車あるいは普通車にしたほうがいい。とはいえ「はやぶさ」や「はやて」で共用しているためにグランクラスを普通車にするわけにもいかない。

アテンダントサービスがないグランクラスの料金は2000円ほど安くしているが、それでもあまり利用されない。閑散期や朝の上り方向ではグリーン料金にプラス1000円程度にしてもいいといえる。

●E2系　E2系はもともと北陸新幹線の高崎―安中《あんなか》榛名《はるな》間の連続30‰の上り勾配のトンネル区間で170㌔以上の速度を出せるように設計された。出力が大きいために設計最高速度は315㌔になり、3‰の明かり区間での均衡速度は300㌔、起動加速度は1・6となっている。ただし営業速度は275㌔である。

東北新幹線用として、新在直通のE3系と併結できるように青森寄り先頭車に分割併合装置を装備している編成を用意した。北陸新幹線の長野以北が開通するとE7系とJR西日本所属のW7系が大量投入され、北陸新幹線用のE2系も分割併合装置の設置改造をしている。編成定員は805人である。

●E3系　E3系も新在直通用車両で山形車両センター所属である。当初は秋田新幹線用として5両編成で使用されたが、7両編成に増結した。また山形新幹線用に7両編成1本が造られた。

その後、E6系を秋田新幹線に投入され、秋田新幹線のE3系のうち2本が山形新幹線に転出し、新たに山形新幹線用に12本を新造して400系を淘汰した。

最高速度は新幹線では275㌔、在来線では130㌔である。7両1編成の定員は402人である。E2系とE3系を併結した定員は1207人と現在の東北新幹線電車では一番定員が多い。

盛岡以南の各駅では青森寄りにミニ新幹線電車、東京寄りにフル新幹線電車が停まる。両方とも単独編成で走るときでも、停車位置は変更しないので、単独編成はホームの端っこに停まる。

【ダイヤ】　「はやぶさ」「こまち」「はやて」「やまびこ」「つばさ」「なすの」の6種の列車が走る。「はやぶさ」の運転区間は東京―新函館北斗間のほかに、東京―盛岡・新青森間、さらに始終発時に仙台―新函館北斗間が1往復設定されている。

秋田新幹線に直通する「こまち」と基本的に併結運

転をするが、盛岡駅で秋田行「こまち」が先に発車して2分後に「はやぶさ」が発車する。東京行では「はやぶさ」が先に盛岡駅に到着して4分後に「こまち」が「はやぶさ」に連結する。このため盛岡駅で「はやぶさ」は下りが4分、上りが6分停車する。

これでは東京―新函館北斗間の所要時間が延びてしまう。そこで一部の「はやぶさ」は「こまち」と併結せずに単独走行をする。さらに上野駅を通過する最速「はやぶさ」があり、東京―新函館北斗間を4時間2分で結んでいる。

東京―盛岡間での基本の停車駅は上野、大宮、仙台である。盛岡以北では最速は新青森駅だけだが、八戸停車、さらに木古内にも停車したり、二戸にも停車、そして盛岡以北のすべての駅に停車する「はやぶさ」もある。各駅に停車せずに沼宮内駅だけ通過する「はやぶさ」もある。

さらに仙台以北で各駅停車になる「はやぶさ」もある。元来、仙台以北が各駅停車になるのは「はやて」としていたが、E5・E6系を使用して320㌔運転をするものはすべて「はやぶさ」とした。

「はやて」は始発時に走る新青森―新函館北斗間と盛岡―新函館北斗間、終発時に走る新函館北斗―盛岡間、新函館北斗―新青森間を除くと、定期運転では119号の下り1本だけになっている。ただし不定期運転は結構あり、仙台―盛岡間を各駅に停車するものだけではなく、一ノ関だけ、あるいは古川、一ノ関、北上に停車するものもある。

「やまびこ」の基本の停車駅は上野、大宮、宇都宮、郡山、福島、仙台、以遠各駅だが、最速「つばさ」と併結する「やまびこ」は大宮、福島の2駅停車になっている。また、通常の「つばさ」と併結する「やまびこ」は白石蔵王にも停車する。さらに各駅停車タイプで東京―那須塩原・郡山間を走る「なすの」を仙台駅まで延長運転する列車も「やまびこ」である。その中には那須塩原または白石蔵王を通過するものもある。

新在直通の秋田新幹線乗り入れは「こまち」、山形新幹線乗り入れは「つばさ」である。「こまち」は「はやぶさ」と、「つばさ」は「やまびこ」と併結し、新幹線内の停車駅は併結する「はやぶさ」と「つばさ」と当然ながら同じである。

東京―那須塩原または郡山間を各駅停車で走る列車を「なすの」としている。ときおり、これを東京―仙台間の運転にすることがあり、この場合、白石蔵王駅を通過して「やまびこ」となることが多い。

●**午前下り**　始発から9時台までの下りの各列車は、観光客やビジネス客の利用が集中するために各列車とも運転本数を増やしており1時間サイクルにはなっていない。

東京発で見て「はやぶさ・こまち」の始発は6時32分になっている。ゴールデンウィークや年末年始には6時0分発の不定期「はやぶさ・こまち」が走る。東京発の定期の始発電車は6時4分の「やまびこ」41号盛岡行で、古川駅で始発の「はやぶさ・こまち」に追い抜かれる。

次にE3系単独で走る「つばさ」が12分に発車する。白石蔵王駅や仙台駅に向かう客のために、この「つばさ」の10分後に郡山発仙台行の「やまびこ」が運転される。20分にはすべての駅に停車する仙台行「やまびこ」、40分に白石蔵王通過で17両編成の「やまびこ」２０３号が走る。

7時台になると、4分に那須塩原行の「なすの」、12分に「やまびこ・つばさ」、16分に盛岡行の「はやて」１１９号が走る。東京・大宮から古川―新花巻間の各駅に速く行くには、6時4分発の「やまびこ」41号の次が、この「はやて」１１９号である。

32分に「やまびこ」１２５号、4分後の36分に「はやぶさ」3号が走る。「やまびこ」１２５号との間隔は4分しかないので「やまびこ」１２５号が宇都宮駅の停車線に入って「はやぶさ」3号に進路を開けるが、この「はやぶさ」3号は宇都宮駅手前で一瞬減速することが多い。大宮―仙台間の最速「はやぶさ」の所要時間は1時間7分だが、3号は1時間8分と1分遅いのはこのためである。「やまびこ」１２５号は２０１８年春の改正でE2系からE5系に替わった。これによって大宮―宇都宮間の所要時間は15秒程度短くなったが、「はやぶさ」3号の所要時間は時刻表で表示される分単位でみると変わっていない。

40分にはほとんどの土日に運転する「はやぶさ」45号が走る。先行の3号とは4分間隔の続行で進み、仙台からは古川、一ノ関、北上の3駅に停車するので盛岡では3号との間隔が23分に開く。しかし、3号は盛岡以北では各駅停車になる。45号は八戸駅だけ停車するので新青森駅到着時点では11分に間隔は縮まる。

44分に全駅停車の「やまびこ」205号仙台行、56分は仙台以北各駅停車の「はやぶさ」103号盛岡行が走る。103号は宇都宮駅で「やまびこ」205号、福島駅で「やまびこ・つばさ」123号を追い抜いている。

8時8分に「やまびこ・つばさ」127号が発車、20分に最速「はやぶさ」5号が発車する。最速「はやぶさ」は上野駅を通過するために東京―大宮間の所要時間は24分、上野停車の各列車は26分なので2分速い。大宮駅で「やまびこ・つばさ」127号と「はやぶさ」5号との間隔は10分縮まる。そして127号は宇都宮駅で「はやぶさ」5号を待避する。大宮駅で10分も間隔が開いているので、「はやぶさ」5号は宇都宮駅手前で減速することはない。

28分に「なすの」、40分に「はやぶさ・こまち」7号が走る。7号の大宮―仙台間の所要時間は1時間9分、最速「はやぶさ」5号は1時間8分なので1分遅い。先行の「なすの」を那須塩原駅で追い抜くからである。宇都宮駅で追い抜けばいいが、「はやぶさ」の後続に2本の「やまびこ」が発車しダイヤが立て込んでいて宇都宮追い抜きは、その後の列車のダイヤに影響するからである。

48分には基本停車駅の「やまびこ」129号が発車し、9時8分に「はやぶさ・こまち」9号が走る。大宮―仙台間の所要時間は1時間7分である。最速「はやぶさ」よりも速いように見えるが、東北新幹線のダイヤ作成上で行っている15秒単位でみれば同じ所要時間である。

9時16分に「なすの」郡山行、24分に「やまびこ・つばさ」131号が走る。131号は最速「つばさ」なので新幹線内の停車駅は大宮、福島の2駅のみである。36分には最速「はやぶさ」11号仙台行が走る。40分に通常停車駅の「やまびこ」、38分に大半の土休日運転の「やまびこ・つばさ」177号、0分に「やまびこ・つばさ」、10時4分に「はやぶさ・こまち」13号と発車し、昼間時のパターンダイヤになる。

ただし10時44分に「はやぶさ」17号が走る。11時台以降は走らないが、不定期「はやぶさ」としていつでも走らせられることができる。このため先発の毎時36分発の「やまびこ」は宇都宮駅で、さらにその前に発車する「なすの」または「やまびこ」も新白河駅で不定期「はやぶさ」を待避できるようにしている。

●午前上り　東京方面への新幹線通勤客のために普通車全車自由席の「なすの」が次々に発車していく。初発の「なすの」252号はE2系の10両編成、次の那須塩原発254号、256号、258号はE5・E6系17両編成である。新幹線通勤者が集中する260号と262号は普通車の定員が多いE2・E3系17両編成を使用している。

この次にようやくE5・E6系による仙台始発の「やまびこ」202号が走る。202号は那須塩原駅だけ通過する。仙台から東京方面の主としてビジネス客のために仙台始発の「はやぶさ」2号が運転されている。上野駅を通過する最速タイプでE5系だけの10両編成である。202号を宇都宮駅で追い抜くだけでなく、郡山駅でも先行の204号を追い抜いている。東京駅で折り返して8時20分発の最速「はやぶさ」5号新函館北斗行になる。

山形駅から東京方面のビジネス用として速達「つばさ」124号が運転される。山形新幹線内は米沢《よねざわ》駅だけ停車し、福島駅で仙台始発の「やまびこ」と連結するが、福島駅の次は大宮駅だけ停車し、新白河駅で「やまびこ」が「やまびこ」208号を追い抜いている。「やまびこ」208号は各駅停車であり、仙台始発であっても「なすの」にしたほうが乗客にとっては混乱しないといえる。

ともあれ、「つばさ」124号の山形―東京間の所要時間は1時間27分、通常の「つばさ」は基本的に1時間45分だから18分速い。

秋田駅からの速達「こまち」6号も走る。秋田新幹線内では大曲《おおまがり》駅だけ停車、東北新幹線では上野駅を通過する。秋田―東京間の所要時間は3時間39分、通常停車駅の最速「こまち」は3時間48分が最速だから9分しか速くないが、「こまち」の多くは3時間55分程度なので、それらにくらべると速い。

●昼間時　昼間時は1時間サイクルに「はやぶさ・こまち」併結と「やまびこ・つばさ」併結、単独「やまびこ」が各1本と東京―郡山間の「なすの」あるいは東京―仙台間の「やまびこ」（白石蔵王のみ通過）が1本の計4本の運転である。

東京発でみると毎時0分が「やまびこ・つばさ」併結列車、8分または12分が基本的に各駅停車タイプの「なすの」那須塩原・郡山行、または白石蔵王通過の「やまびこ」仙台行、20分が「はやぶさ・こまち」併結列車、36分が通常停車タイプの「やまびこ」盛岡行となっている。

「はやぶさ」は宇都宮駅で各駅停車タイプを、福島駅で分割中の「やまびこ・つばさ」を、一ノ関駅で「やまびこ」を追い抜く。このため「はやぶさ」で仙台駅まで乗って盛岡までの各駅に行くために「やまびこ」に乗り換えようとしても46分間待たなくてはならない。結局、当初から「やまびこ」に乗ったほうがいい。「はやぶさ」が走っていなかったときの最速「はやて」では仙台駅ですぐに「やまびこ」に乗り換えられた。

「はやぶさ」でも同様にしてもいいが、「はやぶさ」ばかりが混んでしまう。それならば仙台以北各駅停車の「やまびこ」はE5系にして３２０キロ運転を行い、宇都宮駅と福島駅で不定期「はやぶさ」に追い抜かれないようにすれば15分以上は速くなる。これによってもっと明快に「はやぶさ」と盛岡行「やまびこ」の棲み分けができる。

上りの盛岡発「やまびこ」は福島駅で「はやぶさ」に追い抜かれる。このため新花巻―古川間の各駅で「やまびこ」に乗り、仙台駅で7分待ちで「はやて」に乗り換えることができる。便利だが、上りと下りと乗車パターンが異なるのはどうかと思う。また、上りでは「はやぶさ」と「やまびこ」の乗り分け、要するに棲み分けができていない。

上り「やまびこ」もE5・E6系による３２０キロ運転をして仙台以南で「はやぶさ」に追い抜かれないようにしたほうがいいと思われる。

●16時台以降　夕方、16時台以降の下りでは東京から各方面への出張・旅行・通勤帰りの乗客が集中してくる。

「はやぶさ」は東京発毎時20分のほかに56分にも設定されている。ただし仙台以遠は各駅停車で、北上駅で後発の仙台―盛岡間ノンストップの「はやぶさ」を待避する。このため仙台―盛岡間を各駅に停車する「やまびこ」は運転されない。また15時44分には仙台行「はやぶさ」が発車する。

「やまびこ」は1時間に、「つばさ」と併結の仙台行、基本停車駅の仙台行のほかに各駅停車（一部は白石蔵王駅通過）の仙台行の各3本が運転され、これに那須塩原行「なすの」が運転される。

東京発で見て各列車の最終は以下のとおりである。新函館北斗行の最終「はやぶさ」は19時20分、新青森行は最終盛岡行が20時20分で仙台以遠各駅停車の「はやぶさ」である。仙台行の「はやぶさ」は21時36分である。

「はやぶさ」併結の「こまち」の最終は20時16分で「はやぶさ」39号とともに上野を通過し、秋田新幹線内では大曲駅だけ停車の速達タイプである。所要時間は3時間37分である。

「やまびこ」併結の「つばさ」の新庄行最終は19時16分で、山形新幹線内の停車駅は米沢、山形以遠各駅である。東京―山形間の所要時間は2時間41分である。最終山形行は20時44分である。

「やまびこ」仙台行の最終は21時44分で、郡山以遠は各駅に停車する。

「なすの」は20時台から1時間に2、3本運転され最終は22時44分である。

上りは各地から東京方面への出張・観光帰りの乗客が集中する。下りと同様に「はやぶさ」は盛岡発で仙台まで各駅停車が加わるが、これは盛岡発16時と17時の毎時7分の2本だけで、盛岡発17時50分から20時50分まで1時間に2本の運転になる。これらは新函館北斗駅あるいは新青森駅発で、盛岡以遠からの東京方面への帰宅が集中し、1時間に1本の運転では運びきれないからである。ゴールデンウィークや年末年始などの繁忙期にはさらに増発される。

このため盛岡―仙台間各駅停車の東京行は「やまびこ」で走る。当然途中で「はやぶさ」に追い抜かれる。盛岡発18時40分の「やまびこ」56号は北上駅と古川駅と2回追い抜かれる。繁忙期だけでなく大人の休日の会員感謝デーでは「はやぶさ」の指定券はほとんどとれない。そのときは盛岡から「やまびこ」の自由席で東京方面に戻るほうがいい。こんなときでも自由席はかなり空いている。

新函館北斗発の最終は東京行「はやぶさ」が42号の18時36分、仙台行が96号の19時37分、「はやて」98号盛岡行が20時39分、同100号新青森行が21時59分である。

仙台発東京行の最終は「やまびこ」60号の20時29分、東京着は23時44分である。

【将来】今後、E5系とE6系の増備がなされ、E2系とE3系が淘汰される。E6系が「つばさ」に使用され、320㌔運転を行うとすれば5〜10分程度スピードアップされよう。また、秋田新幹線もそうだが、在来線区間で車体傾斜をすれば、両新幹線とも5〜10分程度スピードアップされる。

しかし、E5・E6系併結列車はE2・E3系併結列車よりも定員が少ない。これらの通勤用「やまびこ」「なすの」用にグランクラスが連結されていない北陸新幹線用E7系8両編成を造り、乗客が集中する列車には8＋8の16両編成で運転するのがいいだろう。

今後、360㌔運転が構想されている。大宮—盛岡間の最小曲線半径4000mでのカント量は東北新幹線が開通以来、ずっと155㎜のままである。曲線半径4000mでの通過速度は306㌔でしかない。

東北新幹線建設時には300㌔走行を視野に入れていたが、360㌔走行は考えてもいなかった。

E5・E6系は車体を1・5度傾けることができる。これによって326㌔まで通過速度は上がる。しかし、半径4000mでカント量155㎜のカーブでは360㌔を出せない。車体傾斜量を2度にしても332㌔、360㌔運転をするためには4・5度も車体を傾斜させる必要があるが、空気バネによる車体傾斜ではここまで傾けることはできない。せいぜい3度である。

盛岡以北では半径4000mのカーブでのカント量は200㎜になっている。ここでE5・E6系は349㌔で通過できる。2・5度傾けると361㌔になる。ぎりぎり360㌔運転ができる。盛岡以南で360㌔運転するためにはカント量を200㎜に嵩上《こうじょう》する必要がある。しかし、スラブ軌道のカント量嵩上は大変な作業になる。山陽新幹線の新山口《しんやまぐち》駅付近で155㎜から180㎜に嵩上したことがあったくらいしかない。

それでも北海道新幹線が札幌駅まで延伸したときには360㌔運転を開始したいところである。しかし、トンネル突入時や上下列車のすれ違い時のショックを和らげるためには、車体幅を2950㎜まで狭くしたほうがいい。これであっても軌道中心間隔が狭い日本の新幹線なので、まだ足らないかもしれないが、これに対してはE5系よりさらに空力特性をよくした先頭形状で対応するしかない。

360㌔運転は新しい車両で行うのがよいと思われる。とはいえ、現状のE5・E6系を2度傾斜させて、とりあえず全区間で330㌔運転を開始することである。盛岡以北では270㌔以上の速度を出すためには高速走行許可情報を出すトランスポンダ等の設置が必要だが、盛岡以南では行っている。

現在、最速の「はやぶさ」は東京―新青森間2時間59分で結んでいる。宇都宮以北で360㌔運転した場合は2時間39分、大宮―宇都宮間でも360㌔運転をすれば2時間36分になる。大宮―宇都宮間で275㌔超の速度を出してはいけない理由はなにもない。あるとすれば騒音を抑えるということだが、現在の320㌔運転であっても静粛なので問題はないといえる。

宇都宮以北で330㌔運転をすると東京―新青森間は2時間48分、大宮―宇都宮間でも330㌔運転をすれば2時間45分になる。カント量の嵩上が必要ない330㌔運転をして11分ほど短縮すれば東京―新函館北斗間も4時間を切って3時間50分で結ばれる。

まずは10㌔アップの330㌔運転を行い、次に盛岡―新青森間でE5・E6系を2・5度傾けさせて360㌔運転をする。そして盛岡以南で区間を区切りながら、徐々にカント量を嵩上させて、最終的に全区間で360㌔運転を行えばいい。

さらに上野―大宮間では最高速度を110㌔に抑えられているが、これを2020年ころに130㌔に向上して1分ほど短縮する。現在のE5・E6系では車体を2度傾斜させて145㌔運転をしてもいい。これでさらに1分程度は所要時間が短縮する。地道にスピードアップに専念してもらいたいものである。

JR奥羽本線(福島—秋田)

山形新幹線の隘路、福島—米沢に新幹線規格の板谷トンネルを

POINT! 奥羽《おうう》本線は、福島—新庄《しんじょう》間と大曲《おおまがり》—秋田間が標準軌となって山形新幹線電車や秋田新幹線電車が東北新幹線から直通する。

新庄—大曲間は狭軌線のままだが、この区間も標準軌化の要望が地元から出されている。同区間が標準軌になれば、新在直通の新幹線が便利になるだけでなく、在来線普通も融通がきくダイヤになる。

東京—新庄・秋田間は新在直通で乗り換えなしで行き来できるようになった。しかし、在来線区間の最高速度は130㌔であり、山形新幹線は板谷《いたや》峠越えで時間がかかりすぎている。今後は板谷峠をトンネルで貫通してスピードアップをしてもらいたいと地元から要望が出ている。まだまだ改良の余地はあるのである。

【概要】 奥羽本線は福島—青森間の路線で、奥羽線の部の本線である。奥羽線に所属する路線は米坂《よねさか》線、左沢《あてらざわ》線、男鹿《おが》線、五能《ごのう》線、津軽《つがる》線である。また、現在は第3セクター鉄道になっている山形鉄道長井線は国鉄長井線として、秋田内陸鉄道の比立内《ひたちない》—鷹巣《たかのす》間は国鉄阿仁合《あにあい》線として、奥羽線の部に所属していた。

本巻では福島—秋田間298・7㌔を取り上げる。このうち福島—新庄間は標準軌に改軌されて、山

形新幹線という愛称で山形新幹線電車が走る。普通列車は山形線の愛称にしている。ただし山形―羽前《うぜん》千歳《ちとせ》間の複線区間は片方が標準軌、もう片方が狭軌となっており、狭軌線のほうは仙山《せんざん》線電車と左沢線列車が走る。

大曲―秋田間は従来多くの区間が複線だったのを、全区間にわたって下り線は狭軌線、上り線は標準軌線とした単線並列複線となった。ただし神宮寺《じんぐうじ》―峰吉川《みねよしかわ》間の下り線は標準軌線併用の３線軌になっている。標準軌線は秋田新幹線の愛称が付けられ、秋田新幹線電車が走る。

福島駅で東北本線と福島交通と連絡し東北新幹線と接続する。米沢駅で米坂線、赤湯《あかゆ》駅で山形鉄道フラワー長井線が連絡、北山形駅で左沢線が狭軌線に接続し山形駅まで直通する。羽前千歳駅で狭軌線は仙山線と接続して仙山線電車が走る。羽前千歳―新庄間は標準軌線のみで山形新幹線電車と普通電車が走る。新庄駅で標準軌線は終わり、ここからは狭軌線のみとなる。狭軌線は新庄駅で陸羽東線と陸羽西線、横手《よこて》駅で北上線と接続する。

大曲駅で秋田新幹線電車が走る標準軌線が再び併設される。標準軌化された田沢湖線と奥羽線の標準軌線は接続する。田沢湖線では秋田新幹線電車とともに普通列車も走るが、奥羽本線の標準軌線は秋田新幹線電車だけが走る。ただし田沢湖線の回送電車が秋田車両センターまで走る。普通電車は併設されている狭軌線を走る。また神宮寺駅手前から刈和野《かりわの》駅の先までの狭軌線は標準軌併用の３線軌になっている。３線軌区間では下りの「こまち」が走るが、同区間で上り「こまち」とすれ違わないときは標準軌だけのほうの線路を走る。秋田駅で狭軌線は羽越本線と接続するが、直通列車はない。

福島―新庄間は仙台近郊区間に含まれ、普通乗車券と回数乗車券、そしてＳｕｉｃａ利用では、遠回り乗車であっても最短経路で運賃が計算される。ただし仙台近郊区間内での途中下車はできず、有効期間は1日となっている。また「つばさ」利用は対象外となる。

明治25年公布の最初の鉄道敷設法で、奥羽線が予定線として取り上げられた。「福島県下福島近傍ヨリ山形県下米沢及《および》山形、秋田県下秋田青森県下弘前ヲ経テ青森ニ至ル鉄道及本線ヨリ分岐シテ山形県下酒田ニ至ル鉄道」の本線に加えて「宮城県下仙台ヨリ山形県下天童若《もしく》ハ宮城県下石ノ巻ヨリ小牛田ヲ経テ山形県下舟形町ニ至ル鉄道」「岩手県下黒沢尻若ハ花巻ヨリ秋田県下横手ニ至ル鉄道」「岩手県下盛岡ヨリ宮古若ハ山田ニ至ル鉄道」と多くの支線も取り上げられた。

本線から分岐して酒田への路線はのちの陸羽西線、仙台から山形県天童への路線はのちの仙山線、石巻から小牛田《こごた》を経由して舟形町《ふながた》への路線は石巻線と陸羽東線、黒沢尻《くろさわじり》または花巻から横手への路線は北上線、盛岡から宮古《みやこ》または山田に至る鉄道は山田線となる。

青森側を奥羽北線、福島側を奥羽南線として着工、奥羽北線は明治35年（1902）年10月までに秋田―青森間が開通している。

奥羽南線の福島―米沢間には標高1000m級の山々が立ち塞がっている。山々を抜けるルートとして、板谷峠越えの板谷第1線、同2線の2案、稲子岳越えの茂庭線の1案の合計3案があった。板谷第1線は板谷峠までの上り勾配を66・7‰（15分の1）としてアプト式で上る。第2案は迂回ルートをとって33・3‰（30分の1）に緩和して中間にスイッチバックの停車場を設置する。

板谷峠より先は第1線も第2線も同じルートとする。茂庭線も最急勾配は33・3‰だが、多くはそれ以下に抑えられるように大きく迂回するものだった。

結局、板谷第2線に決定して福島—秋田間は明治32年（1989）5月に開通した。途中に庭坂《にわさか》、板谷、峠《とうげ》、関根《せきね》の4駅を設置、うち板谷と峠はスイッチバック駅となった。本線はスルー線になっておらず、かならず折返線と停車線でスイッチバックしなければならなかった。また、庭坂駅と米沢駅に機関区を設置し、各列車は補機（補助機関車）を連結した。

米沢駅から赤湯駅までは米沢盆地内なので地形的障害は少なく工事は順調に進み、明治33年4月に赤湯駅まで開通、続いて34年2月に上ノ山（現かみのやま温泉）駅まで、4月に山形駅まで、8月に楯岡（現村山）駅まで、10月に大石田駅まで開通した。

南線は明治35年7月に舟形駅、36年6月に新庄駅まで開通し、北線は同年10月に秋田—和田《わだ》間が開通した。37年8月に北線は神宮寺駅まで、12月に大曲駅まで、南線は10月に院内駅まで開通、38年6月に北線は横手まで、7月に南線は湯沢《ゆざわ》駅まで、9月に横手駅まで開通し、奥羽線は全通した。

明治42年10月の国鉄線路名称制定のとき奥羽線の部の本線となった。43年8月に起こった豪雨によって庭坂—赤岩信号場間の第1松川、第2松川、赤岩第1の三つのトンネルが地割れし土圧が高まり変形、赤岩《あかいわ》第1トンネルの一部が崩壊した。このため第1松川トンネルと第2松川トンネルの間に東赤岩仮停車場を設置し、第1松川トンネル—赤岩信号場間を休止して徒歩連絡した。そして左岸を通るルートから右岸を通るルートに変更工事を開始した。新ルート区間には二つのトンネルが掘削された。

10月にはスイッチバック式の赤岩信号場を駅に昇格させ、第1、第2の松川トンネルを修復し、赤岩第1トンネルを徒歩で安全に通り抜けができるようにした。そして東赤岩仮停車場を第2松川トンネルと赤岩第1トンネルの間に移設して、それまで最短30分かかっていた徒歩連絡区間を15分に短縮した。

そして44年9月に線路変更区間が完成して完全に復旧した。

33・3‰の急勾配で300tの貨物列車を力強く牽引できる蒸気機関車としてドイツからEタンク機関車である4100形4両を輸入して投入した。その後、国産の4100形30両が竣工、うち18両が板谷峠越え用として庭坂機関区に配置された。

大正11年3月に奥羽本線経由の上野—青森間に1往復の夜行急行の運転を開始した。それまでは一部の駅を通過する夜行快速列車があっただけだった。これを急行に格上げしたもので、上野—青森間の所要時間は22時間30分だったのを19時間35分に短縮した。この急行列車は3等緩急車、3等車2両、和食堂と2等車の合造車、2等車、2等寝台車、荷物車、郵便車からなる8両編成だった。

大正15年7月に羽越本線が全通して日本海縦貫線が完成する。関西から青森方面へは東海道・東北線経由よりもはるかに所要時間が短縮された。これによって奥羽本線秋田—青森間は大阪方面から羽越本線経由の列車が増えたために、上野—青森間を運転していた奥羽本線経由の急行は上野—秋田間に短縮した。

その後、羽越本線の坂町と米沢を結ぶ米坂線、途中の今泉《いまいずみ》駅から分岐して赤湯駅に達する長井線（現山形鉄道フラワー長井線）、羽越本線の余目駅と新庄駅を結ぶ陸羽西線、東北本線小牛田と新庄を結ぶ陸羽東線が開通しており、昭和2年には仙台—羽前千歳間の仙山線も開通したために、急勾配の板谷峠越えの輸送需要は減っていった。

終戦後の戦災被害はさほどなく、昭和20年（1945）8月の終戦時でも1往復の急行が運転されていた。戦時体制でとん挫していた福島—米沢間の電化工事は戦後の21年11月に開始された。ところが連合軍総司令部民間運輸局からまったがかけられた。アメリカでは電化をされていない路線が多く、ディーゼル機関車が全盛であり、電化について懐疑的だったためである。

これを説得して電化工事は再開されたが、4100形蒸機が老朽化してすぐにでも使える牽引機が必要となった。このため電化までのつなぎとしてテンダー式E10形蒸気機関車が投入された。

電化は昭和24年4月に完工しEF15形が投入された。9月には各スイッチバック駅に折返線や停車線を通らない通過線を設置した。これによって折返線や停車線での再発進を省略できたために600t牽引が可能になった。

昭和21年11月に上野—秋田間に準急1往復が運転開始、すぐに急行に格上げされ、25年12月には「鳥海」の愛称が付けられた。この「鳥海」は夜行列車だった。

昭和31年11月に運転区間を上野—青森間とし「津軽」に改称、新たに昼行急行として上野—秋田間運転の「鳥海」が設定された。「鳥海」は上野—福島間で「青葉」と併結する。この「青葉」は上野—仙台間を走る。上野—秋田間の所要時間は11時間28分だった。

昭和36年10月に上野—秋田間にキハ82系による気動車特急「つばさ」の運転を開始し、所要時間は8時間30分と3時間近く短縮した。福島—米沢間はEF16形電気機関車を補機として連結された。

昭和39年10月に上野—山形間運転の気動車特急「やまばと」1往復の運転を開始した。これによって上野—山形間では特急が2往復走ることになった。「やまばと」の上野—山形間の所要時間は下りが5時間32分、上りが5時間30分だった。

仙山線とともに米沢—山形—羽前千歳間も電化して電車特急を走らせることが企画された。東北本線の黒磯以北はすでに交流電化されており、米沢―羽前千歳間と仙山線も交流電化にする。そうすると直流電化の福島―米沢間はスムーズな運転に支障をきたすということで、同区間も交流電化に切り替えることになった。これら一連の工事は昭和43年9月に終了し、10月の全国大時刻改正、通称ヨンサントウを迎える。

ヨンサントウによって、上野―山形間特急「やまばと」が電車化されるとともに2往復の運転になった。上野―山形間の所要時間は上下4本とも4時間35分となり、それまでよりも1時間近く短縮した。このほかに電車急行「ざおう」が上野―山形間に1往復が運転開始したが、普通列車も含めてその他の列車は気動車列車か客車列車だった。

夜行客車急行は上野―青森間に「津軽」が2往復、上野―秋田間と上野―山形間に「おが」、上野―酒田間に「出羽」がそれぞれ1往復、昼行気動車特急は上野―秋田間に「つばさ」が2往復運転された。

昼行急行は米沢―羽後本荘・秋田間に「もがみ」が1往復運転されていたが、新庄駅で秋田行と羽後《うご》本荘《ほんじょう》行を分割し、仙台発で陸羽東線経由の「千秋」と併結する。さらに秋田行は大曲駅で田沢湖線経由の「たざわ」1号を連結する多層階列車である。このほかの昼行急行は山形―酒田間と仙台―山形―鶴岡・酒田間運転の「月山」が各1往復、仙台―新庄―秋田間の「千秋」、仙台―横手―青森間の「きたかみ」と盛岡―大曲―秋田間の「たざわ」2号が大曲―秋田間で併結して走っていた。

普通は気動車列車か客車列車だが、加速が悪い客車列車は北上ノ山（現茂吉記念館前）、南出羽、高《たか》擶《たま》、乱川《みだれがわ》、蟹沢《かにさわ》（現さくらんぼ東根《ひがしね》）、北大石田の各駅を通過していた。

昭和45年6月に赤岩―板谷間の複線化が完成した。同年には「つばさ」は当時としては高出力のキハ181系に置き換えて、福島―米沢間で補機の連結を廃止した。10月の改正で上野―秋田間は7時間49分に短縮した。

同年5月に全国新幹線鉄道整備法が公布され、これに基づく基本計画新幹線を昭和46年から策定した。48年11月に起点を福島市、終点を秋田市、主な経由地を山形市付近とした奥羽新幹線約270キロの基本計画が決定した。

整備計画が確定した各新幹線から各基本計画新幹線が分岐する駅では、できる限り分岐準備施設を造ると定めた。これをもとに東北新幹線では新幹線福島駅を島式ホーム2面6線にできるようにした。二つの新幹線の分岐駅は基本的に島式ホーム2面6線にすることになっていたためである。さらに福島駅から信夫山トンネルまでの間は、東北新幹線と奥羽新幹線が並行する複々線にできるように用地を確保した。

昭和50年10月に羽前千歳―秋田間が電化され、「つばさ」は485系特急電車に置き換えられた。これによって上野―秋田間の所要時間は7時間34分に短縮した。その後、「やまばと」は3往復に増発されて東北新幹線の開通を待つことになる。

東北新幹線は昭和57年6月に暫定開業した。開業区間は大宮―盛岡間だが、在来線との接続はあまり考慮されなかった。というよりも奥羽本線のダイヤは3月に訂補しただけで新幹線開通を迎えた。

この結果、福島での奥羽本線との接続が図られたものの本格的ではなかった。下りでは「やまびこ」15号と急行「ざおう」1号の乗換時間28分、それに「あおば」205号と「つばさ」3号の乗換時間28

分、上りが「つばさ」2号と「やまびこ」14号の乗換時間15分、「やまばと」6号と「あおば」210号の乗換時間26分の2往復のみで、「つばさ」や「やまばと」は上野発着のままだった。

上り最速は「やまびこ」15号関連で、上野―山形間の大宮駅と福島駅での乗換時間を含む所要時間は4時間45分である。リレー号の上野発は10時30分、一方、急行「ざおう」1号の上野発は9時6分なので、所要時間の短縮は1時間24分である。

下りの最速は「つばさ」2号関連で、山形―上野間の所要時間は3時間52分、「つばさ」で上野駅まで乗り通すと4時間43分だから51分と速くはなったが、劇的に速くなったとはいい難い。なお、秋田―上野間は6時間59分である。

同年11月の東北新幹線本開業時に奥羽本線のダイヤも中規模改正された。上野―秋田間運転の「つばさ」は下り1本、上り2本とし、福島―秋田間運転の「つばさ」を下り3本、上り2本、上野―山形間の「やまばと」は下り2本、上り1本にした。山形―秋田間運転の急行「こまくさ」1往復を特急「つばさ」に格上げし、福島―山形間の急行「ざおう」を新設した。

新幹線乗り継ぎによる所要時間は最速で3時間46分となり6分短縮した。上野―秋田間では奥羽本線経由が7時間ちょうどだが、このとき同時に開通した上越新幹線と羽越本線の乗り継ぎだと6時間41分であった。また盛岡から田沢湖線と奥羽本線経由だと6時間10分になり、これが最速だった。

昭和60年3月に東北新幹線上野―大宮間が開通した。これに合わせて奥羽本線昼行特急は「つばさ」に統一された。1往復だけが上野―秋田間の運転となり、山形―青森間と福島―横手間、福島―新庄間運転も各1往復が設定された。福島―山形間運転は2往復、福島―秋田間運転は3往復である。

このとき東北新幹線の最高速度が210キロから240キロに引き上げられたこともあって上野―山形間の所要時間は3時間13分、上野―秋田間は6時間29分に短縮した。さらに上野―盛岡間で福島と仙台にだけしか停まらない「やまびこ」が登場した。福島駅では「つばさ」と連絡しないが、盛岡駅で秋田行特急「たざわ」と連絡する。こちらの上野―秋田間の所要時間は4時間45分である。

このころになると、国鉄や運輸省は新幹線と在来線との直通運転の可能性を調査し始めた。これを新在直通という。新幹線は標準軌1435mm、在来線は狭軌1067mmで軌間が異なる。新在直通をする方式として四つが考えられる。

一つは当時スペインとフランスとの間で実用されている軌間変換車両を使う方式、もう一つは標準軌と狭軌併用の3線軌か4線軌を使う方式、そして全線を複線化して片方を標準軌、もう片方を狭軌にする方式、そして最後に在来線を標準軌に拡幅する方式である。どれも一長一短はあるが、簡単なのは在来線を標準軌にする方式である。

新在直通運転のソフト的な条件としては、直通する在来線の沿線人口が比較的多いこと、観光資源が多いこと、新在直通のトータルの所要時間が3時間程度にして航空機から新在直通列車への転移が大きいことが挙げられた。在来線を標準軌化して乗り入れる場合、貨物列車を含む他の列車への影響を少なくすることも条件にした。

そこで考えられたのが福島駅で奥羽本線に乗り入れて山形駅までを結ぶ新在直通である。他の候補としては岡山駅で伯備《はくび》線あるいは当時建設中の本四備讃《ほんしびさん》線に乗り入れることや熱海駅で伊豆方面に乗り入れなどがあったが、伯備線乗り入れは貨物列車が走る山陰本線の伯耆大山《ほうきだいせん》―松江間では3線軌にしなくてはならない。

本四備讃線乗り入れは、すでに四国横断新幹線として新線部分にほぼ並行して用地や路盤が確保され、いずれ整備新幹線に昇格する。熱海からの直通は新幹線熱海駅が狭隘で分岐設備が設置しにくいことや伊豆急も標準軌化しなくてはならない。

その点、新幹線福島駅は、奥羽新幹線の建設を前提に島式ホーム2面6線にできるように造られている。福島—山形間は90㌔程度しかなく、比較的少ない費用で新在直通の効果が大きくなる。また、福島—山形間を通り抜ける狭軌長距離列車や貨物列車は上越線や田沢湖線経由にできる。蔵王《ざおう》駅は貨物取扱駅なので蔵王—山形間のみ狭軌併用の3線軌とすることで新在直通のモデルケースにできる。そこで分割民営化後の昭和63年に新在直通が決定し着工した。

整備新幹線の建設を推進する運輸省は東北新幹線の盛岡以北の建設について盛岡—沼宮内間と八戸—青森間を新在直通とすることを決定した。こちらの建設費の支出は整備新幹線予算から行う。

しかし、奥羽本線の新在直通はこれを使うことはできない。奥羽新幹線はまだ基本計画のままだからである。さらに国や自治体がＪＲへ補助金を支出することは厳しく制限されていた。そこで「在来線高速化」事業として位置づけ、国と地元自治体が総建設費のそれぞれ2割ずつを支出し、第三セクターの「山形ジェーアール」を設立して建設費を供与、同社が負担して事業を成立させた。

平成2年9月から本格着工した。まずは複線区間の福島—関根間と赤湯—北赤湯信号場間、羽前中山—山形間を単線化して、不要となったもう1線の線路を標準軌化した。このとき「つばさ」の本数減を行い、夜行特急列車「あけぼの」2往復のうち1往復は東北本線と陸羽東線経由、もう1往復は高崎線、上越線、信越本線、羽越本線経由とし「鳥海」と改称した。急行「津軽」については東北本線と仙山線経由とするとともに、客車寝台列車だったのを583系寝台電車に取り換えた。

平成3年8月からは関根―赤湯間と北赤湯信号場―羽前中山間の単線区間を順次休止して標準軌化を行った。休止区間はバス代行運転をし、特急「つばさ」については仙台発着にして仙山線経由で山形駅に達し青森方面に向かうようにした。このため米沢駅など山形駅より南側の各特急停車駅で「つばさ」の利用ができなくなった。

11月には標準軌化工事が一段落し、福島―山形間は単線ながら標準軌化した。そこに新たに登場させた標準軌仕様の719系を使い、普通の運転再開をするとともに、主として福島―赤湯間で快速「ざおう」の運転を行った。「ざおう」の基本の停車駅は米沢1駅のみである。ただし1往復だけは米沢―山形間の運転で、停車駅は高畠《たかはた》、赤湯、上ノ山《かみのやま》である。

多くの「ざおう」が赤湯駅止まりで山形駅まで運転しない理由は、山形駅へは仙山線経由の仙台―秋田間運転の「つばさ」が走っているからである。また、仙台―山形間運転の快速「仙山」の一部は山形―新庄間で延長運転をした。停車駅は北山形、天童《てんどう》、神町《じんまち》、東根、楯岡《たておか》、大石田《おおいしだ》である。

新幹線福島駅は開通時から上り線側に第2停車線（上り2番副本線、略して上2線）があるが、下り線側に下り2番副本線が設置できるよう準備がなされていた。奥羽新幹線の分岐用として用意していたものである。新在直通にあたり、下り第2停車線を設置して、これを奥羽本線との新在直通電車の上下発着線とした。また、ここから地平を走る奥羽本線の下り線につながる単線の取付線を設置した。

新在直通電車は車体の大きさは在来線と同じにしなければならないことからミニ新幹線と呼ばれる。

ミニ新幹線電車は基本的にフル規格の電車による東京—仙台間の「やまびこ」と併結運転する。このため福島駅の仙台寄りに上り「やまびこ」の転線用の順方向の渡り線も設置した。

奥羽本線では普通電車についても標準軌車両を使う。標準軌化する前の奥羽本線の発着線は、在来線駅北側の島式ホームの4、5番線だった。秋田寄りには機関車が待機する機待線があった。

この機待線を旅客用に延伸して6番線として標準軌化した。これに5番線を加えた2線が標準軌化後の奥羽線列車の発着線である。そして5番線は東北本線の発着線とし、奥羽線列車との間で同じホームで乗り換えができるようにした。

山形駅は1番線（上り本線）、中線（中2番上り貨物着発線）、2番線（中3番旅客発着線）、3番線（中4番旅客発着線）の4線を分断、福島寄りは標準軌の12～14番線、秋田寄りは狭軌のままにして、番線も従来のままとした。そして12番線の東側に標準軌の11番線を設置、各標準軌線と狭軌線の間に通路を設置して平面での乗り換えを可能にした。ミニ新幹線電車は11、12番線で発着するために頭端寄りに中間改札口を設けた。

3番線の西側にある中線（中5番貨物上下着発線）と4番線（中6番旅客上下発着線）、5番線（下り本線）は狭軌のままの通り抜け式とした。福島寄りにある山形電車区は狭軌用と標準軌用の留置線、検修線を分けて設置した。山形電車区への入出庫用に奥羽本線の下り線は3線軌となった。福島寄りにある蔵王駅は貨物取扱をしているために3線軌は蔵王駅まで延びている。

平成4年7月に新在直通運転を開始した。新在直通電車の愛称は在来線時代と同じ「つばさ」とした。このため山形—秋田間の特急は「こまくさ」に改称した。山形駅で「つばさ」との接続時間は概ね

10分にした。

福島―山形間は山形新幹線の愛称が付けられた。普通電車に対しては新幹線の文字を付けると紛らわしいので、山形線を愛称とした。

「つばさ」は主要駅停車タイプと速達タイプに分け、主要駅停車タイプの停車駅は上野、大宮、宇都宮、郡山、福島、米沢、高畠（一部）、赤湯、かみのやま温泉である。最速は福島のみで、所要時間は下りで2時間27分、上りで2時間29分である。

これに速達タイプとして下りは上野、大宮、福島、米沢、赤湯、かみのやま温泉停車と「やまびこ」と併結しない上野、大宮、福島、米沢、赤湯、かみのやま温泉停車があり、上りは山形新幹線内ノンストップが1本、東北新幹線内で宇都宮を通過する主要駅停車タイプも設定された。また、上り最終も「やまびこ」と併結せず「つばさ」の単独で走る。この「つばさ」の停車駅はかみのやま温泉、赤湯、米沢、福島、大宮、上野だった。

「つばさ」用は新鋭の400系電車、「やまびこ」は200系電車を使う。

一方、平成3年に鉄道整備基金法が公布された。この法律をもとに10月に鉄道整備基金が設立された。鉄道整備が国として必要とされる場合に、鉄道整備基金から補助金の交付、無利子貸付を行えるようにした。対象事業のなかに「新幹線直通化」がある。

これは秋田県が要望していた田沢湖線と奥羽線大曲―秋田間を標準軌化して山形新幹線と同じミニ新幹線を走らせる構想である。

平成4年1月にJR東日本と国、秋田・岩手の両県の間で負担割合の合意がなされ、鉄道整備基金から日本鉄道建設公団へ、ミニ新幹線化の工事費の50％を無利子で5年間据え置き後の10年間で返済することを決定した。そして3月に着工した。

まず刈和野—峰吉川間の複線化を行い、神宮寺手前—峰吉川先間の下り線を標準軌・狭軌3線軌化を行った。ついで大曲—秋田間の上り線を標準軌化した。ここまでが平成8年3月までの工事である。次いで田沢湖線全線を運休して標準軌化を行った。そして平成9年3月に盛岡—秋田間を愛称秋田新幹線として開通した。秋田新幹線については田沢湖線を参照していただきたい。

一方、平成7年には「つばさ」を1両増結して7両編成となった。

山形新幹線の新庄駅までの延伸が山形県から要望があり、財団法人山形観光開発公社から建設事業費の全額を無利子貸付し、これに伴って山形県は同財団に支援処置を行うことが決定され、平成10年に着工した。

山形—羽前千歳間は複線だった片方を標準軌化する。そのためこの区間は運休せずに工事を進められた。その他の区間は順次運休、バス代行運転をして標準軌化することになった。特急「こまくさ」は廃止、新庄—横手・秋田間に快速「こまくさ」、湯沢・横手—秋田間に快速「かまくら」の運転を開始した。

山形新幹線の新庄延伸は平成11年12月である。それまでの山形止まりの「つばさ」のうち2本に1本が新庄まで運転するようになった。停車駅は天童、さくらんぼ東根、村山、大石田だが、下りの「つばさ」113号の1本だけは山形—新庄間ノンストップとなっている。113号は東京—山形間でも、大宮、福島間だけしか停まらない。

所要時間は東京―山形間が最速で2時間31分、東京―新庄間が最速で3時間16分だった。さらに新庄駅で快速「こまくさ」7号横手行に9分で接続する。「こまくさ」の停車駅は真室川《まむろがわ》、横堀《よこぼり》、湯沢、十《じゅう》文字《もんじ》である。東京―横手間は「つばさ」と「こまくさ」の乗り継ぎで所要時間は4時間30分だった。

秋田新幹線の「こまち」に乗って、大曲駅で快速「こまくさ」に乗り換えたときの所要時間は3時間43分だから、これにくらべると遅い。それだけが理由ではないが、快速「こまくさ」は平成14年12月に廃止される。

新庄延伸のための増備車両は「こまち」と同じE3系とし、これを投入した。最高速度は東北新幹線で併結する「やまびこ」が当初200系、その後にE4系としていたので、最高速度は245キロだったが、平成24年から一部だがE2系となり、最高速度は275キロになった。このため東京―山形間は2時間26分、東京―新庄間は3時間11分と5分短縮した。新庄駅では8分で秋田行普通に接続する。東京―横手間は奥羽本線経由で4時間45分とスピードダウンした。

平成21年に400系を廃止してすべてをE3系にした。このためすべての「つばさ」は東北新幹線で275キロ運転となった。

ところで横手駅は秋田新幹線経由のほうが断然速いが、湯沢駅や真室川駅となると、そうはいかない。現行ダイヤでは、秋田新幹線経由で東京駅から横手駅までは大曲だけ停車の最速「こまち」で3時間29分、湯沢駅までは3時間49分だが、通常停車駅での最速「こまち」で4時間2分、真室川駅まで4時間51分である。

一方、山形新幹線経由の「つばさ」で東京駅から真室川駅まで3時間48分、湯沢駅まで4時間33分と、真室川駅では「つばさ」が、湯沢駅では「こまち」が速いということになるが、新庄駅で「つばさ」と普通との接続は21分もある。これを10分にしたとすると東京—湯沢間は4時間23分になり、通常停車駅の「つばさ」とそうは変わらない。そして快速を走らせるとさらに15分短縮するので「こまち」経由とほとんど変わらない所要時間になる。

さらに2往復程度でいいから山形—新庄間でノンストップ「つばさ」を再開すれば5分程度、さらにE6系を導入して東北新幹線で320キロ運転をすると7分短縮する。「つばさ」経由のほうが速くなる。

速達「つばさ」はE6系、これに連結する「やまびこ」もE5系とすればいい。せっかく車体傾斜装置を持つE5・E6系だから在来線区間でもカーブ通過速度を向上させれば5分以上は短縮するし、E6系のブレーキ力をもってすれば最高速度を140キロ以上に引き上げられる。これによって遠いと嘆かれている新庄以北の奥羽本線も便利になる。

究極は奥羽新幹線の一環として福島—米沢間を新幹線規格で新線を建設すればいい。一番ネックになっているのが、板谷峠越えだから、ここをトンネルで抜けるのである。

福島—米沢間は最速で32分かかっている。これが10分程度に短縮する。費用がかかるとすれば笹木野駅先から分岐して関根駅手前まで単線トンネルで抜けるのもいい。これでも15分程度に短縮する。

【沿線風景】●福島—米沢間　普通列車は在来線福島駅の第3ホームの5番線と6番線で発着する。6番線は切欠きホームで2両分の長さしかない。5番線は7両分以上ある。第3ホームの西側の4番線は狭軌線列車が発着する。同じホームなので5、6番線への乗り換えはスムーズだが、4番線と5番線の間には、部分

在来線ホームに進入する「とれいゆつばさ」。奥で高架になっていく線路が新幹線連絡線

的に空きがある柵で仕切られている。

これは奥羽本線側のホームの高さを980㎜から1100㎜に嵩上したため、東北本線側との間に段差ができてしまい、その段差でつまずかないように開きがある柵を設置しているのである。

「つばさ」は上下とも新幹線ホームの14番線で発着する。これに併結する上下の「やまびこ」もホームの東京寄りに停車する。仙台行「やまびこ」は山形・新庄行「つばさ」よりも約2分後に発車する。東京行は「やまびこ」が先に到着してから「つばさ」が入線、手前で一旦停止を2回行ってから連結する。

このため誘導信号機がホームの中ほど山形寄りに置かれている。また、ホームの山形寄りには新幹線の停止限界の向こう、取付線へのポイントの手前に出発信号機があり、ここから先が在来線になっている。出発信号機直下にはATS—P形の地上子が置かれ、架線電圧が新幹線の2・5kVから在来線の2kVに換わるために架線にデッドセクションが設けられている。

取付線は5・7‰の下り勾配になりながら左に急カーブする。途中から33・0‰の急勾配になって地上に降りて旧下り線に取り付き、在来線ホームから出てきた旧上り線の左側で並行するようになる。

在来線はホームを出ても少しの間、東北本線と並行する。そして半径402mで左カーブする。直線になって2・3から5・0‰の緩い上り勾配で進む。右手に廃止された福島機関区の少し残っている線路が並行する。その向こうの福島機関区跡に新しい住宅地ができ

奥羽本線(福島—新庄)

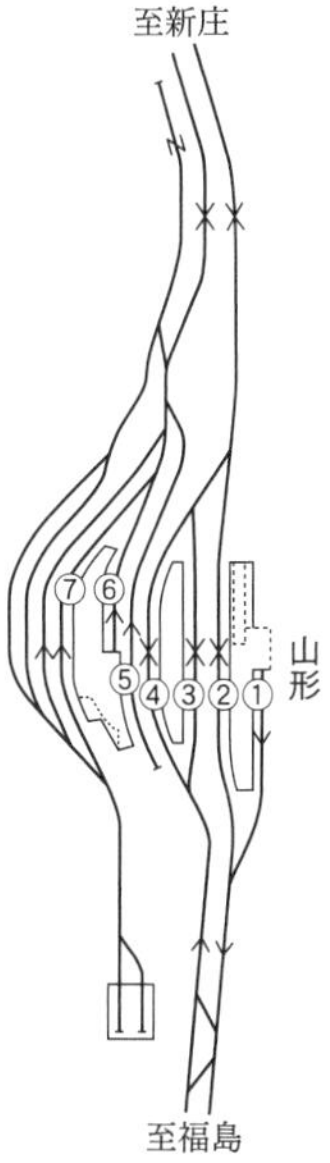
至新庄
山形
⑦ ⑥ ⑤ ④ ③ ② ①
至福島

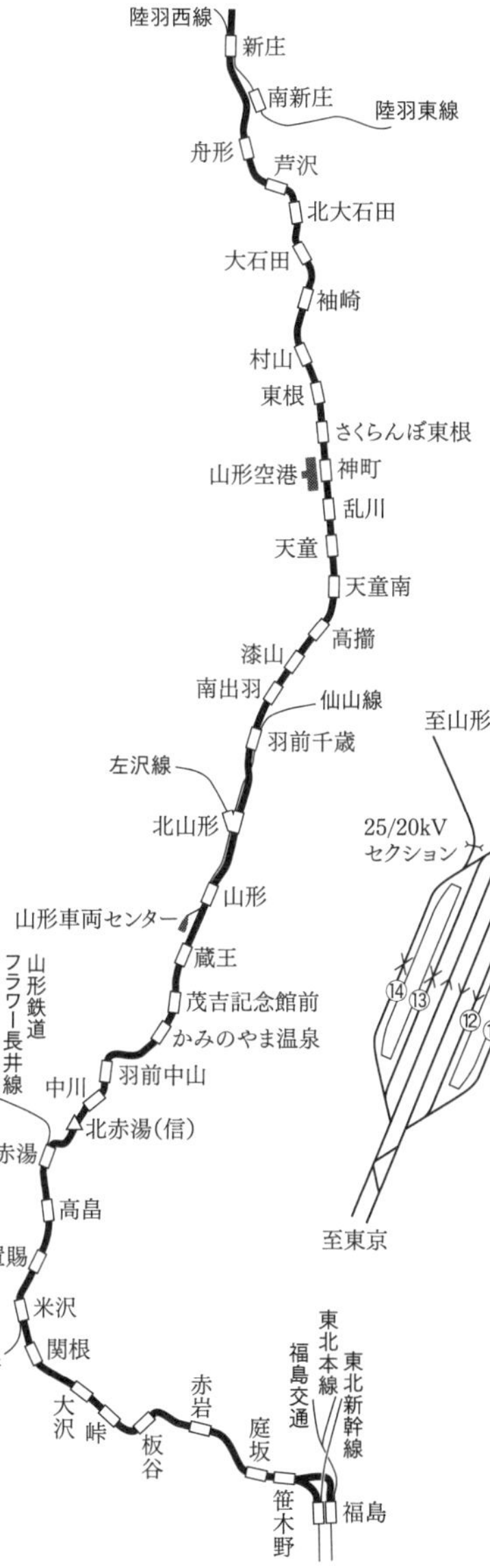
陸羽西線
新庄
南新庄
陸羽東線
舟形
芦沢
北大石田
大石田
袖崎
村山
東根
さくらんぼ東根
山形空港
神町
乱川
天童
天童南
高擶
漆山
南出羽
仙山線
羽前千歳
左沢線
北山形
山形
山形車両センター
蔵王
茂吉記念館前
山形鉄道フラワー長井線
かみのやま温泉
中川
羽前中山
北赤湯(信)
赤湯
高畠
置賜
米沢
米坂線
関根
大沢
峠
板谷
赤岩
庭坂
福島交通
東北本線
東北新幹線
笹木野
福島

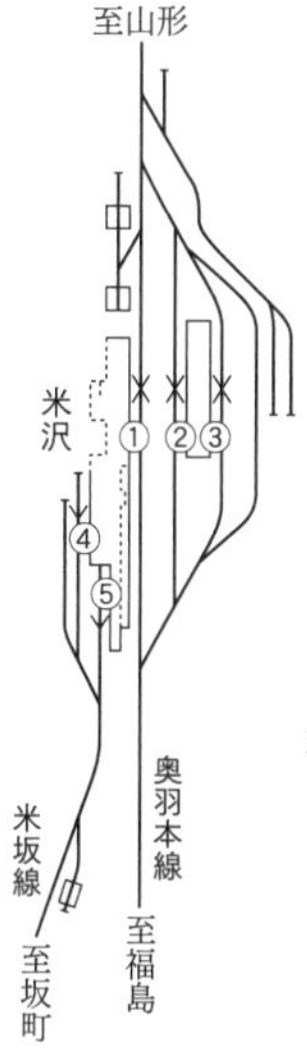
至山形
米沢
① ② ③ ④ ⑤
米坂線
至坂町
奥羽本線
至福島

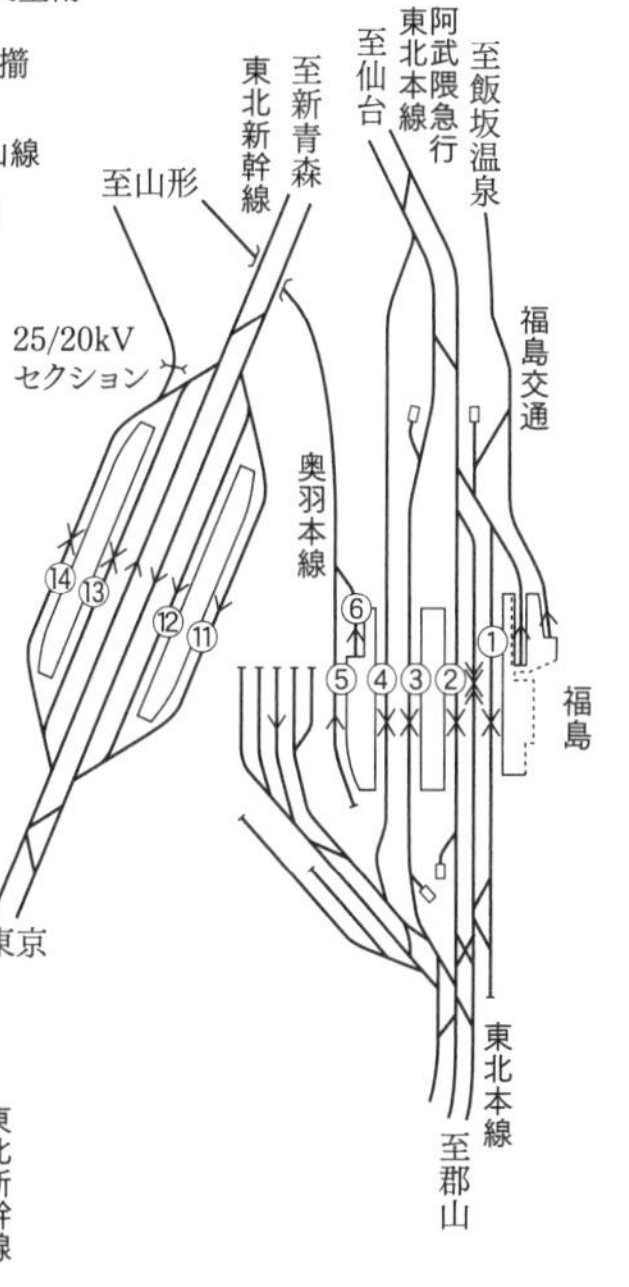
至山形
東北新幹線
至新青森
至仙台
東北本線
阿武隈急行
至飯坂温泉
福島交通
25/20kV セクション
奥羽本線
⑭ ⑬ ⑫ ⑪
⑥ ⑤ ④ ③ ② ①
福島
至東京
東北本線
至郡山

ている。左手には旧機関庫が2線の線路とともに残り、標準軌車両の留置線として使われている。

S字カーブを切って左手から新幹線取付線が合流してきて複線となる。そして少し走った先で逆方向、次に順方向の渡り線があって、その先からは左側通行の通常の複線になる。

8・3‰の上り勾配の直線でしばらく進むと島式ホームの笹木野《ささきの》駅があり、この先で半径483mでやや右カーブする。上り勾配は12・5‰になって進む。

次の庭坂駅は下り本線側が片面ホーム、上り線側が中線と上り本線に囲まれた島式ホームになっている。かつては板谷峠越えのための補機用の庭坂機関区があったので、右手に機関区の側線が3線残り、保守用基地に流用されている。また、ホームに面した中線と下り本線の間にあった機回線の路盤跡も残っている。

庭坂駅を出てすぐに右カーブし、続いて左カーブすると松川と沿うようになる。この松川の谷に沿って上っていく板谷峠越えが始まる。最急勾配33・3‰、最小曲線半径300mで右に左にカーブして進む。

上下線がやや離れて単線並列の第1芳ヶ沢《よしがさわ》トンネルに入る。上下線とも同じトンネル名称だが、上下線で長さが異なる。下りトンネルほうが長いために先にトンネルに入る。長さは528m、上りトンネルの長さは352mである。

続いて第2芳ヶ沢トンネルがある。長さは下りが1090m、上りが640mになっている。上りトンネルが短いぶん、上り線は続いて275mの観音平トンネルに入る。それでも上り線のほうが二つのトンネルを合わせても短い。

続いてやはり単線並列の松川トンネルに入る。下りが1048m、上りが1020mである。同トンネルを出ると160mの松川橋梁を渡る。この先にはわずかな距離だが38・0‰の急勾配があり、それが緩むと島式ホームの赤岩駅となる。同駅は休止中で列車はすべて通過する。

スイッチバック時代の相対式ホーム跡が右手に見え、その頭端部分は122mで行止りの赤岩避難線トンネルの中まで伸びている。折返線跡は左手、本線路から斜めに伸びていたが雑草に覆われてよく見えない。

赤岩駅の米沢寄りで下り線は94mの第2赤岩トンネル、上り線は1025mの大日向トンネルに入る。福島寄り坑口は上下線ともほぼ同じ位置にあるが、下り線は開業当初からの線路で松川の谷の中腹に沿って走る。第1赤岩トンネルがないのは赤岩駅の福島寄りにあったものの、明治末期の水害で第1松川、第2松川トンネルとともに放棄してルートを変更したためである。

第2赤岩トンネル内にも38・0‰の急勾配がある。同トンネルを出ると33・3‰の上り勾配になり、続いて63mの第3赤岩、468mの第1日向の二つのトンネルを抜ける。

上り線は複線化時の線増線で、松川沿いを避けて少し山側を1025mの大日向トンネルで通り抜ける。赤岩寄りの勾配は34・8‰になっている。

上下線が再び合流してから単線並列の環金《かんがね》トンネルに入る。長さは下り線が2082m、上り線が2142mである。トンネルを抜けても急な上り勾配は続く。

半径600mで左カーブして36・8‰の勾配を登りきると相対式ホームの板谷駅がある。ホームはスノーシェルターで覆われている。右手に斜め後方に伸びる線路がかつての停車線で、2線の線路と1面の片面ホームがまだ残っている。これらは保守用側線となっており、現役の相対式ホームの間に上下渡り線がある。折返線は左手に並行していた。その路盤は雑草で覆われていてよく見えないが、その先に行止りトンネルである120mの板谷折返線トンネルの坑口が見える。

最大38・0‰でさらに登り、下り線は480mの板谷峠第1、1629mの板谷峠第2の二つのトンネル、上り線は1964mの板谷峠トンネルを抜ける。下り線の板谷峠第2トンネルと上り線の板谷峠トンネルの米沢寄り坑口はほぼ同じ位置にあり、出ると線路がスノーシェルターに覆われている峠駅となる。

片面ホーム2面を合わせたような島式ホームで中央は路盤下まで吹き抜けになっている。スイッチバック時代の停車線は左手前方にあってドームで覆わてれいた。そのドームはそのまま残り、停車線の線路が一部残っている。折返線は行止式の峠折返線トンネルまで伸びていた。このトンネルも残っているが、当然レー

スイッチバック駅時代の停車線路盤とホームが残る赤岩駅

峠駅はスノーシェルターに覆われている。
左側に停車線の路盤が残っている

ルはない。

停車線のスノーシェルターの先に峠の茶屋があり、普通電車が峠駅に到着するとき、同茶屋名物の「峠の力餅」を売りに来る。普通はすべて2両編成であり、さほど乗客は多くなく、そのなかで買い求める客も少ないので、わずかな停車時間でも買うことができるし、購入に手間取っても車掌さんは扉閉めを待ってくれる。

峠駅の標高は622m、駅を出る下り勾配に転じる。まず38・0‰の勾配がある。これが33・3‰にやや緩くなってこの連続勾配で進む。下り線は403mの太鼓沢、45mの第2天狗山トンネルを抜ける。上り線は福島寄りからみて170mの第1太鼓沢、第2太鼓沢トンネルがあり、下り線の第2天狗山トンネルと並行するところにコンクリートのスノーシェルターが置かれている。

大沢《おおさわ》駅も元はスイッチバック駅だった。現在は本線上に相対式ホームが置かれている。左手斜め前方に停車線が伸びていた。現在も停車線のホームと線路が残されており、保守用側線として使われている。相対式ホームのなかに上下渡り線が置かれている。折返線の跡はわからなくなっている。

大沢駅を過ぎてもずっと33・3‰の下り勾配が続いている。下り線側が241m、上り線側が236mの尾崎坂トンネルを過ぎると勾配が緩んで相対式ホームの関根駅となる。同駅の先で単線になるが、下り線は少し左に広がってから右カーブして上り線と合流している。秋田新幹線や狭軌線でもそうなっている行き違い駅がある。

ラッセル除雪車が雪を掻き分けて走るとき、ポイントの合流部で走っていないほうの線路に雪が溜まってしまう。一度、外側に広げておけば雪溜まりができにくいし、溜まっても取り除きやすいのである。

関根駅を過ぎると下り勾配は15・2‰が10・2‰になる。吹雪防雪林に囲まれてずっと直線で進み、左手から米坂線が合流してくると米沢駅である。

●米沢—山形間　米沢駅は、奥羽本線に関しては左手に片面ホーム、右手に島式ホームがあるホーム2面3線の典型的なJR形配線になっている。その片面ホームの1番線は奥羽本線の上下本線だが、片面ホームそのものは福島寄りに伸び、上下本線の反対側に面して米坂線の発着線である4、5番線がある。

1番線と島式ホームの内側に面した2番線の上り1番副本線（以下、略して上1線）の間に中線があったが撤去されている。島式ホームの外側の3番線は上り2番副本線になっている。その向こうに1線分の路盤を開けて上り3番留置線がある。

かつて上下本線は下り本線、その隣にホームに面していない中線、島式ホームの内側が上り本線、外側が上1上下発着線、上2上り着発線、続いて上3～7線の貨物着発線や授受線があり、さらに米沢機関区が広がっていた。貨物ヤードの上3線は現在でも上3線として残っている。

上4線から東側は東口駅前ロータリーや住宅地、大型スーパーのマックスバリューなどに転用されている。

米沢の市街地を11・4‰の下り勾配で進むと、その先半径600mで右に曲がって米沢盆地を北上する。田園地帯に入って半径400mで右にカーブし、134mの第3羽黒川橋梁を渡る。今度は半径400mで左カーブしてから直線になり、しばらく進むと島式ホームの置賜《おいたま》駅となる。

1線スルーの高畠駅。左が直線で上下本線のスルー線、右が上下副本線。上下副本線は除雪時に雪だまりができにくくするために、一度、外側に膨らんでから上下本線に合流する。2線の線路の中央にある榊状の標識は積雪時に車両限界がわかるように立てられている限界標

置賜駅は島式ホームで東側が1番線になっている。1番線がスルー線の上下本線、2番線が上下副本線になっている1線スルー構造で、行き違いがないときは上下列車とも1番線を通る。かつてはＪＲ形配線だった。現在でも西側に片面ホームが残っている。

駅の米沢寄りにあるポイントは両側分岐だったが、すでに狭軌線時代に1線スルー化されていた。1番線がスルー線で緩いS字カーブで東側に膨らませ、その途中で2番線が分岐する。山形寄りで上下本線は半径９００ｍで左カーブして直線になって副本線が合流する。そして少し右にカーブして駅構内から出る。

下り勾配基調で進む。次の高畠駅は相対式ホームで、西側の1番線が上下本線の1線スルー駅である。上下副本線の2番線が右側分岐で分かれるが、関根駅と同様に除雪のために大きく膨らんでから元々のホーム面に戻る構造をしている。

高畠駅を出ると直線で北上する。勾配がないレベルでしばらく進み、左へ半径１２００ｍで曲がる。その先は直線になりながら緩い上り勾配を進む。途中で52ｍの第1吉野川橋梁を渡る。

次の赤湯駅で山形鉄道フラワー長井線と連絡する。東側の片面ホームの第1ホームに面して1番線があり、1番線が上り本線となっている。その隣に島式ホームの第2ホームがあり、外側の2番線が下り本線である。島式ホームだが内側の中線は撤去されている。

さらに隣に島式ホームの第3ホームがあり、3、4番線が第3ホームに面している。3番線は上下副本線

で特急「つばさ」の待避などのときに、福島、山形の両方面の普通電車が発着する。４番線はフラワー長井線の発着線で、奥羽本線の列車が３番線に停車すれば、同じホームで長井線と乗り換えができる。

赤湯駅から先は複線になる。半径４００ｍの右カーブで大きく曲がる。カーブの途中で50ｍの第２吉野川橋梁を渡る。10・0～13・7‰の上り勾配になりながら単線並列の第１赤湯トンネル（上り１３２ｍ）を通過すると右手眼下に国道13号や広い田畑があり、眺望がよい。第２赤湯トンネル（下り２６８ｍ、上り２１０ｍ）をくぐる。

標高２８４ｍを登りきったところに北赤湯信号場があって、上り線が合流する形で、ここから先は単線になる。

緩い３・０‰の下り勾配を進んだ先で相対式ホームの中川《なかがわ》駅となる。東側の１番線が上下本線の１線スルー駅である。高畠駅と同様に前後にある上下副本線への分岐ポイントはやはり端部で外側に膨らんでいる。

中川駅は水平になっているが、駅を出ると13・３‰の勾配で下りながら、半径４００ｍで大きく左カーブ、続いて半径６００ｍで大きく右カーブする。谷あいを下っているためにカーブによって急勾配になるのを避けているのである。

土地が開けると相対式ホームの羽前中山駅がある。同駅から再び複線になる。といってもたすき掛け線増なので上下線は離れる。下り線が当初からある旧線で、大半が13・３‰の下り勾配になっている。下り線は駅を出ても少しの間直線で進んでから半径４００ｍで右カーブする。上り線は駅を出てすぐに半径６００ｍで右カーブして下り線と離れる。そして３０５ｍの第１、３０６ｍの第２の二つの中山トンネルで山を抜ける。下り線は山間を縫って走るためにトンネルはない。

その先で上下線は合流して通常の複線になり、東向きから徐々に北向きになって、かみのやま温泉駅に滑り込む。

かみのやま温泉駅は下り本線が片面ホームに面した１番線、上り本線は島式ホームの内側に面した２番線、島式ホームの外側の３番線は上１線になっている。上１線が分岐する手前で上下線間に順方向の渡り線、山形寄りに逆方向の渡り線があり、上1線は両方向に出発ができる。また、上下本線の間が広がっているのは、間に中線があったためである。かみのやま温泉街は歩いて1キロほど西にある。

山形に向かって地面が下がっているので、山形寄りは盛土になっている。駅を出ても盛土区間を最大13・0‰の下り勾配で進む。少し進むと上り線がやや離れて54mで単線並列の第4前川橋梁を渡る。

4・2‰の緩い上り勾配に転じ、右に左にカーブしながら進んで、相対式ホームの茂吉記念館前《もきちきねんかんまえ》駅となる。駅の途中から半径1000mで右カーブしている。駅を出ると丘を掘割で抜け、最大14・0‰で下っていく。右手に蛇行する須川が並行しているので、奥羽本線も右に左にカーブする。

次の蔵王駅は相対式ホームだが、上下ホームともに元は島式だった。といっても外側の線路はずっと貨物用であり、仕訳線群が上り線側、専用線が下り線側にあった。標準軌化された後も貨物列車が出入りしていたため、下り本線は山形駅まで狭軌併用の3線軌だった。貨物取扱の廃止は平成9年で、その後、狭軌線は撤去されたものの、旧貨物着発線の1線と付随するポイントなどが少し残されている。さらに下り線には3線軌用の特殊な枕木がそのまま残っており、狭軌の内側のレールが取り外されている。

直線で進んでから半径360mで右カーブして98mで単線並列の須川橋梁を渡る。渡ってすぐに半径600mで左カーブして直線になる。直線はずっと続き、左手に山形車両センターを見た先に山形駅がある。

●山形—新庄間 山形駅は福島寄りに山形新幹線用ホームの1、2番線がある。1番線は頭端行止りの同駅折返用、2番線が新庄直通用だが折返も可能である。標準軌化したときに片面ホームの1番線を福島寄りに伸ばして、これを挟んで頭端折返線2線を設けたが、新庄延伸で2番線を通り抜け式にした。

1、2番線の新庄寄りに中間改札があり特急券などのチェックがなされる。そこを通り抜けると階段があって2階にある改札内コンコースに出て、出場するか、普通列車などに乗り換える。このため元の1番線の片面ホームの新庄寄りは撤去されている。

在来線の島式ホームは2面あって、1面は標準軌の山形線の発着線である3、4番線となっている。もう1面は5、6番線と新庄寄りに切り欠きホームの7番線がある狭軌の在来線が発着する。すべて電化されているが、基本的に5番線が左沢線用、6番線が仙山線用である。

5番線が上り本線、6番線が下り本線、7番線が中線としており、6番線の隣に下1線があり、ここから北山形方面への回送列車の出発が可能である。その隣の下2線と下3線は留置線で、米沢寄りに留置庫がある。また4番線は幹下2線、3番線は幹下1線、2番線は幹上下本線、1番線は幹上1線となっている。

山形駅を出ると標準軌化前の旧下り線は狭軌のまま、旧上り線は標準軌として幹在それぞれ単線運転となる。

幹在2線と引上線1線が並行する。左手に山形城跡のお堀が並行し、その途中まで引上線は伸びている。

市街地を北上し、北山形駅の手前で左沢線が左に分かれ、幹在両線とも2線ずつになる。1番線が標準軌の幹上下本線で片面ホームに面している。2番線が標準軌の幹下1線で島式ホームの東側に面している。西側に面している3番線は狭軌の上下本線、そして新庄延伸時新設されたのが4番線の狭軌の下1線である。「つばさ」は上下とも1番線を通過する。また1～4線は新庄と山形の両方向に出発が可能である。

半径800mで右に大きくカーブして261mの馬《ま》見《み》ヶ《が》先川《さきがわ》橋梁を渡り、今度は半径600mで左カーブする。そして狭軌線と標準軌線が交差して羽前千歳駅となる。交差する手前で狭軌線には仙台向きに安全側線があり、交差してからは山形向きに安全側線がある。標準軌線のほうには安全側線はないが、交差した先で外側に膨らんでから戻している。

羽前千歳駅を出ると、仙山線が半径300mのカーブで右に曲がって分かれる。奥羽本線は少し直線で進んでから半径800mの曲線で右に曲がりながら、30mの高瀬川橋梁を渡る。

直線になって進む。途中に右手に片面ホームがある南出羽《みなみでわ》駅を通る。同駅の右手、山形寄りに県立中央病院ができて乗降客が非常に増えた。さらに直線が続き、勾配は最大でも6・1‰しかないために「つばさ」は全速力の130㌔で走る。

次の漆山《うるしやま》駅は相対式ホームで左手が1番線となっており、改札と駅前広場も左側にある。右側の2番線が上下本線のスルー線になっている。山形寄りのポイントは、もともとは両開きだったのを緩いカーブにして高速通過ができるようにした。その途中で下1線である2番線が分岐している。上下本線の新庄寄りは直線になっている。

左手西側の1番線側に改札口があるので行き違いをしない上下普通は1番線で発着する。当然、「つばさ」との行き違いをする普通も1番線で発着し、「つばさ」が1番線で待避している普通を追い越すこともある。

漆山駅を出ると5・3‰の上り勾配になりながら、半径１２００ｍで右に曲がる。直線になって１４８ｍの立谷《たちや》川《がわ》橋梁を渡り、少し進むと左手に片面ホームがある高擶《たかたま》駅となる。天童の市街地にあり、私立山形電波高校の最寄駅であることもあって比較的乗降客は多い。西側に出口がある。駅の東側から出入りできるように新庄寄りに線路横断地下道が設けられている。

高擶駅を出て少し進むと半径１２００ｍで左にカーブして直線になって進む。次の天童南駅は左手に片面ホームがあり、平成27年に開設された新しい駅である。駅前にはパーク・アンド・ライド用の駐車場やイオンモールがあり乗客は多い。南側で天童温泉への道路がアンダーパスしている。

市街地を直線で進んで天童駅となる。右手に片面ホームの1番線があるＪＲ形配線になっており、1番線は上り本線、島式ホームの内側が下り本線の2番線、外側が下1線の3番線になっている。3番線は両方向に出発が可能だが、2番線は新庄方向、1番線は山形方向しか出発できない。上り本線は新庄寄り端で左側に膨らんでから下1線と合流している。

この先もずっと直線で進む。39ｍの押切川橋梁を渡ると半径５０００ｍの緩いカーブで左に曲がる。直線になって右手に片面ホームがある乱川駅となる。駅の先で１３４ｍの乱川橋梁を渡り半径１５００ｍで左にカーブ、続いて３０００ｍで右にカーブする。

その先で右側に片面ホームがある神町駅となる。標準軌化前はＪＲ形配線だったので東側に片面ホームの上り本線1番線、その西側に島式ホームがあり、内側が下り本線2番線、外側が下1線の3番線があった。

　それを標準軌化時に棒線化された。ただし山形寄りに保守用の横取線が設置されている。棒線化は片面ホームに面した旧上り本線だけを残したために駅の前後で線路が曲がっている。

　駅の西側には島式ホームなどを撤去した空き地が広がり、左右の架線柱の間隔もJR形配線時代のまま広がっている。その向こうに山形空港があるが、空港ターミナルは滑走路の西側なので神町駅からは遠くて空港最寄駅としては役立っていない。

　直線で進んでさくらんぼ東根駅となる。もともとあった蟹沢駅を東根市役所に近い600mほど南に移設して、改称したものである。さくらんぼ東根《ひがしね》駅になったときに行き違い駅にするとともに「つばさ」の停車駅にした。西側の上下本線の2番線をスルー線にした1線スルー駅である。しかし、現在はすべての「つばさ」が停車するので1線スルー駅としては機能していない。

　標準軌化時に新しく1線スルー駅にしたため軌道中心間隔は広い。このため、1番線の上1線が上下本線と分岐合流するポイント部分では、除雪のために一度外側に膨らまさずストレートにつなげている。

　直線で進んで左側に片面ホームがある東根駅となる。標準軌化する前は島式ホームの行き違い駅だった。その上り線を残して棒線化したものである。ホームも含めて直線だが、4・8‰の下り勾配上にある。

　この先も直線で進み、半径1200mでやや左に曲がった先に村山駅がある。右手が上り本線の1番線で片面ホームに面しているJR形配線である。隣の島式ホームの内側が下り本線の2番線、外側が下1線の3番線である。2番線と3番線は両方向に出発ができる。2番線はスルー線である。手前の右側に横取線がある。

　山形寄りで上り本線が下り本線に合流しているが、ここも、外側に膨らまずにストレートに合流している。新庄寄りでは上り本線が片開きで分岐している。2番線がスルー線になっているものの、右にやや曲がっているので、1番線も並行して右に曲がってから2番線に合流する。1番線のホームは新庄寄りにずれているので、それに沿ってホームも曲がっている。標準軌化前の駅名は楯岡《たておか》である。

少し丘陵地を越えるために13・3‰の上下勾配があり、カーブも多くなる。といっても4か所だけで半径も600mが3か所、1200mが1か所である。

そして島式ホームの袖崎《そでさき》駅となる。右側が1番線の上下本線で、スルー線になっている。元は両開きポイントだったのを、1番線は緩いカーブでホームに進入進出し、途中で下1線の2番線が分岐合流する。

左に最上川、右側に山が近寄るために、432mの今宿《いまじゅく》トンネルで山を貫通する。S字カーブを抜けると直線となる。左手に線増用地を見て大石田駅となる。標準軌化前は1番線の下り本線が片面ホームに面し、島式ホームの内側の2番線が上り本線、外側の3番線が上1線のJR形配線だった。

標準軌化後1番線をスルー線の上下本線とし、2番線を撤去、3番線は上1線のままで2番線に変更して、1線スルー駅にした。

撤去した旧2番線に張り出す形で3番線の待合室を設置、跨線橋から両方のホームへのエレベーターも2番線跡に平成23年に設置した。改札口は西側しかない。駅舎の屋根は階段になっていて、新庄寄りは地上まで階段がつながっている。上まで登ると駅を俯瞰できる。また、地下道で東側に行ける。大石田駅が銀山温泉の最寄駅である。

大石田駅を出ると半径600mで右に曲がり、直線になって183mの丹生川橋梁を渡る。半径1200mで左カーブし、31mの野尻川橋梁を渡ると左側に片面ホームがある北大石田駅となる。

北大石田駅の先で、半径1200mで左に曲がり、しばらく直線で進む。そして芦沢《あしさわ》駅となる。標準軌化前は上下本線が両開きポイント分岐、上り本線が1番線で片面ホームに面し、隣の島式ホームの内側が2番線の中線、外側が3番線の下り本線にしたJR形配線だった。標準軌化後、中線を撤去して上下本線だけとなった。

芦沢駅からは複線になり、半径1500mの右カーブがある。この先は猿羽根《さるはね》峠越えをする。線形を改良するためにルートを変更して複線化した。最急勾配は14・5‰、最小曲線半径は400mにした。82mの金堀、669mの滝ノ沢、80mの第1猿羽根、520m

の第2猿羽根の四つのトンネルを抜ける。第2猿羽根トンネルの新庄寄り坑口までが平均12・7‰の上り勾配となっており、ここから下り勾配に転じる。最急勾配14・5‰、平均勾配13・9‰になっている。

降り切ると半径600mで右に曲がって船形《ふながた》駅のホームにかかる。駅の新庄寄りでも半径600mの右カーブがある。元はJR形配線だったが、狭軌時代にすでに中線を撤去して上下本線2線のみになっていた。

駅を出ても半径600mの曲線が続いて両開き分岐で単線になる。そして240mの小国川橋梁を渡る。13・3‰の上り連続勾配になる。その先で11・4‰の下り勾配に転じる。半径600mで右カーブすると、右手から陸羽東線が近づいてきて並行する。陸羽東線には南新庄駅があるが、奥羽本線にはホームがない。直線になってしばらく進むと新庄駅である。

●**新庄―大曲間**　標準軌化前の新庄駅は西側に片面ホームがあるJR形配線に加えて陸羽西線用の頭端切欠きホームが北側にあった。頭端切欠きホームが1番線、その反対側が片面ホームの2番線である奥羽下り本線、中線の3番線、奥羽上り本線の4番線があった。

標準軌化後は1番線を撤去、2、3番線の南側を標準軌線、北側を狭軌線とし、両線が向かい合うところを通路にして平面で乗り換えられるようにした。1番線が標準軌の幹本線、2番線が幹上1線、3番線は狭軌の陸羽西本線、4番線は狭軌の奥羽本線となってい

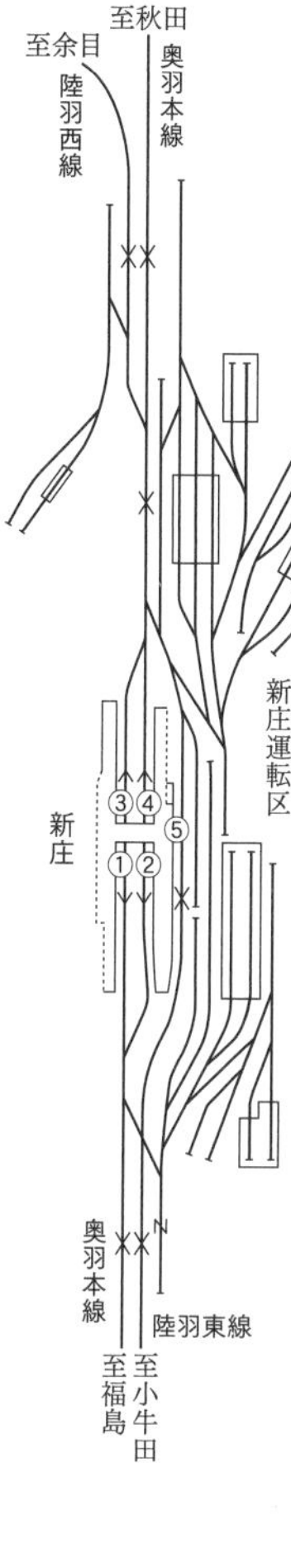

新庄駅では標準軌線の1、2番線と狭軌線の3、4番線は向かい合わせになっていて平面移動で乗り換えができる。しかも中間改札はない

る。元の奥羽上り本線は5番線の陸羽東本線とし、新庄寄り先頭車の停止位置は4番線の頭端付近に合わせている。

山形寄りの東側に標準軌線の引上線があり、陸羽東線と平面交差して本線につながっている。一方、引上線の反対側の駅寄りは2線の留置線と建屋付の2線の検修線、さらに保守基地につながっている。

大曲寄り東側には狭軌線の新庄運輸区があって、レンガ造りの旧機関庫や新しい検修ピット、奥には転車台もある。

橋上駅舎の東側の2階には外から見えるように「山形新幹線「つばさ」を大曲まで延伸させよう」という看板が掲げられている。駅構内の5番線出発信号機の手前のホーム柵には「抑止　すったが?」の山形弁の注意喚起の看板が置かれている。

新庄駅を出ると3番線の陸羽西線と5番線の陸羽東線から伸びる線路が奥羽本線に合流する。そして少し進んで再び陸羽西線が分かれる。ずっと直線で進んで、１５７ｍの泉田川橋梁を渡る。

渡ってから半径６００ｍで右にやや曲がる。直線になってしばらく進むと島式ホームの泉田《いずみた》駅となる。両開きポイントで上下線が分かれる。島式ホームは左にカーブしており、上下本線は半径３００～６００ｍで曲がっている。その先で上り本線が少しの間直線になって下り本線が合流する。

泉田駅の手前は平均11・8‰の上り勾配だが、泉田駅の先にある谷を連続13・3‰の勾配で西に向かって下っていく。半径360mで右に大きく曲がって北向きになり羽前豊里《うぜんとよさと》駅に滑り込む。元は島式ホームだったが、旧上り本線を撤去して棒線駅になった。

同駅の大曲寄りのポイントは両開き式だった。上り線がなくなっても、これに沿ってS字カーブを切る。しばらくレベルで進み、その先で8・3‰の上り勾配になる。山形と秋田の県境の雄勝《おがち》峠越えのためである。

上り勾配からレベルになってJR形配線の真室川《まむろがわ》駅となる。下り本線1番線が片面ホームに面しており、島式ホームの外側が上1線で両方向に出発できる。ホームは長いが、現在は4両編成が最長、多くは2両編成なので、長いホームはもてあましている。

再び最急15・2‰の上り勾配になる。途中、127mの塩根川橋梁を渡るのでいったん下がるが、すぐに

奥羽本線（新庄―大曲）

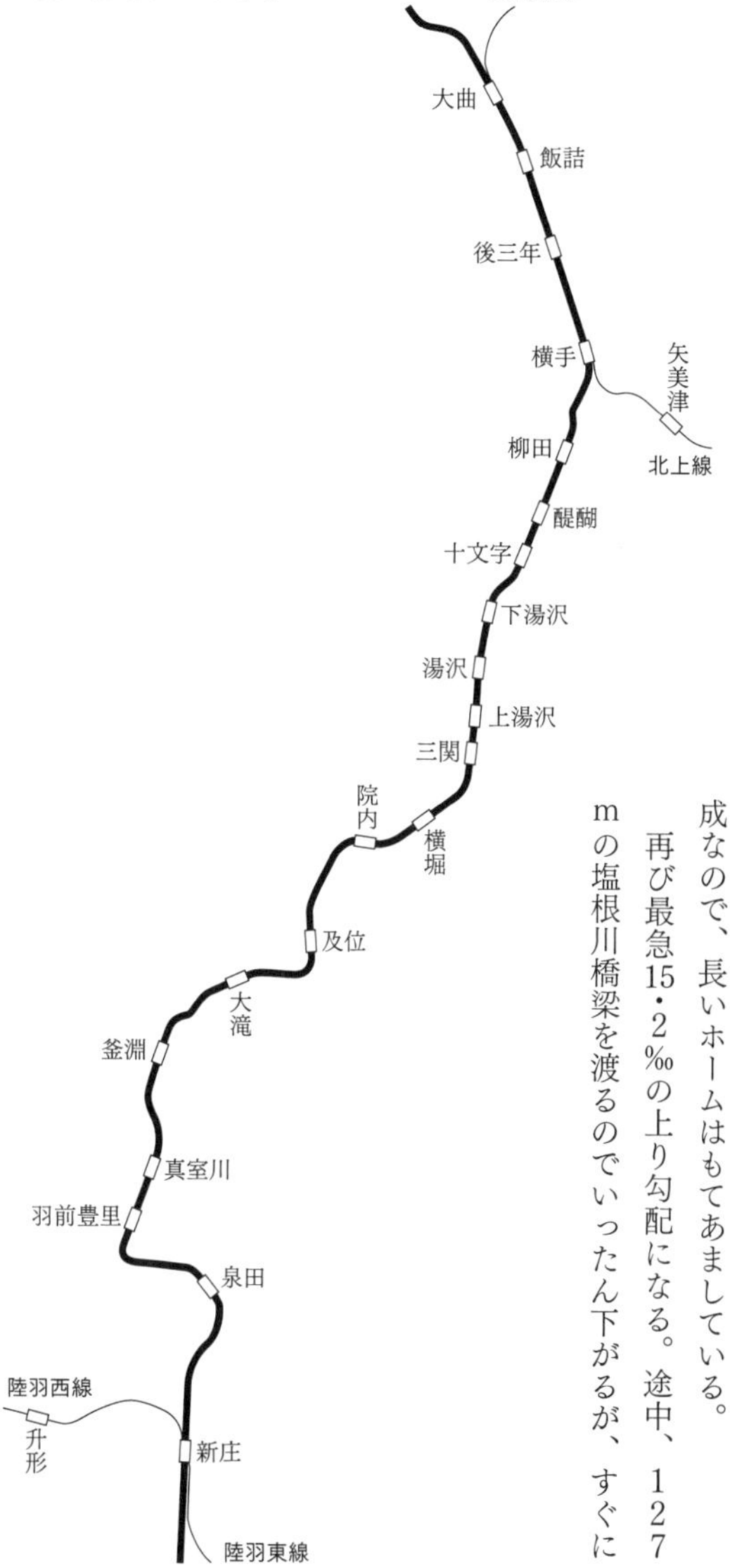

上り勾配に戻る。しかも今度は18・2‰の勾配である。途中に193mの権現山《ごんげんやま》トンネルをくぐると、また、一旦下り勾配になるが、すぐに緩い上り勾配になって相対式ホームの釜淵《かまぶち》駅となる。下り線が1番線である。

最大16・7‰、平均11・8‰の上り勾配で進む。途中に96mの八敷代川《はっしきだいがわ》橋梁を渡る。そして片面ホームの大《おお》滝《たき》駅となる。もとは相対式ホームで、その旧下り線を使用している。上りホームは残っている。

この先、当初は15・2‰、続いて17・2‰、そして18・2‰の上り勾配になる。途中に318mの第1、289mの第2、110mの第3及位《のぞき》トンネルがある。

その先にJR形配線の及位駅がある。1番線の上り本線が片面ホームに面しており、島式ホームの外側が下1線で、両方向に出発ができる。

及位駅から複線になる。20‰の上り勾配になって雄勝峠越えの院内《いんない》トンネルに入る。下り線がたすき掛け線増によって追加されたトンネルである。上り線の院内トンネルは1259mで、線増線の下り線の院内トンネルは1356mと長くなっている。

下り院内トンネルは途中でサミットになり6・0‰の下り勾配になる。上り線は院内駅から20‰で上り、上り院内トンネルに入ると下り勾配になる。

上下線が合流してから複線トンネルで75mの岩崖トンネルを抜ける。この辺りは線形改良するために別線線増した区間で、右手に単線の旧トンネルが見える。連続20・0‰の下り勾配で進み半径400mで大きく曲がって西南西に向きを変え院内駅となる。

院内駅は左手北側の下り本線1番線が片面ホームに面しているJR形配線の駅である。反対側の島式ホームの内側が上り本線、外側が両方向に出発できる上1線になっている。駅の両側に空き地が広がっていて1番線の北側大曲寄りには貨物ホームと撤去されていない側線が残っている。

院内地区では銀をはじめとする鉱物を産出していたので、これを搬出するために多数の貨物側線があった。広い空地はその跡である。駅本屋は院内銀山異人館が併設されている。また、上り線側には保守基地がある。

院内駅からは単線になる。13・3‰の下り勾配になり、半径360mで左に大きく曲がって北西方向に向きを変える。しばらく直線で進み151mの横堀川橋梁を渡り、半径2000mで左にカーブして直線になって横堀《よこぼり》駅に進入する。

横堀駅は1番線の上り本線が片面ホームに面し、島式ホームの内側が下り本線になっているJR形配線である。大曲寄りの上下本線が合流するポイントは、上下線の中心で合流せず、上り線が短く、下り線が長い偏った形で合流している。

横堀駅を出ると地形が緩くなり、平均勾配12・0‰の直線で進む。174mの須川橋梁を渡る。渡った先から半径700mで左に曲がったあとは湯沢駅の先まですっと直線になる。

次の三関《みつせき》駅は相対式ホームを棒線化したので、線路は駅部分で西に寄っている。棒線化前の両開きポイントをそのままトレースせずに、緩いカーブにしたので、通過列車は同区間の最高速度である95㌔のまま速度を落とさずに通過できる。右手には上りホームがそのまま残っており、大曲寄りで横取線が分かれ、ホームの手前まで伸びている。

次の上湯沢駅は右手に片面ホームがある棒線駅である。そして湯沢駅となる。上り本線1番線が片面ホームに面し、島式ホームの内側が下り本線2番線、外側が下1線の3番線としたJR形配線構造である。3番線は両方向に出発できる。平成27年に橋上駅舎が完成した。

湯沢駅を出ると勾配は緩くなる。半径800mで右カーブしてから、また、直線で進む。下湯沢駅は相対式ホームで行き違い区間は長いが、ホームは短い。現在の普通列車は短いが、かつては長大夜行寝台列車や貨物列車の行き違いがあったためである。上り本線が直線で、下り本線が分岐側になっている。

駅を出て半径400mで右カーブし、次に左カーブをして320mの岩崎川橋梁を渡る。しばらく進んでJR形配線の十文字《じゅうもんじ》駅となる。島式ホームの西側1番線が下り本線、反対側の2番線が上り本線、そして片面ホームに面しているのが3番線の上1線となっている。片面ホームはもともと島式ホームで、上1線の反対側に上2線があった。さらに1番線の西側に少し離れて片面ホームがある。これが元の1番線である。

次の醍醐《だいご》駅は左手に片面ホームがある。やや上り勾配になってから緩い下り勾配になると相対式ホームの柳田《やなぎた》駅がある。

10・0‰の連側下り勾配になり、勾配が緩み北上線が右手から合流してきて横手駅に入る。左手に旧横手機関区が留置線と保線基地として転用され隣接している。3線を収容する機関庫や転車台がある。

東側の片面ホームに面しているのが北上本線1番線である。中線の路盤跡の隣の島式ホームは、2番線の奥羽上り本線と3番線の奥羽下り本線に囲まれている。その次に半島式ホームがあり、東側は裏1線の4番線である。反対側に裏2線があるが、出発信号機はなく営業列車の発車はできない。元は廃止された羽後交通横荘線の発着線だった。続いて裏3線、そして旧機関区への通路線がある。

1番線の東側、新庄寄りには貨物着発線や仕訳線があったが、多くの線路を残しながらもJR貨物の横手ORSとして秋田貨物ターミナルの間でコンテナ積載のトラック便が運行している。

横手駅を出て、半径600mで左に曲がってからまた直線になる。177mの旭川橋梁を渡り、まっすぐ進むと後三年《ごさんねん》駅となる。

両開き分岐で上下本線が分かれ、下り本線の1番線が片面ホームに面し、島式ホームの内側が上り本線、外側が上1線があるJR形配線の駅である。大曲寄りの上1線から分岐する横取線がある。

緩い下り勾配をずっと直線で進む。次の飯詰《いいづめ》駅は島式ホームである。分岐ポイントは、新庄寄りでは下り線が、大曲寄りでは上り線が短くなっている。さらに大曲寄りの上り線は、一度外側に膨らんでから下り線に合流している。上り本線の新庄寄りで分岐して上り本線と並行する横取線には貨物ホームが残っている。

さらに直線で進み、半径600mで左に曲がり、89mの丸子川橋梁を渡ると大曲駅となる。奥羽線だけみると相対式ホームで下り本線が1番線となっている。

秋田新幹線が乗り入れる前はこれが2番線で、背面の秋田寄りに櫛形ホームの1番線、そして島式ホームの3、4番線があった。その3番線を2番線とし、4番線は田沢湖線の標準軌普通列車が発着する幹1線の

3番線となり、新庄寄りは頭端行止りになっている。そして頭端島式の幹下本線の4番線と幹上本線の5番線がある。3番線に面したホームと4番線との間の頭端寄りに特急券をチェックする中間改札機が置かれている。

西側には標準軌の保守基地があり、一番西側の線路は奥羽線からの狭軌線線路が伸びてきて標準軌併用の3線軌になっている。また、田沢湖線と奥羽線とでは饋電系統、つまり受け持ちの変電所が異なるので、院内変電所が奥羽本線受け持ちとわかるように架線を吊るす桁に「院内系」、標準軌線は田沢湖変電所受け持ちとわかるように「田沢系」の標が置かれている。

●**大曲―秋田間**　大曲駅からは左側が狭軌線、右側が標準軌線にした複線になる。標準軌線には「こまち」しか走らない。狭軌線は新庄・横手―秋田間の普通や快速、臨時列車が走る。ただし、角館の花火大会などで秋田―角館間の臨時快速電車や田沢湖線普通が所属する秋田車両センターへの回送電車は標準軌線を走る。

ずっと直線で進み、733mの玉川橋梁を渡ると半径600mで左に曲がる。カーブが終わっていないところで国道13号神宮寺バイパスをくぐって直線になる。そこに標準軌線から狭軌線への渡り線があり、これが合流すると狭軌線・標準軌併用の3線軌になる。

この先、刈和野《かりわの》駅の先まで左側の線路は3線軌になっており、神宮寺と刈和野駅のホームは右側にあることから「こまち」の車体がホームに当たらないために左側に標準軌のレールを置いている。

3線軌区間では狭軌線は上り列車も下り列車も走るが、標準軌を走る「こまち」は下り方向だけである。また、標準軌線だけの線路は上下の「こまち」が走ることができる。この区間で上下の「こまち」がすれ違う時だけ、下り「こまち」が3線軌側を走る。すれ違わないときは標準軌線を下り「こまち」も走る。

半径800mで右に曲がった先に神宮寺駅がある。元はJR形配線だった。旧上り本線を標準軌線、中線を狭軌線、旧下り本線を3線軌線にしている。

3線とも両方向に進行できるが、中線の狭軌線は上り普通、3線軌線は下り普通が停車するのが基本である。3線軌線の秋田方向の出発信号機は幹在共用になっている。標準軌線は棒線なので出発信号機も場内信

奥羽本線(新庄—大曲)

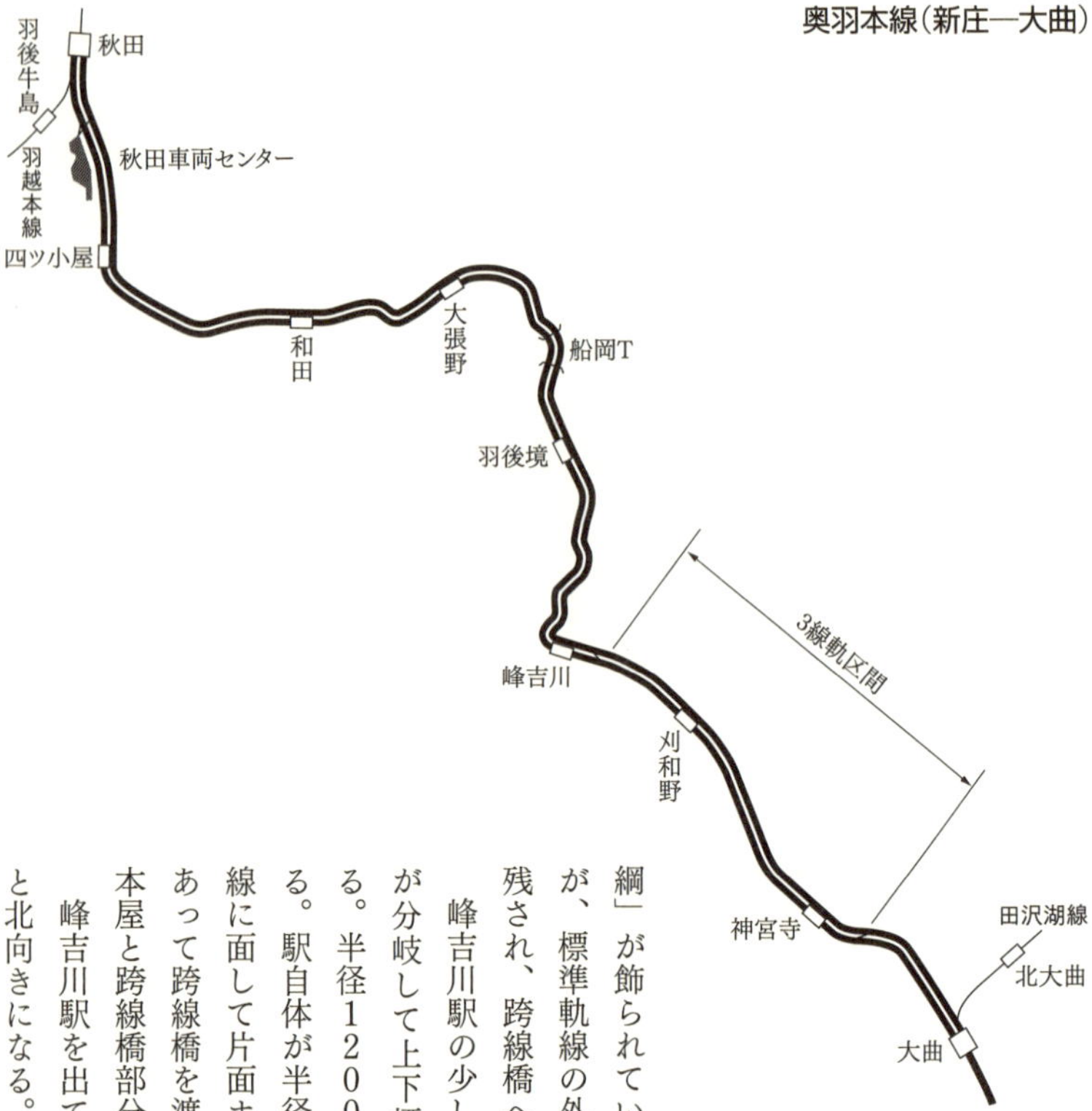

号機もない。閉塞信号機によって保安が保たれている。

神宮寺の先は直線で進む。半径５００ｍで右カーブし、その先でこんどは左カーブしながら１２５ｍの垂部川橋梁を渡る。そして刈和野駅となる。

左手に「西仙北・刈和野大綱」が飾られている。駅構造は神宮寺駅とほぼ同様だが、標準軌線の外側に旧1番線の片面ホームの一部が残され、跨線橋への通路として使用されている。

峰吉川駅の少し手前で3線軌区間の下りの標準軌線が分岐して上下標準軌線と合流、３線軌線はなくなる。半径１２００ｍで緩く左カーブして峰吉川駅となる。駅自体が半径４１０ｍの右カーブ上にある。狭軌線に面して片面ホームがあるが、駅の出入口は北側にあって跨線橋を渡って片面ホームに行く。このため駅本屋と跨線橋部分の旧上りホームは残されている。

峰吉川駅を出てもずっと右カーブが続き、終了すると北向きになる。10‰の上り勾配を右に左に緩くカーブしながら進む。途中に306mの峰の山トンネルがある。トンネルを抜けると下り勾配になり、少し進むと羽後境駅となる。

標準軌線の大曲寄りに行き違い設備がある。「こまち」の増発のために秋田新幹線完成後の平成14年に設置されたものである。その手前には2線の保守用側線がある。狭軌線は島式ホームだが、いずれの方向にも発車は可能である。

羽後境駅を出て市街地がなくなると山間を走るようになる。388mの船岡トンネルを抜け、10‰で下って勾配が緩むと左手に片面ホームがある大張野《おおばりの》駅となる。大張野駅は北側に出入口があるため、旧上り線の跨線橋にかかる部分だけホームを残している。

次の和田駅は秋田新幹線が開通する前は左手下り本線の1番線が片面ホームに面したJR形配線だった。その島式ホームの外側の線路を標準軌線にし、さらに行き違い設備を設置した。そのため島式ホームの標準軌線側は柵を設けた。

線路はほぼ平坦になって進み、半径400mで右に大きく曲がって北上して四ツ小屋《よつごや》駅となる。元はJR形配線だったが、片面ホームは跨線橋部分を残して撤去され、残った島式ホームに面した狭軌線の2線は両方向とも出発できるが、基本は左側通行で発着する。

四ツ小屋駅を出てしばらく進むと左手に秋田車両センターの線路が並行するようになる。奥羽本線寄りが標準軌線、反対側が狭軌線で、標準軌線では「こまち」用車両のほかに田沢湖線普通用の701系電車も所属している。このため標準軌の本線に普通電車が回送で走ることも多い。

秋田車両センターの秋田寄り端で、標準軌線の入出庫線は狭軌の本線と平面交差して標準軌本線につながる。狭軌線の入出庫線は単独の回送線で秋田駅まで伸びている。このため標準軌の本線、狭軌の本線、狭軌の回送線の3線で進む。そして左手から羽越本線が合流してきて秋田駅となる。

秋田駅は切欠きホーム付の片面ホーム1面と島式ホーム3面がある。西側に片面ホームの2番線があり、その青森寄りに切欠きホームの1番線がある。

旅客案内用の発着番線と業務用の線路番号は基本的に同じにしている。また各線路の名称も付けられてい

神宮寺駅の同じ線路を通過する「こまち」秋田行（左）と普通秋田行（右）。右側に2本あるレールの内側が狭軌用、外側が標準軌用なので、車体中心位置がずれる

和田駅で「こまち」と行き違いをする田沢湖線回送電車

大曲—神宮寺間にある渡り線。ここから刈和野駅先まで狭軌線側は標準軌併用の3線軌になる

秋田駅でも11、12番線と7、8番線は対面ホームになっている。7番線に青森方面の普通が停車して「こまち」からの乗換客を待っている

秋田駅の12番線に停車中の「こまち」

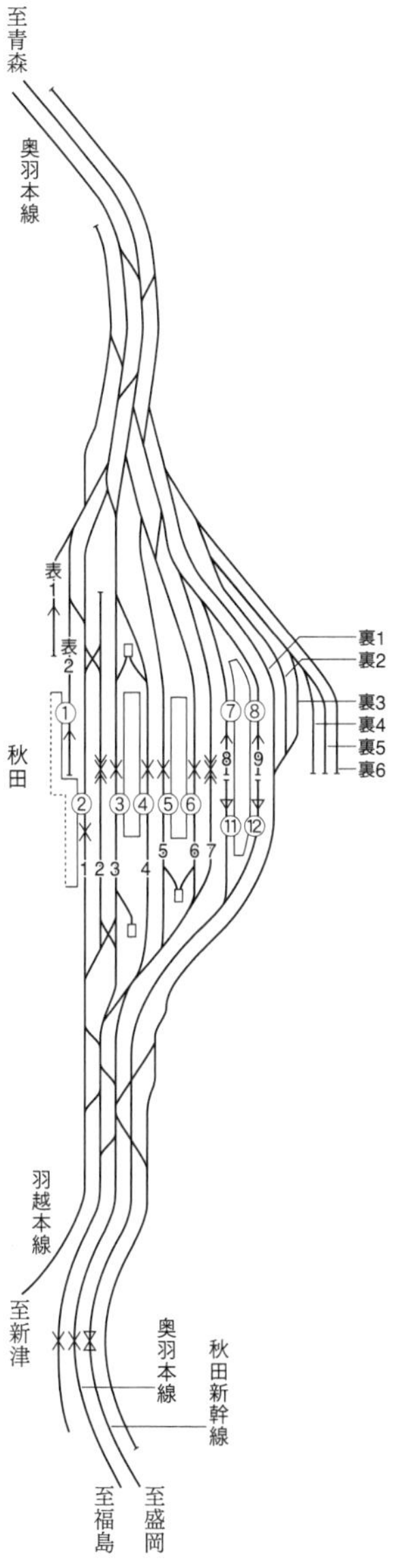

る。1番線は表2番線で、青森寄りに突込線の表1番線がある。2番線は羽越下り本線、次に中線の羽越1番副本線があり、これは上下貨物列車の着発線になっている。そして島式ホームに面した3番線が羽越2番副本線、4番線が羽越上り本線となっている。

次の島式ホームに面している5番線は奥羽下り本線、6番線は奥羽上り本線である。その次が中線の奥羽1番副本線で線路番号は7番線、貨物列車の着発線となっている。

次の島式ホームからは線路番号と発着線番号が異なっている。島式ホームは中央を境に青森寄りは狭軌、大曲寄りは標準軌となっており、標準軌線は秋田新幹線電車の発着線の11、12番線で、線路名称は幹下り本線と幹上り本線である。狭軌線側の7番線と8番線が標準軌線と向いあっている。7番線の線路名称は奥羽2番副本線、線路番号は8番である。8番線の線路名称は奥羽3番副本線、線路番号は9番である。

7、8番線は特急「つがる」が発着し、同一平面になっている秋田新幹線「こまち」との乗り換えを便利にしている。

8番線の東側には在来線列車の留置用側線の裏1〜6番線の6線がある。

【車両】「つばさ」用E3系は15本があり、さらに「とれいゆ」用に6両編成1本がある。

「とれいゆ」用E3系は「こまち」で使用していたものをリゾート列車として改造したものである。東京寄り11号車はグリーン車だったのをそのまま普通車化している。12〜14号車は横1&2列のボックスシートにして座面に畳を敷き、ボックスシートの中央にテーブルを置いている。15号車はスペースの約半分は湯上《ゆあが》りラウンジである半分をベンチ風の腰かけとテーブルがあるラウンジとし、もう半分はバーカウンターがある。16号車は半室に足湯コーナー、半室にソファーベンチがある。15、16号車は座席定員は計上していない。

特急「とれいゆつばさ」として土休日を中心に福島—新庄間を走る。福島駅では在来線ホームで発着する。普段は在来線区間のみしか走らないが、ときおり東北新幹線に乗り入れることがある。

福島—新庄間の普通用は701系と719系がある。いずれも3扉車で当初から標準軌で新造されたものである。701系は山形—新庄間が標準軌化されたときに新造されたもので5500番台となっている。標準軌なので狭軌の701系と719系に比べて左右の揺れが少なく乗り心地がいい。

田沢湖線用の701系5000番台はセミクロスシート車だが、5500番台はオールロングシートになっている。狭軌時代にもオールロングシートの701系を使用していたので、それに合わせたものである。前編成ワンマン運転装置を装備し2両編成9本が山形車両センターに配置されている。

板谷峠越えの急勾配区間を走ることを前提に、抑速ブレーキに加えてレールと車輪の粘着力を上げるために砂まき装置を装備、制御車のクハ701形5500番台のディスクブレーキを1軸につき1枚から2枚に、踏面清掃装置も装備している。

719系は福島—山形間が標準軌化されたとき2両編成9本が投入された。扉間の端部は2人掛けロングシート、扉寄りは中心に向かって2人掛けクロスシート、そして中央にボックスシートがある集団見合い形セミクロスシート車である。うち6編成にワンマン装置が付いている。残りのツーマン仕様は主に福島—米沢間を走る。同区間はワンマン運転をしていない。

福島—山形間、のちに山形—新庄間の各駅のホームが1100mmに嵩上げされたので、扉にはステップがない。当然、抑速ブレーキとセラミック砂まき装置があり、平成7年暮れからワンマン運転を開始した。

新庄以北は秋田車両センター所属で狭軌の701系0番台と100番台の2両編成28本と3両編成14本が羽越本線と津軽線と共用で使用される。0番台の2両編成のうち3本がセミクロスシート化されている。

【ダイヤ】●山形新幹線　「つばさ」は東京―新庄間と東京―山形間が各2時間毎に運転されるので東京―山形間は1時間毎である。これに不定期「つばさ」が設定されている。土休日や金曜日に運転されるものと、ゴールデンウィークや年末年始などの繁忙期だけに運転されるものがある。

福島―新庄間の停車駅は米沢、高畠、赤湯、かみのやま温泉、山形、天童、さくらんぼ東根、村山、大石田だが、多くは高畠駅を通過、朝上りの「つばさ」124号山形発は米沢駅のみ、夜の下り157号新庄行も福島―山形間で米沢駅のみ停車する。

福島―米沢間の所要時間は最速で31分、表定速度77・6キロである。やはり板谷越えの急勾配がネックになっている。米沢―山形間の所要時間はノンストップの157号で29分、表定速度97・2キロと100キロに近い。山形―新庄間の最速の所要時間は43分、表定速度85・8キロになっている。

●福島―米沢間　同区間を走る普通は上り山形発1本を含む6往復、これに福島―庭坂間5往復が運転される。719系2両編成を使用、通常の運転士と車掌が乗務するツーマン運転である。

山形・米沢方面から福島にある私立高校などの通学生や特急「つばさ」利用がもったいないとする所用客や買物客などが利用する。昼間時などではさほど利用されていないが、青春18きっぷが利用できる時期では行楽客が結構利用する。庭坂、笹木野駅は福島の郊外駅として通勤・通学客が多い。

●米沢―山形間　山形市内各駅を最寄とする高校のほかに、米沢駅の西側に県立米沢東高校と県立米沢商業高校、私立九里学園高校、私立米沢中央高校、東側に県立米沢工業高校、高畠駅の東側に県立高畠高校、赤湯から出ている長井線宮内駅付近に県立南陽高校、かみのやま温泉駅の東側に県立神山明新館高校など高校が多数あって、朝や下校時はいろいろな方向に向かう通学生で一杯になる。また通勤客の利用も多い。

このため朝の7、8時台は40分毎の運転になり、719系または701系のツーマン運転の4両編成も走る。昼間時以降は概ね1時間毎の運転になっている。

●山形―新庄間　同区間も同様だが、比較的山形市に向かう通学生が多く、新庄発6時24分山形行は701系6両編成になっている。それでも混むので村山発山形行が15分ほど先行して走る。

昼間時は山形―村山間は1時間毎だが、村山以北は2時間毎になる。ただし15時台以降の山形発下りは高校生の下校時にあたり、新庄まで1時間毎になり、4両編成で走る普通もある。

●新庄―大曲間　山形と秋田の県境が及位―院内間にあり、この間で地元利用客は基本的に途切れる。また比較的人口があるのは真室川駅なので山形側の利用も新庄―真室川間がほとんどである。

かつては新庄で「つばさ」と接続する快速「こまくさ」もあったが、秋田新幹線の開業によって秋田方面は「こまち」のほうが便利になり、院内や湯沢、横手などは山形新幹線に見捨てられた感がある。

朝下りに湯沢発秋田行き快速が走る。停車駅は十文字、横手、飯詰、大曲、和田、大塚、四ツ小屋で701系3両編成を使用する。あくまでも通勤・通学用で「こまち」などに接続しての長距離客用ではない。

普通は新庄―秋田間が2～3時間毎の運転で、これに新庄―真室川間運転の普通が朝夕1往復と、夜間に下り1本が運転される。秋田方面は湯沢発と横手発が加わり、湯沢―横手間は1、2時間程度、横手―秋田間は1時間毎となる。

横手―秋田間は標準軌線と狭軌線が単線並列の複線になっており、うち神宮寺―峰吉川間は狭軌線も標準軌併用の3線式になっている。

神宮寺―峰吉川間で「こまち」は左側通行をするかというと、かならずしもそうではない。一部下り「こまち」は標準軌線を走る。また、上りも下りも「こまち」と普通が並走することが多い。大曲駅で普通が出発、同時か、やや遅れて「こまち」が出発することが多い。こうなると大曲駅で「つばさ」を降りて普通に乗り換えるには不便である。大曲駅で「つばさ」から普通にすぐに乗り換えができるのは最終の「こまち」39号くらいしかない。

　秋田駅でも普通が発車したあとに「こまち」が発車し、途中で抜かされる。これも普通が大曲駅に着いてから「こまち」が到着すれば、大曲駅までの各駅から「こまち」の利用が便利になる。まさしく午後の上りはこうしていて便利である。

「こまち」号の大曲―秋田間の最速所要時間は30分、表定速度103・4キロと100キロを超えている。しかし、普通と並走する羽後境―大張野間では山岳線であまりスピードが出せず、なかなか普通との距離をあけることができない。このため、「こまち」に抜かされた普通に乗ると、先を走る「こまち」をずっと見続けることが多い。

【将来】　院内や湯沢、横手地区の沿線の要望は新庄駅から山形新幹線の延伸、あるいは大曲駅からの秋田新幹線の分岐線としての奥羽本線の標準軌化である。

　山形新幹線の延伸は湯沢駅まで、秋田新幹線の分岐線も湯沢駅までというのが理にかなっている。山形新幹線と秋田新幹線を選ぶ分水嶺は湯沢駅だからである。ようするに新庄―大曲間を標準軌化するのである。

　いずれ新在直通電車はE6系かその後継機種に統一され、新幹線併結列車もE5系かその後継機種に統一される。また東京方面と秋田方面は2ルートが確保され、東北新幹線や田沢湖線、標準軌の奥羽本線が何らかの輸送障害で動けなくなっても山形経由か田沢湖線経由で行き来できる。また、車両運用上も融通がきく。大曲―秋田間は標準軌に統一した通常の複線運用に戻すことができる。

　かつての国鉄は本線が運転支障で走れなくなったときに備えて、迂回ルートとして多くの支線を建設した。しかし、本線が電化されると、非電化の支線では役立たないし、支線を電化するのはもったいないということで迂回ルートの支線は放置された。迂回線で電化されているのは赤穂《あこう》線と呉《くれ》線くらいしかない。

　新幹線の時代になると迂回線を設けること自体、考えなくなった。もっとも北陸新幹線とリニア中央新幹線は東海道新幹線の迂回線だが、いずれも全通はしていない。しかし、新庄―大曲間の標準軌化で東北新幹線の迂回線ができる。

問題は山形経由が非常に時間がかかることである。新庄―大曲間を標準軌化して新在直通電車を走らせたとすると、同区間の所要時間は1時間10分程度になる。そうすると福島―大曲間は3時間40分程度、東京―大曲間は5時間程度にもなる。現行、秋田新幹線経由で3時間30分はかからないから誰も乗らない。

しかし、山形、新庄、湯沢停車の速達列車ならば米沢―大曲間で表定速度95キロ程度はできる。福島―大曲間は3時間10分程度にするのは難しくない。東京―大曲間が4時間30分程度になれば、立派に迂回線として役立つ。

では東京―湯沢間ではどうだろう。現行の山形新幹線「つばさ」の最速で東京―新庄間の所要時間は3時間11分である。新庄―湯沢間で新在直通電車を走らせるとすると40分程度になり、東京―湯沢間は3時間50分程度ということになる。

秋田新幹線経由で最速「こまち」の東京―大曲間は3時間37分、現行の普通で1時間31分である。3分接続として現状では湯沢まで5時間11分だが、大曲―湯沢間に新在直通電車を走らせたとすると東京―大曲間は4時間10分程度ということになる。

東京―横手間でみると山形新幹線経由が4時間5分、秋田新幹線経由が4時間1分となり湯沢駅が分水嶺になる。

山形新幹線電車でも東北新幹線内で３２０キロ運転することも可能性があり、そうすると5分短縮する。さらに山形―新庄間をノンストップで走らせたとするとこれも5分以上は短縮する。分水嶺は横手駅に移る。

そもそも山形新幹線経由が遅くなるのは、福島駅で「つばさ」が「はやぶさ・こまち」に抜かれるからである。

秋田新幹線経由で東京―湯沢間に新在直通特急を走らせるとすると、東北新幹線で併結する列車がない。もともと北海道新幹線と直通する東北新幹線電車は「こまち」と併結する考えはなかった。

盛岡駅で北海道新幹線直通電車を4、6分も停車させること自体がおかしいことなのである。事実、最速「はやぶさ」は「こまち」と併結運転をしていない。

といって「こまち」を単独で走らせるのもダイヤ上もったいない。ということは「こまち」と「つばさ」

の併結または「こまち」と湯沢方面新在直通電車との併結ということが理にかなっている。

問題は東北新幹線各駅でのホームドアと扉の位置が合わないことである。それでも途中で停車する上野、大宮、宇都宮、郡山、福島、それに仙台だけのことで、他は通過するから問題はない。また、事故のときなどで通過する駅に臨時停車することになっても、新幹線のホームドアはホーム端部から1m以上内側にあることから、扉位置のずれは問題にならない。

もう一つの課題は、福島―米沢間にフル規格新幹線を建設することがある。福島駅は上越新幹線と北陸新幹線が分岐する高崎駅と同様に島式ホーム2面6線構造になっている。そして奥羽新幹線用に福島駅の先、信夫山トンネルまでの間に奥羽新幹線用地を確保している。

この先はなにもないが、福島―米沢間にフル規格の奥羽新幹線ができたとすると、所要時間は最短で10分程度ある。奥羽新幹線内の最高速度は260㌔とした場合、福島―米沢間の所要時間は10分超となる。現行の「つばさ」が最速31分だから20分の短縮できる。

しかし用地買収上現実的ではない。そこで福島―庭坂間は現行ルートのままにして、庭坂―関根間をトンネル1本で貫通してしまう方法である。将来、奥羽新幹線ができたときを前提にフル規格のトンネルとする。これだと所要時間は15分になり16分の短縮となる。

ところで奥羽新幹線は基本計画に組み込まれている。これが完成すると福島―山形間は米沢駅停車で27分、米沢、赤湯、かみのやま温泉停車で35分。福島―新庄間は現特急停車駅がすべて新幹線駅となった場合、各駅停車で1時間6分、米沢、山形停車で45分、福島―湯沢間は各駅停車で1時間31分、主要駅停車で1時間、福島―秋田間は各駅停車で2時間2分、米沢、山形、新庄、湯沢、横手停車で1時間27分、山形のみ停車で1時間11分となる。

東京―秋田間で大宮、山形停車では3時間8分ということになる。最終的には全線を開通させるとしても、部分開通を繰り返すのがいい。その場合は、標準軌化されていない新庄―大曲間を最初に建設すれば、同区間の奥羽本線の標準軌化は必要がなくなる。次に時間短縮効果が大きい福島―米沢間というのがいい。

ＪＲ田沢湖線

田沢湖線区間では車体傾斜装置を最大限に活用せよ

POINT! 田沢湖線《たざわこ》は標準軌化されて秋田新幹線電車が走る。田沢湖線の最高速度は130キロだが、仙岩《せんがん》トンネルの前後は急勾配、急カーブの連続で60キロくらいしか出せない。盛岡駅まで高速で走ってきても、仙岩トンネルの前後では320キロの5分の1の速度で走っている。もっと速くするには山形新幹線の板谷峠越えと同様に仙岩峠越えをトンネルで貫通することだが、このほかにもせっかく車体傾斜装置を装備しているのだから、在来線でもこれを使用すればいい。カーブ通過速度は現在よりも5～15キロ程度しか速くならないが、それでも5分は短縮する。

【概要】 田沢湖線は大曲―盛岡間75・6キロの単線交流電化路線で、標準軌に改軌されている。秋田新幹線電車が走ることから秋田新幹線と呼ばれているがこれは愛称である。田沢湖線は東北線の部に所属している。

起点は大曲駅で終点は盛岡駅になっている。全通までの歴史については起点である大曲駅から述べるが、全通後は実質の起点である盛岡から述べる。秋田新幹線電車が走る幹線だが、地方交通線に指定され、幹線よりも運賃が高く設定されている。

盛岡駅でＪＲ東北本線と山田線、ＩＧＲいわて銀河鉄道と連絡、東北新幹線と接続する。角館《かくのだて》駅で秋田内陸縦貫鉄道と連絡、大曲駅で奥羽本線の標準軌線（こちらも秋田新幹線）と接続し、奥羽本線の狭軌線と連絡する。

田沢湖線は、東北本線の盛岡駅から奥羽本線の大曲までを結ぶ東北横断線の盛曲線として計画されたが、さほど重要な路線ではなかったので簡易に建設できる軽便規格が採用された。もともと地方私鉄を簡易に敷設できるための軽便鉄道法だったが、国鉄も地方路線に軽便規格を採用したのである。

まずは大正10年（1921）6月に雫石《しずくいし》—盛岡間を橋場《はしば》軽便線として開業した。11年7月には橋場（赤渕《あかぶち》駅から北西1キロ付近）—雫石間の延伸と大曲—角館間を生保内《おぼない》軽便線として開業した。12月に生保内軽便線角館—神代《じんだい》間が、12年8月には神代—生保内（現田沢湖）間が延長開通した。

大正11年9月に同法が廃止されたので、国鉄の各軽便線も「軽便」の文字を取ることになり、橋場線、生保内線に改称した。その後も両線を結ぶ路線として12年に生保内—橋場間は着工されたが、戦時体制になり、建設はおろか橋場線橋場—雫石間が資材供出のために昭和19年11月に休止となった。

昭和33年に工事を再開し、39年9月に赤渕—雫石間が開通、難工事となった仙岩トンネルが貫通し、61年10月に田沢湖—赤渕間が開通して全通した。これによって盛岡—秋田間は北上線経由の179・4キロから52・1キロ短縮して127・3キロとなった。

気動車急行である第1〜4の「南八幡平《みなみはちまんたい》」号が2往復設定され、盛岡—秋田間の最速所要時間は2時間35分だった。当時盛岡—秋田間の優等列車は北上線経由にはなく、花輪線経由の気動車急行「よねしろ」があった。所要時間は4時間38分だったので2時間以上の短縮である。

昭和43年10月に行われ、ヨンサントウと呼ばれた全国大幅ダイヤ改正で田沢湖線は、まだ全通して間もないために大幅な改正はなされなかった。それよりも盛岡—雫石間2往復、田沢湖—大曲間に1往復の蒸機牽引の普通列車が設定されていたくらい無煙化、近代化に縁がなかった。

　昭和52年になって田沢湖線は全線電化され、盛岡―秋田間に電車特急「たざわ」の運転を開始した。6往復で、最速の所要時間1時間58分、盛岡駅で「やまびこ」号に14分で接続する。上野―秋田間は7時間49分から6時間0分と1時間49分短縮した。しかし、特急は電車だが、普通はすべて気動車を使っていた。

　国鉄最後の大改正である昭和63年3月改正時も6往復のままだが、盛岡―秋田間の最速の所要時間は1時間50分に短縮、新幹線も（スーパー）「やまびこ」ができて上野まで延長されたため上野―秋田間の所要時間は4時間45分に短縮した。

　山形新幹線に次いで新在直通が実施されることになり、田沢湖線は平成8年3月から9年3月までの1年間を運休して標準軌化工事を行った。そして東京―秋田間に「こまち」号の運転を開始した。

　在来線区間で最高速度を１３０キロに上げたために盛岡―秋田間の最速の所要時間は「こまち」3号の1時間25分に短縮した。東北新幹線区間でも仙台駅しか停車しないだけでなく、最高速度も２７５キロに引き上げたので東京―秋田間は最速で3時間49分に短縮した。

「こまち」は13往復が設定され、東京―盛岡間で「やまびこ」と併結する。最速「こまち」は1往復だけで、残りのうち9往復は仙台―盛岡間でノンストップとしたいわゆる「スーパー」だが、残る3往復は同区間を各駅に停車するため、仙台駅で分割併合して仙台―盛岡間をノンストップで単独走行した。

　東京―秋田間で最速は3時間49分だが、最遅は4時間39分と50分も違う。ここがネックだった。4時間30分以上もかかるのなら、まだ飛行機のほうを選ぶ人も多いことから、スピードアップが必要だった。そこで東北新幹線区間でまずは３００キロ、続いて３２０キロ運転をすることにした。このためにE6系電車を用意した。

平成26年3月から３２０キロ運転を開始、東京―秋田間の所要時間は最速で3時間37分、定期の最遅で3時間52分と全列車が4時間を切るようになった。

今後、東北新幹線で３６０キロ運転をして短縮することになるが、在来線区間での最高速度の向上や、せっかく車体傾斜装置を持っているので曲線通過速度の向上、さらにはネックになっている雫石―田沢湖間を単線新幹線規格で新たに建設して、大幅に短縮することも考えてもいい。

【沿線風景】 盛岡駅で、普通電車は西側の田沢湖線本線の8番線と、田沢湖1番副本線の9番線から発車する。発車してすぐに狭軌線の下6線と平面交差する。この先で標準軌の検修線と2線の留置線が左手に置かれている。さらに保守用の横取線もある。

その先で左に大きくカーブしながら30・1‰の勾配を上っていき、高架になって東北新幹線からの取付線と合流する。

「こまち」の秋田行は新幹線盛岡駅14番線、東京行は10番線で発着する。東北新幹線取付線も新幹線盛岡駅を出ると左カーブしながら33・0‰の下り勾配で進んで、左手からやってきた田沢湖線と合流する。

合流した先は14・0‰で少し登ってから25・0‰の下り勾配で地上に降りる。直線で進み30mの諸葛川《もろくずがわ》橋梁を渡り、半径６０４mで大きく左カーブして大釜《おおかま》駅となる。右側の2番線が上下本線のスルー線にした1線スルー構造をしている。上下の普通は下1線の2番線に停車するのが基本である。

丘陵地を登るので25・0‰の上り勾配になる。次の小岩井《こいわい》駅は両側分岐で左側通行による相対式ホームになっている。小岩井駅の先も25・0‰の上り勾配が少し続いてから下り勾配になる。勾配は当初は25・0

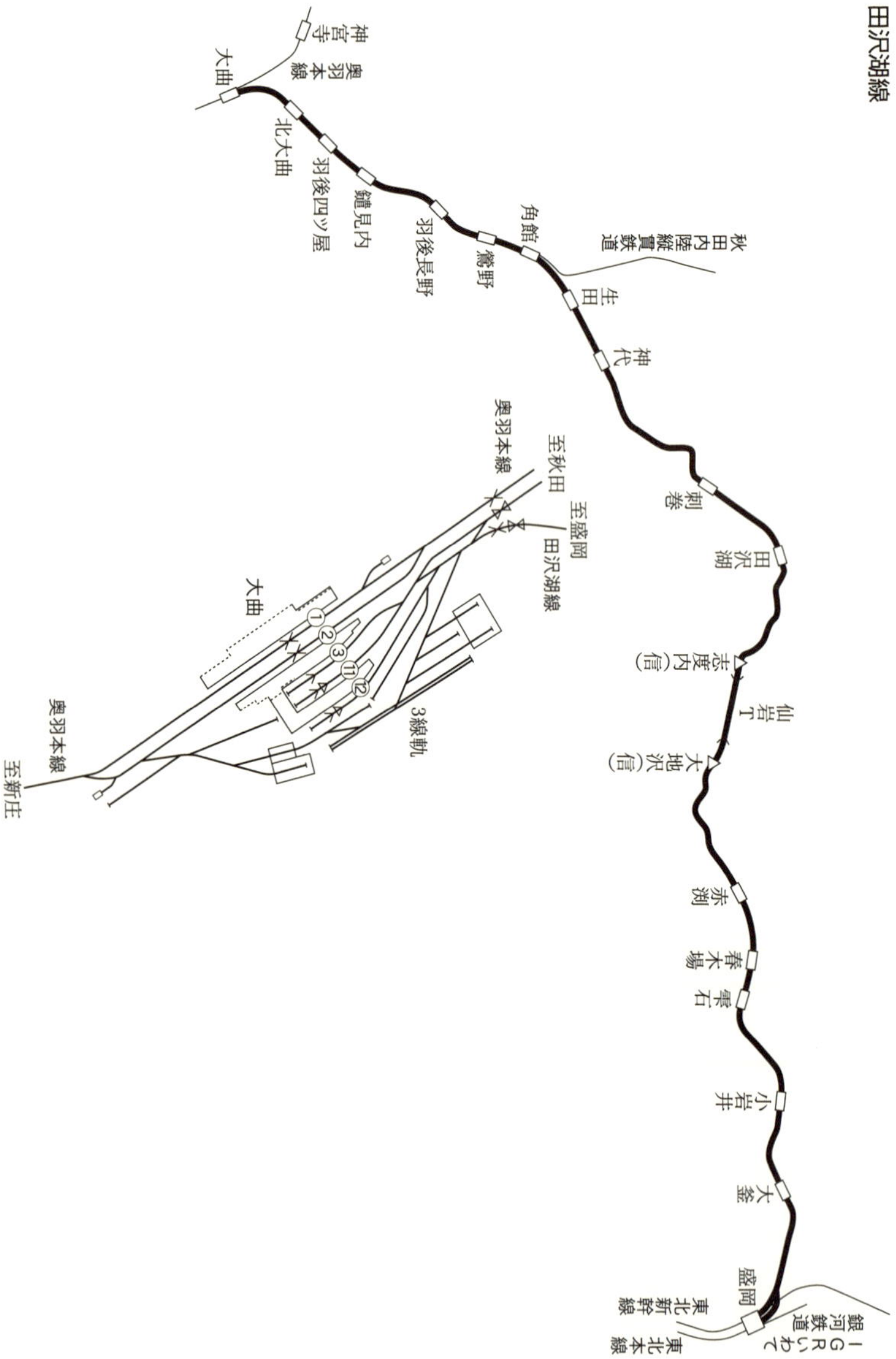
田沢湖線
奥羽本線
神宮寺
大曲
北大曲
羽後四ツ屋
鑓見内
羽後長野
鶯野
角館
秋田内陸縦貫鉄道
生田
神代
刺巻
田沢湖
志度内(信)
仙岩T
大地沢(信)
赤渕
春木場
雫石
小岩井
大釜
盛岡
東北新幹線
東北本線
IGRいわて銀河鉄道
至秋田
奥羽本線
至盛岡
田沢湖線
大曲
3線軌
奥羽本線
至新庄

‰、これが5・7‰になってから緩い上り勾配に転じ、半径362mで大きく右に回って雫石《しずくいし》駅となる。

JR形配線だが、北側の1番線が上下本線のスルー線の1線スルー駅で、上下本線が片面ホームに面している。島式ホームは下1線と下2線の間にある。下1線の両側のポイントは、除雪がしやすいように一度膨らんでから上下本線に分岐合流している。

最大12‰の上り勾配で進む。次の春木場《はるきば》駅は左側に片面ホームがある。この先、竜川に沿って進む。最急勾配は25・0‰、最小曲線半径は300mになる。そして島式ホームの赤渕《あかぶち》駅となる。左側にある1番線は両方向に出発できる。

ここから本格的な山岳線になる。連続22・0‰の上り勾配となり、最小半径300mのカーブが至るところにある。このため高出力の「こまち」であっても高速運転はできない。

トンネルも多い。54mの第1岩沢、131mの第2岩沢、41mの松倉、58mの炭焼、45mの大坪山、640mの高倉、204mの大地沢、102mの第1船越、101mの第2船越と抜け、10‰に勾配が緩んで行き違い用の大地沢《おおちざわ》信号場となる。

盛岡寄りは半径400mの右カーブ上にあり、そこから上下副本線が右に分岐する。積雪でポイントが作動しなくなるのを防ぐためにスノーシェルターで覆われている。本線の制限速度は「こまち」が60キロ、普通が55キロ、副本線への進入進出は40キロになっている。

ポイントの先の行き違い線は直線上にあるものの、大曲寄りで副本線との合流した先に半径300mの左カーブがあるため「こまち」も普通も55キロに速度が制限される。副本線から本線への合流分岐の制限速度は45キロである。行き違い線の前後に乗務員用の短い相対式ホームが設置されている。

大地沢信号場を出て左カーブし直線になって391mの仙岩トンネルに入る。3‰の上り勾配で入って少し進むと10・0‰の下り勾配に転ずる。ここが田沢湖線の最高地点で標高は378mである。なお、大地沢信号場の標高は370mである。

仙岩トンネルを出て30mの第6生保内《おぼない》川橋梁を渡り、すぐに930mの第2志度内《しどない》トンネル、続いて76mの志度内川橋梁、170mの第1志度内トンネル、

盛岡—大釜間を走る「こまち」秋田行

志度内信号場に進入する「こまち」東京行

70ｍの白糸橋梁と、トンネルと橋梁を交互に通る。そして志度内《しどない》信号場となる。

左に上下副本線が分岐する1線スルーの行き違い用信号場である。といっても本線側の制限速度は「こまち」で65キロと遅い。上下副本線側は40キロである。

手前の大地沢信号場もそうだが、「こまち」同士が行き違うときに、先に来た「こまち」が信号場で停止しても、なかなか対向の「こまち」が来ない。ようやく来たかと思うと、対向の「こまち」も停車する。そして10秒ほどたってから発車していく。進行方向右側に乗っていると、対向の「こまち」の乗客と目があって、互いに気まずい思いをしてしまう。

通常の行き違いをする信号場や駅では、対向列車は停車しないで高速で通過していくのに、これら信号場では一旦停止する。さらに乗っている「こまち」も対向「こまち」が出発してもすぐに発車せずやはり10秒ほど待ってから出発する。

これら信号場にあとから進入する「こまち」に乗っていると信号場の手前で一旦停止することが多い。

これらの信号場は、冬は積雪地帯の山の中にある。田沢湖線の信号保安方式は自動閉塞である。自動閉塞方式は閉塞区間ごとに左右のレールに信号電流を流しており、これを車両の車輪によって短絡することで列車が一つの閉塞区間に入ったことを検知する。

これを軌道短絡というが、積雪地帯では行き違い区間に入りきってもなかなか軌道短絡しないことがある。そこで閉塞区間に入りきっても10秒ほどの時間が経ってから、周辺の信号機の現示を変える。たとえば対向列車が行き違い線に入ると、行き違い待ちをしているほうの出発信号機が、赤灯の停止現示から緑灯の進行現示に変えることになるが、対向の「こまち」が確実に入りきっても、安全をとって10秒ほど時間を待って進行現示にする。この10秒ほどの時間を持たせることを時素という。

対向の「こまち」が信号場に進入するときも、手前にある場内信号機が停止現示になっているのを、10秒ほど時素を加えてから場内信号機を開通させる。そのために信号場の手前で信号待ちをすることが多い。

時素を短縮するには先頭と後方の車両の台車にモーターを装着（これを電動車という）すれば、軌道短絡はより素早くできる。モーター付の台車は重いこと、架線からの帰線電流をレールに流すので、より検知しやすいのである。これを実践しているのが京浜急行である。京浜急行の時素は１秒でしかない。

「こまち」と「つばさ」用車両の先頭並びに後方車両も電動車である。国鉄、その後のＪＲは先頭と後方の車両を電動車にすることはほとんど行わない。それなのに「こまち」や「つばさ」用車両で行っているのは、雪国の路線でより確実に素早く軌道短絡を行えるためである。

しかし、これら二つの信号場では時素についても短縮せずに10秒ほどとったままにしている。

それほど積雪地帯では軌道短絡がしにくいということである。しからば冬だけこれをすればいいではないかということだが、冬と他の季節と運転方法が異なるのは問題があるということで通年にわたってこれを行っている。

ともあれ、大曲寄りのスノーシェルターがなくなるとすぐに72ｍ下木取トンネルに入る。続いて１０９ｍの下木取橋梁と１１５ｍの第５生保内川橋梁を渡る。25‰の下り勾配になり、20ｍの堀木沢橋梁、49ｍの第４生保内川橋梁、78ｍの堀木トンネル、68ｍの第３生保内川橋梁、５００ｍの相沢山トンネル、36ｍの第２生保内川橋梁、64ｍの第１生保内川橋梁と続く。

勾配が緩んで街中を走るようになると田沢湖駅となる。駅は半径１０００ｍの左カーブと３・３‰の下り勾配上にある。左手に片面ホームに面した下り本線、島式ホームの内側に上り本線、外側に上１線がある。田沢湖へはバスで15分ほどかかる。

駅を出ると国道45号と並行し、直線になって南西に平均勾配15‰で降りる。少し上り勾配になって１８６ｍの第２玉川橋梁を渡り、１８０ｍの第２刺巻《さしまき》トンネルを抜ける。これら橋梁とトンネルはスラブ軌道に取り換えている。第２刺巻トンネルの途中からバラスト軌道に戻り、22・７‰の勾配で下る。

次に25・０‰の上り勾配になって１５０ｍの第１刺巻トンネルを抜け、25・０‰の下り勾配になる。勾配が緩むと相対式ホームの刺巻駅となる。１線スルーではなく両開分岐で制限速度は90㌔になっている。前後に急曲線があって速く走れないからである。

少し登ってから最急曲線300mで右に左にカーブしながら25・0‰の下り連続勾配で降りていく。徐々に勾配は緩むが急カーブは続く。そして降りきると長い直線になって「こまち」は130キロで突っ走るようになる。

途中にある神代《じんだい》駅は左側の線路が2番線でスルー線の上下本線とした相対式ホームになっている。右側に出入口があるため、行き違いをしない普通は上下とも上1線の1番線で発着する。

次の生田《しょうでん》駅は右側に片面ホームがある棒線駅で、角館寄りは半径1600mで左に曲がっている。半径1600mのカーブでは速度制限なしの130キロで走る。

緩い下り勾配で進み、右手から秋田内陸縦貫鉄道が並行するようになる。ともに半径400mで左に曲がる。半径400mのカーブでは125キロの速度制限を受ける。ただし角館駅が近いために125キロを出すのは一部の通過電車だけである。

角館駅は右に上り本線の1番線が分岐、左に下1線が分岐する。上り本線はやはり一度外側に膨らんでから下り本線と分岐合流する。下り本線の盛岡寄りは直線、大曲寄りは上り本線とで両側分岐になっていて制限速度は75キロである。

田沢湖駅の標高は220・7m、角館駅は64・1mなので160mほど降りてきたことになる。

直線で進んで標準軌化時に連続PC斜材箱桁橋に架け替えられた第1玉川橋梁を渡る。左手に片面ホームがある鶯野《うぐいすの》、続いて左側がスルー線で2番線の上下本線となっている相対式ホームの羽後長野《うごながの》駅がある。1番線の副本線側に出入口があるため行き違いをしない普通は上下とも1番線に停車する。

駅を出ると半径600mで左に曲がり53mの斉内川橋梁を渡る。この先、半径1200mで右カーブする。前後は直線である。右手に片面ホームがある鑓見《やりみ》内《ない》駅を過ぎて、左側がスルー線の上下本線となっている相対式ホームの羽後四ツ屋《うごよつや》駅となる。ここも行き違いをしない上下普通は副本線の1番線に停車する。

半径1200mで右に曲がった先に右手に片面ホームがある北大曲《きたおおまがり》駅となり、その先は直線が続く。そして半径400mで大きく右に曲がって大曲駅となる。

大曲駅に停車中の上下「こまち」

【車両】 秋田新幹線電車はE6系を使用する。普通用はワンマン仕様の701系2両固定編成10本を使う。

E6系を含めてすべて秋田車両センター所属である。このため普通電車が秋田車両センターに入出庫するときは奥羽本線標準軌化線の秋田新幹線区間を回送で運転される。

【ダイヤ】●「こまち」 田沢湖線内の停車駅は田沢湖、角館の2駅だが、一部は雫石駅にも停車する。

「こまち」は朝を除いて概ね1時間毎で運転される。基本的に大釜駅と田沢湖駅で上下「こまち」は行き違いをするが、不定期「こまち」が走ることで、大釜―田沢湖間にある信号場を含む各駅でも行き違いをすることも多い。また、単線であるがゆえに、不定期「こまち」が走ると、定期「こまち」も行き違いで時間を取られ、時刻変更がなされる。

最速の所要時間と表定速度は盛岡―雫石（通過）間が11分、87・3キロ、雫石（通過）―田沢湖間が20分、72・3キロ、田沢湖―角館間が13分、86・3キロ、角館―大曲間が10分、88・8キロである。雫石―田沢湖間もさほど遅くはないが、赤渕駅を過ぎると急に遅くなるのはイメージ的によくない。ただし仙岩トンネル内は結構スピードを出す。

●普通　朝は盛岡都市圏の通勤通学輸送のために赤渕駅と田沢湖駅から盛岡に向けて4両編成が走る。このために盛岡始発の大曲行は6両編成になっていて赤渕駅で4両は切り離されて折り返し盛岡行になる。また、雫石駅に県立雫石高校があるため盛岡発雫石行も4両編成である。

帰宅時は盛岡発14時22分を4両編成にして対応している。

角館駅を最寄駅とする角館高校や大曲駅を最寄駅とする県立4高校があるが、運転本数を2本にし、田沢湖発の1本が4両編成にして対応しているにすぎない。

【将来】　秋田新幹線も赤渕―雫石間の仙岩峠越えがネックになっている。

ここもフル新幹線規格によるトンネルで貫通させるのがいい。雫石―田沢湖間は10分は短縮する。

だが、秋田新幹線は基本計画新幹線に含まれておらず、フル規格の路線を造るわけにはいかず、在来線扱いで建設するしかない。在来線であっても、260キロ運転ができる特認を受ければいいだけである。また盛岡―田沢湖間をフル規格の単線の新線を造れば、20分の短縮はできる。

新線を造らずとも、せっかく装備している車体傾斜装置を田沢湖線区間で作動させ、カーブ通過速度を向上させると5分は短縮する。

しかし、これらの短縮で「こまち」の利用が増えてしまい、多数の増発列車が設定されると、行き違いによって5分や10分は簡単に延びてしまう。やはり複線化が必要である。そのためにも山越え区間は高規格による複線トンネルを建設すれば、比較的難工事ではない平坦区間だけ貼り付け線増によって複線化すればいいことになる。

なお、車両の着雪対策として、大釜駅に上1線を設置し、ここに温水を噴射する融雪装置を設置して、「こまち」に付着した雪を除去する。上りホームを島式ホームにして上1線を設置するので、下1線は撤去される。上1線の設置は2019年11月、下1線と1番線の撤去は2020年冬を予定している。

野岩鉄道

新宿始発の東武特急「リバティ」の運転で乗客増を

POINT! 野岩《やがん》鉄道は奥鬼怒地区を南北に貫き、風光明媚な景色が楽しめる。乗客のほとんどは観光客で、温泉に浸り、トレッキングを楽しむなどの目的で利用する。東武鉄道からの直通列車が多く、各駅ほとんどが行楽地のために特急や快速はほとんどの駅に停車する。しかし、会津方面の連絡路線として造られたことから、高速運転をする列車も設定して、ビジネス利用者をふやしてもいいだろう。

【概要】 野岩鉄道は新藤原《しんふじわら》―会津高原尾瀬口《あいづこうげんおぜぐち》間30・7キロの単線電化路線で、新藤原駅で東武鬼怒川線、会津高原尾瀬口駅で会津鉄道と接続して、相互に直通運転をしている。

東武鉄道の普通・急行が野岩鉄道の会津高原尾瀬口駅や同線を通り越して会津鉄道の会津田島《あいづたじま》駅まで直通するほかに、特急「リバティ会津」も会津田島駅まで直通する。さらに会津鉄道の快速「ＡＩＺＵマウントエクスプレス」が野岩鉄道と東武鉄道に乗り入れて東武日光まで行く。

大正11年公布の改正・鉄道敷設法で建設すべき路線を別表に予定線として取り上げている。その別表の33に「栃木県今市ヨリ高徳《たかとく》ヲ経テ福島県田島ニ至ル鉄道及高徳ヨリ分岐シテ矢板《やいた》ニ至ル鉄道」が取り上げられている。このうちの前半の路線が野岩線である。

野岩の「野」は栃木の旧国名である下野《しもつけ》、「岩」は会津・郡山付近の旧国名である岩代《いわしろ》からきている。田島は現会津田島で、田島から南下して今市までの区間を、鉄道敷設法の予定線として取り上げられたのである。まずは会津若松―田島間が軽便鉄道規格によって建設が決定し、田島までは昭和9年（１９３４）までに開通した。28年11月までに会津《あいづ》滝ノ《たきの》原《はら》（現会津高原尾瀬口）までを会津線として開通した。

別表33の後半の路線である「高徳ヨリ分岐シテ矢板ニ至ル鉄道」は大正13年（１９２４）に下野電気鉄道（現東武鬼怒川線）の新高徳《しんたかとく》から矢板へ目指して、まずは新高徳―天頂《てんちょう》間を軌間７６２㎜の蒸気鉄道で開通、その後、東武の小会社となり軌間を１０６７㎜に改軌、昭和４年（１９２９）に矢板まで延長開通した。国鉄が買収することなく東武鉄道矢板線として営業していたが、34年6月に廃止された。

残る今市―会津滝ノ原間は国鉄野岩線として昭和32年4月に調査線、37年3月に工事線に昇格した。線路規格は乙線、単線非電化で最急勾配は19‰、最小曲線半径は５００ｍとして設計に入った。

昭和39年に鉄道建設公団（現鉄道・運輸機構）が発足すると、同公団のＡＢ線である地方開発線・地方幹線として引き継いだ。会津滝ノ原―上三衣《かみみより》（現上三衣塩原温泉口《かみみよりしおばらおんせんぐち》）間は41年5月、上三衣―中三衣《なかみより》（現中三衣温泉《なかみよりおんせん》）間は44年11月、中三衣―下野川治（工事仮称駅名・現川治温泉《かわじおんせん》）間は47年9月に着工した。

今市で国鉄日光線と接続するには、まだ距離が長い。並行して東武鬼怒川線があることから競合もする。というよりも狭隘な谷間に2路線も必要がない。ということで東武鉄道鬼怒川線と新藤原駅で接続することになった。そして下野川治―新藤原間も着工した。

しかし、ＡＢ線の工事は国鉄再建法で凍結され、以後、第3セクター鉄道が運営を引き受けるなら工事を再開してもいいことになった。そこで福島県や栃木県、日光市、南会津町など自治体のほかに東武鉄道や銀行が出資する野岩鉄道が昭和56年に設立された。さらに昭和59年に直流1500V電化が決定し、61年10月に開業した。

輸送密度は602人と少ない。平均輸送キロは18・7キロで、これは全線を乗り通す客数を2とすると、新藤原から川治温泉と湯西川温泉間の客がそれぞれ1として平均した距離が19・2キロなので、ほぼその割合で利用されていると思われる。平均運賃は34・91円となっているのは運賃割引率が少ない定期外客、つまり行楽客の利用が多いからである。

輸送密度での定期比率は通勤が1・7%、通学が1・3%、定期外が97・0%と、定期外客が圧倒的に多い。しかもこれら定期外客のほとんどは行楽客である。通勤客は沿線のホテル旅館などの従業員が多い。通学客は少子高齢化というより過疎化で非常に少ない。

1日平均の輸送人員は967人、1日平均の運輸収入は71万1451円、1日平均の営業費は129万4152円で1日当たり58万2701円の赤字である。営業収支率は減価償却前で174・7%、償却後で184・3%と非常に苦しい。

東京方面から入り込む行楽客を増やすために、東武の「リバティ」の乗り入れを増やし、さらに新宿駅からの「リバティ」を走らせたりする必要がある。

【沿線風景】 新藤原駅は東武鉄道との共同使用駅で、発着線路は3線あるが、1番線は6両分の長さがある行止線で片面ホームに面している。2番線は2番ホームと3番ホームに挟まれた両側ホームになっている。2番ホームは6両分の長さがあるが、3番ホームは4両分の長さしかない。さらに3番ホームは4番ホームとで島式ホームになっている。

通常、1番線は東武の特急の折返用、2番線は野岩鉄道の発着用で、行き違いをしないときは上り電車も発着する。また、東武直通の4両編成の普通は2、3番線で2両を切り離し、野岩鉄道線内は2両編成で走る。東武鬼怒川公園寄りに3線の留置線がある。

新藤原駅を出ると108mの藤原トンネルに入る。次に841mの第2イノ原トンネル、続いて第1イノ原トンネルに入る。野岩線の工事起点は会津高原駅なので、トンネルも同駅寄りから番号が始まっている。

第1イノ原トンネルの会津高原寄り坑口には龍王峡《りゅうおうきょう》駅のホームの一部が喰い込んでおり、右手に片面ホームがある。野岩線の各駅のホームは4両編成に対応している。鬼怒川の渓谷の中腹にあり、上を並行して走る国道121号には道の駅、龍王峡滝見茶屋がある。この道の駅の北端に龍王峡駅への入口があって階段でホームに降りていく。

駅を出ると、すぐに32mの竪琴ノ《たてことの》滝《たき》橋梁を渡って2668mの小網トンネルに入る。出ると高架になって島式ホームの川治温泉駅となる。両側分岐になっているが、ホーム部分は下り線が直線、上り線が中央に膨らんでいる。

高架で川治の街を横切り、左カーブしながら国道121号を乗り越して300mの第2鬼怒川橋梁を渡る。対岸に取り付いて短い川治向トンネルを抜け、294mの第1鬼怒川橋梁を渡った先の右手に片面ホームがある川治湯元駅となる。駅前ロータリーには、川治湯本名誉駅長の「かわじい」(モニュメント)が迎えてくれる。ホームは地上4階ほどの高い高架上にあるが、会津高原尾瀬口寄りは山裾に取り付いており、すぐに4250mの葛老山《かつろうざん》トンネルに入る。

鉄道建設公団は野岩線を地方交通線・地方幹線であるAB線として建設したが、AB線であっても、高速運転ができるように直線で山を切り進んでいく。このために鉄道建設公団が造った各路線は長大トンネルが多い。そしてトンネル内に駅を造ることも多い。

次の湯西川温泉《ゆにしがわおんせん》駅は左側に片面ホームがあり、葛老山トンネルの会津高原尾瀬口の手前にある。ホームから坑口の向こうにかかっている239mの湯西川橋梁が見え、壁側にある階段を登ると地上に出られる。そこは道の駅「湯西川」と隣接している。湯西川温泉街は駅から北西へバスで25分のところにある。

湯西川と鬼怒川が合流した下流に五十里《いかり》ダムがある。そのダム湖の五十里湖の湯西川寄りに湯西川橋梁がある。同橋梁を割るとすぐに１１５７ｍの第２岬トンネルを抜ける。続いて１２３ｍの富沢橋梁、５５９ｍの第１岬トンネルを抜ける。さらに１１８ｍのシッペイ沢橋梁、７２４ｍの第４高津山トンネル、48ｍの小田原河沢橋梁、第３～１の高津山、５８２ｍの第４男鹿川《おじかがわ》橋梁、アテラ沢トンネル、６９８ｍの独鈷沢《とっこさわ》トンネルと、橋梁とトンネルが連続し、一瞬、明かり区間を通るだけなので、まばたき区間と呼ばれている。

その先で少し森林の中を走るようになって右カーブし、中三衣トンネルを抜けてしばらく進むと中三依温

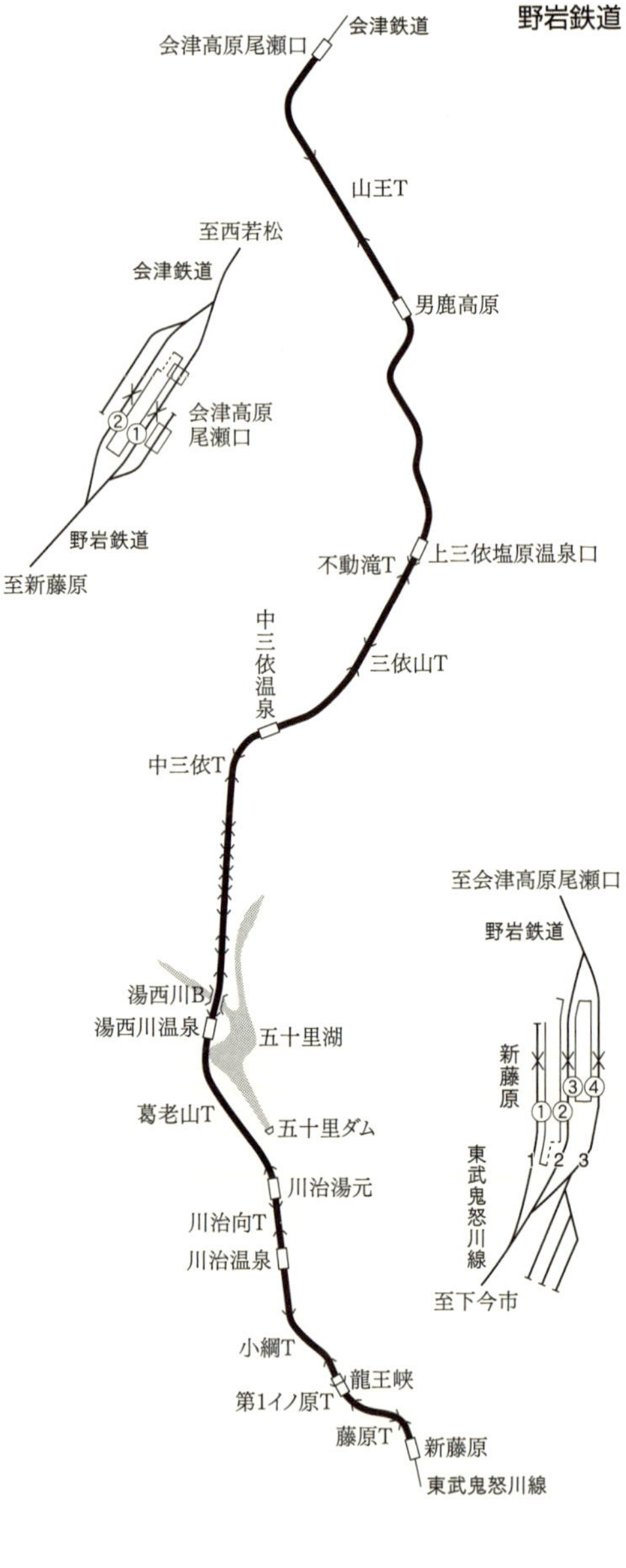

葛老山トンネル内の会津寄りの坑口手前に湯西川駅がある

泉駅となる。上り線がスルー線にした1線スルー駅で路盤やホームは造られたが、レールを敷設するときになって1線スルー構造をやめた。

このため一旦駅の中心へ線路を振ってから両側ポイントで分岐する。いずれの方向へも、しかも分岐時や合流時でもポイントの制限速度は50キロになっている。駅自体は島式ホームで築堤上にあり、下り線から新藤原方面への折り返しができる。

駅を出て少し進むと森の中を走るようになる。そして左カーブをしたところの左側に保守用の横取線がある。本線とは乗り上げポイントでつながっている。

その先で81ｍの第3、続いて98ｍの第2の男鹿川橋梁を渡り、すぐに１０１５ｍの三衣山トンネルをくぐる。出るとすぐに２２４ｍの第1男鹿川橋梁を渡って島式ホームの上三衣塩原温泉口となる。

下り線は直線でホームに進入できる。その先で上り線と合流するが、こんどは上り線が直線になっていて下り線は35キロの速度制限を受ける。上り線は直線で進んでから右カーブしてホームに入り、駅の先で35キロ制限を受けて下り線に合流する。上下線とも進出時に速度制限を受ける構造になっている。

　左カーブして不動滝トンネルを抜けると右側に片面ホームがある男鹿高原《おじかこうげん》駅となる。右側に崖があり、その上に駅舎がある。

　すぐに３４４１ｍの山王《さんのう》トンネルに入り、抜けると右カーブをして島式ホームの会津高原尾瀬口となる。右手の1番線が野岩本線、左手の2番線が会津本線である。1番線が直線の1線スルーにできるよう造られたので、いったん右にシフトしてから両側ポイントで分かれる。上下線とも両方向に出発でき、2番線の外側に側線があるものの朽ち果てている。

　基本的1番線が会津方面、2番線が新藤原方面になった右側通行で行き違う。新藤原寄りの左側に駅本屋があって、乗客は2番線を構内踏切で渡る。このとき会津方面の列車が入ると危険だが、新藤原方面の列車だといったん停車してから発車するので踏切に人がいるかいないかを見極められるからである。また、2番線の外側には保守用側線と保守車庫があり、使われていない転車台が残っている。また、2番線の会津寄りになぜかシェルターが置かれている。

　会津高原尾瀬口は野岩鉄道の終点駅だが、多くの列車は同駅を通り越して会津田島駅まで直通する。

【車両】　東武鉄道６０５０系（車号は６１５１〜６１７９、６２５１〜６２７９）と同じ車両を１００番台として野岩鉄道が2両編成3本を所有している。車号は６１１０１〜６１１０３、６２１０１〜６２１０３となっている。また会津鉄道も６０５０系２００番台1本を所有、車号は６１２０１、６２２０１となっている。東武も27本を所有して、これら31本によって南栗橋―会津田島間で共通使用されている。2両固定編成で、2扉ボックス式セミクロスシートとなっている。東武線内は2本連結した4両編成で運転され、新藤原駅で2両を分割併合して野岩線内は2両編成で走る。

　東武鉄道の特急「リバティ」も野岩鉄道を通り抜けて会津鉄道の会津田島駅まで乗り入れている。「リバティ」は3両固定編成で、東武浅草駅発車時は2本つないだ6両編成で走り、下今市《しもいまいち》駅で3両ずつに切り離し、会津田島行と東武日光行になる。会津田島行が「リバティあいづ」東武日光行が「リバティけごん」である。野岩線内の特急料金は３７０円均一である。

正面貫通式で解結、連結作業は貫通幌の収納展開も含めてすべて自動で行う。扉は片側各1枚、定員は先頭車が112人、うち座席56人、中間車が136人、うち座席が49人となっている。通常、特急車は座席数イコール定員だが、普通などで走れるように立席を設定している。

会津鉄道の気動車も乗り入れてくる。快速「AIZUマウントエクスプレス」も会津鉄道の車両である。

【ダイヤ】　特急「リバティあいづ」は1日4往復、東武線内の停車駅はとうきょうスカイツリー、北千住、北春日部、栃木、新鹿沼《しんかぬま》、下今市、東武ワールドスクエア、鬼怒川温泉、鬼怒川公園だが、101号と148号は東武ワールドスクエア駅を通過する。野岩線内は101号と129号、132号、140号は男鹿高原駅を通過する以外はすべて各駅に停車する。

快速「AIZUマウントエクスプレス」は東武日光―会津若松間が2往復、新藤原―会津若松間が1往復運転される。野岩線内では男鹿高原駅を除いて各駅に停車する。

普通は1日11往復で、うち6往復が東武線と直通運転をする。その中の下り5本と上り4本は会津鉄道会津田島まで直通し、さらにそのうちの下り1本は東武南栗橋発である。新藤原―会津田島間運転の普通は3往復、新藤原―会津高原尾瀬口間は2往復である。

【将来】　俊足の東武特急「リバティ」を野岩線内でほぼ各駅に停車しているのはもったいない。たしかに多くの駅が風光明媚か温泉などの行楽地の最寄りになっていて、通過する駅の選択に困ることはある。

しかし、1往復程度は停車駅を少なくして会津方面への所要時間を短縮する高速電車にするのもいい。具体的に停車駅は川治温泉だけとする。中三衣温泉と上三衣塩原温泉口は行き違い駅だが、1線スルー構造になっていて高速通過ができる。これを生かさない手はない。

新藤原―会津高原尾瀬口間の所要時間は5分以上短縮する。短縮時間は大きくはないが、会津鉄道線でも停車駅を減らした快速に接続すれば会津若松へは東武と野岩線、会津鉄道と乗り継ぐルートを利用する人は増える。その場合、JR新宿発にすれば便利である。

また東武の観光蒸機列車「SL大樹」を乗り入れさせるのもいい。行きの先頭はSL、帰りの先頭はDLにすれば問題なく直通できる。

会津鉄道

「リバティ」の気動車版で新宿からの直通運転を実現

POINT! 会津《あいづ》鉄道は野《や》岩《がん》鉄道を介して東京方面へ直通できる。快速が設定されているが、停車駅が多すぎて時間がかかっている。会津寄りは通学生の利用があり、会津《あいづ》高原《こうげん》尾瀬《おぜ》口《ぐち》寄りは大半が観光客なので、停車駅を多くして各駅での乗車チャンスを増やしたり、風光明媚な景色を眺めるにはゆっくりと走る観光列車がいい。

とはいえ、沿線から東京方面へのアクセスをよくして、ビジネス客の利用を増やすことも必要である。そのためには、直通する野岩線や東武線も含めて停車駅を減らした高速の特急を朝夕各1往復くらいは走らせてもいいと思われる。しかも、それは新宿発着を可能にし、非電化の会津鉄道線でも走行できる電気式気動車を導入するのが、一番いいと思われる。

【概要】 会津鉄道は会津高原尾瀬口—西若松《にしわかまつ》間57・4キロの単線路線で、会津高原尾瀬口—会津《あいづ》田《た》島《じま》間が電化、会津田島—西若松間が非電化である。会津高原尾瀬口駅で野岩鉄道、西若松駅でJR只見《ただみ》線と接続し、野岩鉄道と同鉄道に接続している東武線と会津高原尾瀬口—会津田島間で相互直通するとともに、西若松駅からJR只見線の会津若松駅まで片乗り入れをする。

もともとは国鉄会津線だった路線を、第3セクター鉄道の会津鉄道に転換したものである。国鉄時代の会津線は磐越線の部に所属していた。

当初は国鉄軽便線として計画された。軽便鉄道法は地方私鉄の建設促進のために、より簡易な規格で鉄道を敷設できるための法律だった。これを国鉄も地方路線建設促進のために利用したのである。

大正10年（１９２１）に会津若松から会津《あいづ》柳津《やないづ》と会津田島に向けて軽便鉄道規格で鉄道を敷設することが帝国議会で可決された。翌年には鉄道敷設法が制定され、これを機に「軽便」の文字を省略することになり、会津若松―会津柳津・会津田島間は会津線の名称で敷設されていく。

大正15年に会津若松―会津《あいづ》坂下《ばんげ》間が開通、その途中の西若松駅から上三寄《かみみより》（現芦ノ牧温泉《あしのまきおんせん》）までの枝線が昭和2年（１９２７）11月に開通した。7年12月に上三寄駅から湯野上《ゆのかみ》（現湯野上温泉《ゆのかみおんせん》）駅まで、続いて9年12月に会津田島まで延伸して枝線は全通した。

西若松―会津田島間は軽便鉄道として建設されたが、会津田島以南は大正11年公布の改正・鉄道敷設法の予定線として取り上げられた。野岩鉄道で述べた別表33の「栃木県今市ヨリ高徳ヲ経テ福島県田島ニ至ル鉄道」である。これに基づいて敷設することになるが、着工は戦後になってのことである。昭和22年12月に荒海《あらかい》（現会津荒海《あいづあらかい》）まで、28年に会津滝ノ原《あいづたきのはら》（現会津高原尾瀬口）まで延長開通した。

昭和40年10月から仙台―喜多方《きたかた》間運転の準急「あいづ」の2両を会津若松駅で分割して会津川口《あいづかわぐち》駅と会津田島駅の両方向への運転を開始した。会津若松駅で2両を分割、さらに西若松で1両ずつに分割して、それぞれ単行で会津川口と会津田島に向かう。使用車両はキハ52形、西若松―愛津田島間の停車駅は上三寄、湯野上、楢原《ならはら》（現会津下郷《あいづしもごう》）、会津長野だった。

昭和41年3月に急行に格上げ、43年10月の通称ヨンサントウの大改正では急行「いなわしろ」1、2号に改称した。

昭和46年8月に会津線の会津若松—只見間は只見線に編入された。このため、会津線は西会津—会津滝ノ原間のみとなった。55年11月に大川ダム建設によって上三寄—湯野上間のルートを変更、57年11月に急行「いなわしろ」は快速に格下げされ、会津線への仙台からの分割編成の乗り入れも廃止した。

昭和62年4月からはJR東日本の路線になるものの、7月には会津鉄道に転換された。平成2年10月に会津高原—会津田島間を直流電化し、野岩鉄道と東武鉄道と直通運転を開始。また、東武鉄道の浅草発快速急行「おじか」も会津田島駅まで乗り入れるようになった。3年に「おじかに」に代わって東武350系4両編成の急行「南会津」が乗り入れるようになった。

平成14年には名古屋鉄道の特急「北アルプス」に使用されていたキハ8500系を譲受し、快速「AIZUマウントエクスプレス」の運転を開始した。運転区間や停車駅は時期や列車毎に異なるが、一番停車駅が少ないときは芦ノ牧温泉、湯野上温泉、会津下郷、会津田島、会津荒海だった。この列車の野岩線や東武鬼怒川線乗り入れの充実により、東武の「南会津」は17年に廃止され、「AIZUマウントエクスプレス」が新藤原もしくは鬼怒川温泉や鬼怒川公園で東武特急「きぬ」と接続するようになった。

8500系は高速運転は得意だが、停車駅間が短く急勾配区間が多い会津鉄道線ではエンジンや変速機の劣化が激しくなり、新たに「AUZUマウントエクスプレス」用にAT700形、AT750形を製造して取り換えた。

そして平成29年に東武の新鋭特急「リバティ会津」が会津田島まで直通するようになった。

輸送密度は649人と地方私鉄としては悪い数字ではない。平均輸送キロは26・6㌔、平均運賃は24・

6円となっている。平均運賃が大きくないのは西若松寄りで通学生が多く、割引率が大きい通学定期によって下がっているからである。輸送密度での定期比率は通勤が6・5％、通学が36・6％、定期外が56・9％となっている。西若松寄りで通学生が多いものの、長距離の行楽客の利用も多いことから相殺されて、平均輸送キロと平均運賃の値が大きく下がらないのである。

1日平均の輸送人員は1405人、1日平均の運輸収入は100万1189円、1日平均の営業費は175万4476円で1日当たり75万2887円の赤字である。営業収支率は減価償却前で165・3％、償却後で175・0％と苦しい。

収益率が高い特急利用の行楽客をもっと呼び込むために、新宿から会津若松まで長距離運転の特急気動車を走らせてもいい。会津若松へ最短で行けるのは東北新幹線と磐越西線を乗り継ぐことだが、郡山駅での乗り換えが面倒である。新宿からだとさらに乗り換えが増えて面倒である。

東北本線や東武伊勢崎線で高速運転をしても、新幹線経由よりも遅いが、乗り換えがないとすれば、速度のハンディを吹き飛ばせる。

会津田島以北が非電化であっても、高出力の気動車あるいは発電式の気動車によって高速運転はできる。野岩線と会津鉄道線内は4両編成しか走ることができないので、現在の東武「リバティ」の3両編成と連結して、「リバティ」は下今市《しもいまいち》駅なり会津田島駅なりで切り離せばいい。これで新宿から会津若松駅へのアクセスが便利になるというものである。

【沿線風景】 会津高原尾瀬口を出ると最大25・0‰、平均24・2‰の下り勾配で進む。半径300mの左カーブから始まるS字カーブがある。このため速度は60キロに制限される。

会津高原尾瀬口駅の手前から小出《こいで》が起点の国道352号が並行する。国道352号を通って尾瀬方面と会津高原尾瀬口駅・会津田島駅を結ぶ会津乗合自動車の路線バスが走っている。

盛土になり国道352号が近寄ってきて国道との段差が大きくなると9連アーチ橋で中沢を渡る。中沢の川の部分は4連分しかないが、南側で支流が分岐するためにくぼみがある。川の北側には国道121号がくぐっている。これらを越えるために9連のアーチが必要になったのである。

ただし、国道121号は会津鉄道をくぐった先で352号と合流する。この交差点を改良して121号の宇都宮方面への車線は新たに造ったコンクリート橋で会津鉄道をくぐっている。アーチ橋のほうは宇都宮方向から352号の新藤原方向と121号の会津若松方向の各車線を二つのアーチで分けてくぐる。

半径600mで右にカーブしたのち直線になると、宇《う》白川《はくがわ》（羽塩沢《はねしおざわ》）を33mの羽塩川橋梁で渡った先に左手にある片面ホームに面して七ヶ岳《ななつがたけ》登山口《とざんぐち》駅がある。小さな駅舎があり、国道121号とは細い道で行き来する。

半径400〜600mのカーブが続く。平均勾配は18・0‰となり、平成13年に開設した右手に片面ホームがある会津《あいづ》山村道場《さんそんどうじょう》駅となる。

半径400mで左カーブして国道121号をくぐり、今度は半径300mで右カーブした先に相対式ホームの会津《あいづ》荒海《あらかい》駅がある。両側分岐で左側通行をする。ポイントの制限速度は30キロである。

最小曲線半径2000mと緩いカーブが2か所あるだけで進む。20・0‰が少しあるが、多くは14・0‰以下の下り勾配となる。次の中荒井《なかあらい》駅は右手に片面ホームがあるが、かつては相対式ホームの行き違い駅だった。その上り線を残して棒線化されているために線路は東に振ってから片面ホームに入る。

下り勾配は少なくなり、直線が続く。曲線があっても半径2000mである。しばらく快調に走るが、半径300mで右に大きく曲がって会津田島駅となる。

1番線は元々片面ホームだった2番線の会津高原寄

会津鉄道

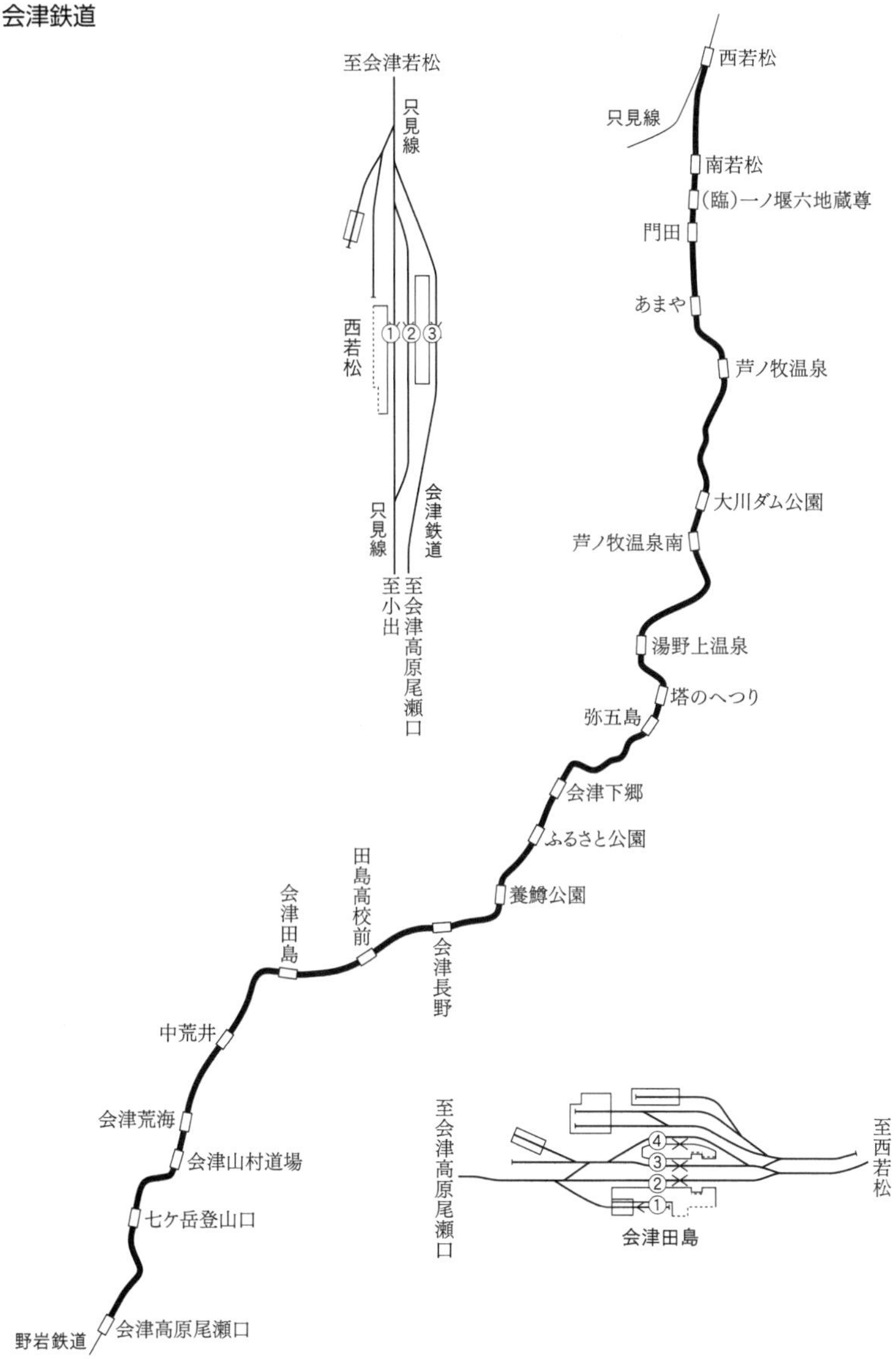
至会津若松
只見線
西若松
①②③
只見線
会津鉄道
至小出
至会津高原尾瀬口
西若松
只見線
南若松
(臨)一ノ堰六地蔵尊
門田
あまや
芦ノ牧温泉
大川ダム公園
芦ノ牧温泉南
湯野上温泉
塔のへつり
弥五島
会津下郷
ふるさと公園
養鱒公園
会津長野
田島高校前
会津田島
中荒井
会津荒海
会津山村道場
七ケ岳登山口
会津高原尾瀬口
野岩鉄道
至会津高原尾瀬口
④③②①
会津田島
至西若松

会津高原尾瀬口―七ヶ岳登山口間にあるアーチ橋を渡る「リバティ会津」会津田島行

会津高原尾瀬口寄りから見た会津田島駅。直進する2番線と右に分岐する
1番線は電化、左の島式ホームの3、4番線は非電化になっている

りの背面にある頭端行止り線になっている。さらに台車機器を点検するために左右のレールの間に点検用の溝があり、その上はシェルターで覆われている。１、2番線は電化されており、1番線は電車1番副本線、2番線は電車本線となっている。その北側に島式ホームがあって内側が3番線の気動車本線、外側が4番線の気動車1番副本線で3、4番線は電化されていない。さらに北側に車庫がある。車庫には留置線が3線あって会津高原寄りにある検車庫につながっている。西若松寄りに引上線があって、本線から一度引上線に通って車庫に入る。

街中を抜け、２８３ｍの水無川《みずなしがわ》橋梁を渡り半径６００ｍで左に曲がると右手に片面ホームがある田島高校《たじまこうこう》前《まえ》駅となる。駅名の由来になった県立田島高校は南側にある。

田島高校前駅の先は最大18・0‰、平均13・8‰の下り勾配なる。途中に半径６００ｍの左カーブが2か所あり、次に半径４００ｍで左に曲がった先に左手に片面ホームがある会津長野《あいづながの》駅となる。

かつては島式ホームだったのを旧下り線（会津高原方向）を残して棒線化したので線路は駅の前後で南側に振っており、ホームの前後の端部も曲がっている。ホームの旧上り線側は直線だったが、駅の出入口は北側にあるので線路横断をしなくてすむ下り線側を残し、北側にログハウス風の駅舎を設置している。

この先は最大22・0‰、平均9・4‰の上り勾配で進む。半径３００ｍのカーブで左に大きく曲がりながら１５７ｍの加藤谷川《かどたにがわ》橋梁を渡り、３００ｍの右カーブを過ぎた先に養鱒公園《ようそんこうえん》駅がある。右手にある片面ホームは改修されて比較的新しくみえるが、駅は昭和22年に開設されている。国鉄時代は会津落合《あいづおちあい》だったのを会津鉄道になったときに養鱒公園に改称された。

養鱒公園駅を出ると少しレベルで進むが、その先は連続25・0‰の下り勾配になる。半径２００ｍのきついカーブが続く。15・0‰に緩むと左手に片面ホームがある、ふるさと公園駅となる。同駅は半径８００ｍの左カーブ上にあり、平成14年に開設された比較的新しい駅である。

再び25・0‰の下り勾配になって進み、１０８ｍの第6大川橋梁を渡り、レベルになって会津下郷《あいづしもごう》駅となる。長い島式ホームで東側に側線が1線ある。ホームの両端は柵があって入れない。西若松寄りの柵の手前には車いす用のスロープが設置されている。

44mの姫川橋梁を渡り田園の中をしばらく進むが半径600mで左に曲がりながら250mの第2楢原トンネル、続いて93mの第1楢原トンネルをくぐる。

第1楢原トンネルを抜けると風景は一変する。右手に深いU字谷を刻んでいる大川が並行して、その大川の渓谷に沿って走るからである。半径300mのカーブで大きく左に曲がって大川の渓谷と分かれて地形が開けると左側に片面ホームがある弥五島《やごしま》駅となる。

少し直線で進み、半径300mで左カーブして国道121号と少し並行する。その先で半径200mの右カーブで分かれ、森に中に入って進む。そして塔《とう》のへつり駅となる。右手に片面ホームがあって半径200mの左カーブ上に設置されている。昭和35年に臨時駅になったものの44年に廃止、そして会津鉄道に転換されたとき正式な駅として開業した。駅名の由来になった塔のへつりは300m離れた東側にある。

森の中を進み98mの第5大川橋梁を渡る。その先は緩いレベルで進んでから左手で大川と並行するが、198mの第4大川橋梁を渡っても大川と並行するが、左側が崖、右側は森に囲まれて進む。崖の上は湯野上温泉郷がある。

そして湯野上温泉駅となる。半径350〜700mの右カーブ上にあり、上下ホームは斜向かいに配置されている。上下線とも両方向に発車できるが、基本的に左側通行をする。右手、会津高原寄りに側線があって除雪用ブロワーを装備したモータカーがいつも置かれている。

駅舎は右手にあり、茅葺き屋根で囲炉裏がある。駅舎の隣の会津高原寄りに時計台を兼ねた鐘楼、さらに隣に足湯がある。

右カーブはずっと続き、北西方向から東に向きを変えて、大川ダムの建設によってルート変更区間に入る。途中で300mの小野《おの》獄《だけ》トンネル、続いて128mの第3大川橋梁渡る。そして2838mと長い大戸トンネルをくぐる。トンネル内にある半径600mカーブで左に3回曲がる。出ると37mの大戸橋梁、続いて465mの桑原トンネルをくぐる。トンネルの前後でも半径600mの長い左カーブ上にある。左手に大川ダムのダム湖がある。そして138mの深沢橋梁を渡り半径600mで右に曲がると右手に片面ホームがある芦ノ《あしの》牧温泉南《まきおんせんみなみ》駅となる。

垂直になった高い擁壁の下にホーム、上に無人の駅舎があって階段で行き来する。駅舎は集落に面し、ホームの西側下部に県道があり、その向こうに大川ダム湖が見える。その先で1047mの向山トンネルに入る。同トンネルは22・0‰の下り勾配になっており、会津高原寄りに半径500mの右カーブがある。

トンネルを出ると右手に片面ホームがある大川《おおかわ》ダム公園《こうえん》駅となる。斜面上に駅があり駅舎もホームに隣接している。左手に大川ダム湖が見え、駅自体は7・0‰の下り勾配上にある。

最大25・0‰の勾配、半径300mのカーブで右に左に降りながら進む。1047m船子《ふなこ》トンネル、続いて82mの小塩トンネルをくぐって線路付け替え区間は終わる。そして半径500mで左カーブして相対式ホームの芦ノ《あしの》牧温泉《まきおんせん》駅となる。

駅全体が左カーブ上にあり、下りホームが会津高原寄りにややずれている。西若松寄りに構内踏切があって上りホームにある切欠階段を通って出入りする。上り線の会津高原寄りに貨物ホームと貨物側線があり、かつて走らせていたAT―301号展望車が保存展示されている。同車は国鉄のキハ30―18号を譲受して改造したものである。

地形が広がり、少しの間25・0‰の下り勾配を通るが、その先はなだらかになって直線になり、右手に片面ホームがある、あまや駅となる。平成11年に開設された。

急カーブはなくなり、勾配も緩やかになる。次の門《もん》田《でん》駅は相対式ホームで、下り線が分岐側になった片側分岐の行き違い駅である。下り線は昭和62年の会津鉄道になったときに設置された。下り線の分岐ポイントの制限速度は20キロである。

門田駅を出ると半径1200mで右カーブし直線になる。そこに足場材の鉄パイプや板によって一ノ《いちの》堰六《せきろく》地蔵尊《じぞうそん》臨時駅が平成21～25年の8月23、24日の地蔵尊祭りの日に開設されていたが、その後はお祭りの主催者側の予算が不足して開設しなくなった。しかし、周辺道路は駐車するクルマで溢れかえっている。簡易な常設ホームを設置して地蔵尊祭りだけ停車するようにすればいい。そして周囲の道は祭りの日だけ駐車禁止にして、鉄道利用を喚起して、運賃収入で常設ホームの建設費をまかなえばいい。

少し進んで左側に片面ホームがある南若松《みなみわかまつ》駅がある。周囲に集落が多く、会津総合運動公園の最寄駅として平成7年に開設された。

街中を走るようになり、左手から只見線が近寄って、しばらく並行して西若松駅となる。左手が片面ホームに面したJR形配線だが、島式ホームの外側の3番線を会津鉄道の上下列車が発着する。このため会津高原寄りには只見線への渡り線はない。内側は2番線の中線ではなく下り1番副本線（下1線）になっている。そして片面ホームに面している1番線が只見線の本線である。

発着線はいずれも両方向に出発できるが、只見線の上下列車は1本を除いて2番線で発着する。1本だけが1番線で発着するが、これはレールの錆取りをするためである。

会津鉄道は只見線に合流し、全列車が会津若松駅まで直通する。

【車両】 電車は６０５０系２００番台2両編成1本を保有しているが、東武鉄道と野岩鉄道と共通運用されている。このため東武鉄道南栗橋車両管理区新栃木出張所に配置されている。

気動車は快速ＡＩＺＵマウントエクスプレス用のＡＴ７００形1両とＡＴ７５０形2両、汎用のＡＴ６００形1両、ＡＴ６５０形2両、ＡＴ５００形2両、ＡＴ５５０形2両と一部ハイデッカーになっている風覧《ふうらん》望《ぼう》と呼ばれるＡＴ４００形、トロッコ風開放窓のＡＴ３５０形1両がある。

ＡＴ７５０形はトイレ付、ＡＴ７００形はトイレなしとなっている。いずれも単車走行可能な両運転台付の2扉車で、シートピッチ９６０㎜の回転式リクライニングシートを装備している。座席定員はＡＴ７００形が39人、ＡＴ７５０形が35人である。

アメリカ・カミンズ社製直噴式直列6気筒エンジンを装備、出力は４２０ＰＳで、運転最高速度は１００キロである。

ＡＴ６００形はトイレなし、ＡＴ６５０形はトイレ付の両運転台付2扉車で、座席はシートピッチ９１０㎜の転換クロスシートを装備している。座席定員はＡＴ６００形が43人、ＡＴ６５０形が37人である。エンジンはＡＴ７００形などと同じなのである。

昭和62年の会津鉄道開業時にそろえた車両が老朽化したために、その置き換え用として平成16年から登場したのがＡＴ５００形とＡＴ５５０形である。扉間中央にボックスシートを片側に４組、全部で８組と扉寄りにロングシートを配置したセミクロスシート車で、ＡＴ５５０形はトイレ付である。座席定員はＡＴ５００形が52人、ＡＴ５５０形が47人である。カミンズ社製６気筒エンジンを１基搭載、エンジン出力は３５０ＰＳで運転最高速度は95キロとなっている。

ＡＴ４００形は風覧望と呼ばれ、会津高原尾瀬口寄りは、通常の床面よりも６５０㎜高くなったハイデッカーとなっている。シートピッチ１０００㎜の回転リクライニングシートを３列12人分を設置している。さらに乗務員室の助手席側に、大人２人または子供３人分の補助いすを設置して全面眺望が楽しめるようにしている。通常室にはシートピッチ１０００㎜の回転リクライニングシートを運転席側は７組、助手席側は８組設置している。そして会津若松寄りに貫通式運転室を設けている。

新車ではなくＪＲ東日本のキハ40形を譲受し改造したもので、２２０ＰＳのエンジンを１基搭載している。45キロ程度で運転され、会津鉄道沿線の風光明媚な景色を楽しめるようにしている。

ＡＴ３５０形は側窓を取り外してオープン座席のトロッコ風車両である。当初登場したトロッコ風車両はＪＲ東日本のキハ30形を改造したものだが、ＡＴ３５０形は新潟トランシス社製の新造車である。オープン座席車は荒天時に雨が車内に入り込んだりして座れないときに備えて控車を連結する必要がある。このため会津田島寄りだけにある片運転台となっている。

テーブル付ボックスシートを７組、ただし助手席側後位の１組は向かい合わせの２人掛けを設置し、扉寄りは２人掛けのロングシートになっている。

新潟原動機の３３０ＰＳエンジンを１基搭載し、運転最高速度は95キロとなっている。

【ダイヤ】 快速と普通を合わせた運転本数は概ね1時間に1本だが、ときおり2時間毎になることもある。会津高原尾瀬口—会津田島間が電化されているので、野岩線直通の電車が走る。同区間は電車、会津田島以北は気動車が走り、会津田島駅で接続することも多い。

快速「AIZUマウントエクスプレス」の会津鉄道線内の停車駅は会津田島、会津下郷、塔のへつり、湯野上温泉、芦ノ牧温泉、そして直通するJR只見線内は各駅停車が基本である。なお、1号と6号は土休日や繁忙期には磐越西線の喜多方駅まで乗り入れる。

しかし、現在ではこの停車駅で運転されるのは下りの鬼怒川温泉発の1号だけで、3号は会津高原尾瀬口—会津田島間だけノンストップで走り、会津田島駅から先は各駅に停車する。5号に至ってはすべての駅に停車する。それでも快速としているのは野岩線内の男鹿高原駅を通過するからである。上りは2、4、6号とも会津田島—会津高原尾瀬口間がノンストップになっているだけである。

東武の特急「リバティ」も会津高原尾瀬口—会津田島間に乗り入れていて、基本は同区間内ノンストップだが、111号と117号、128号、148号は同区間を各駅に停車する。

このほか、会津田島—会津若松間に特急「リバティ」と接続する快速「リレー」号が1往復設定されている。停車駅は七日町、西若松、芦ノ牧温泉、湯野上温泉、塔のへつり、会津下郷と「AIZUマウントエクスプレス」の基本の停車駅と同じである。

「リレー」号は他にも3往復が運転されているが、すべて各駅停車である。

各駅停車列車を多くして各駅での乗車チャンスを増やすことで、地元利用を喚起しているのだが、「AIZUマウントエクスプレス」も「リバティ」も、そして「リレー」号も主要駅停車にしたほうが、行楽客の利用が増えるし、会津若松や鬼怒川、東京方面に所用で向かう地元客も重宝される。

並行して国道121号と118号が通っているが、山道なのでカーブが多くマイカー運転者の疲労は大きい。運転しなくていい鉄道を利用してもらうにはクルマよりも速く走らなくてはならない。高校生の通学と帰宅時間帯の一部は各駅に停車する必要があるが、それ以外は通過運転をすべきである。
このほかに繁忙期に運転される不定期の「お座トロ展望列車会津浪漫森」号などが「ＡＩＺＵマウントエクスプレス」と同じ停車駅1往復設定されるが、これは観光用にゆっくり走る列車である。

【将来】　野岩鉄道の項で新宿発の特急「リバティ」の運転をすべきと述べた。これを会津鉄道まで乗り入れるのは当然だが、電車なので会津田島駅までしか走れない。

これを解消するために「リバティ」の気動車版を造ればいい。そして下今市や新藤原以南では電車の「リバティ」と連結する。電車と気動車の協調運転はすでに実現しているから問題はない。

この場合、気動車版「リバティ」は高出力エンジンを搭載しなければならない。それもいいが、走行時のエンジン駆動による騒音の低減と燃費をよくするために、電気式気動車を採用してもいい。内燃のエンジンは一定の回転数で回して発電するだけなので燃料消費は少ない。しかも駆動モーターがノッチオフしたときやブレーキ時は発電をやめる。すでに実用化しており、回生ブレーキも使え省エネ車両である。こちらのほうが協調運転はしやすいこともある。

新宿―会津若松間の停車駅を池袋、赤羽、大宮、下今市、鬼怒川温泉、新藤原、川治温泉、湯西川温泉、会津高原尾瀬口、会津田島、湯野上温泉、芦ノ牧温泉、西若松とすると所要時間は3時間55分にできる。

一方、新宿駅から大宮駅までは埼京線快速、大宮駅から郡山駅まで東北新幹線、郡山駅から会津若松駅まで磐越西線快速と乗り継ぎ、大宮と郡山駅の乗り換え時間を10分としたとすると新宿―会津若松間の所要時間は3時間27分である。

新幹線経由のほうが30分程度速いが、乗り換えは面倒だし、乗り換え時間は10分ということはあまりしない。大宮駅では余裕をもった20分程度の乗り換え時間を選択する人が多く、郡山駅での接続時間も10分以上かかっているのが現実である。

乗り換えなしで、しかも新幹線よりもそんなに所要時間の差がないのなら、会津若松に行くには新宿発の「リバティ」を選択する人は多いといえる。ぜひ新宿発会津若松行の特急を実現してもらいたいものである。

JR磐越西線

高出力気動車のダイヤ設定で磐越自動車道に対抗

POINT! 磐越西線《ばんえつさい》の東京—会津若松《あいづわかまつ》間は、新幹線と連携して東京方面から会津若松を結ぶルートとして快速が頻繁に運転されている。ところが、会津若松—新津《にいつ》間は快速「あがの」が走ってはいるが、ローカル化して、およそ東北横断鉄道とは言い難くなっている。並行して磐越自動車道があり、東北を横断するのは、クルマのほうが便利だと判断され、磐越西線を利用されなくなっているのである。しかし、ここに高速列車を走らせると郡山《こおりやま》—新潟間は3時間弱で結ぶことができる。磐越自動車道の会津若松IC以西は中央分離帯なしの片側1車線で事故の危険性がある。危険性がなく、しかも高速で運転される列車が走れば磐越西線も大いに利用されるはずである。

【概要】 磐越西線は郡山—新津間175・6キロの単線路線で、郡山—喜多方《きたかた》間が電化、喜多方—新津間が非電化である。会津若松—新津間は「森と水とロマンの鉄道」の愛称がつけられている。

磐越線の部に所属している。磐越線の部には本線というものはない。しいて本線とするなら、磐越東線と磐越西線を合わせた、いわき—新津間である。しかしずっと単線のままで、本線という風格がないことや西線と東線とは直通運転をほとんどしていなかったために本線とされることはなかった。他の所属線は只見線、会津線（現会津鉄道）、日中線《にっちゅう》（昭和59年（1984）廃止）があった。

磐越東線は運賃率が高い地方交通線だが、磐越西線は東北本線などと同じ標準の運賃率で計算する幹線となっている。また、磐越西線の郡山―喜多方間は仙台近郊区間に含まれ、仙台近郊区間内各駅相互間の乗車は１０１キロ以上であっても途中下車はできない。なお、磐越西線のＳｕｉｃａ対応駅は郡山富《こおりやまとみ》田《た》、磐梯熱海《ばんだいあたみ》、猪苗代《いなわしろ》、会津若松、喜多方の5駅だけである。また、五泉《ごせん》―新津間は新潟近郊区間になっている。こちらは全駅がＳｕｉｃａ対応駅である。

郡山駅で東北本線と磐越東線に接続、東北新幹線に連絡する。会津若松駅では只見線と接続し、只見線に乗り入れている会津鉄道の「ＡＩＺＵマウントエクスプレス」が不定期で喜多方駅まで直通する。新津駅では信越本線と接続し、普通、快速の多くが新潟駅まで走る。

明治25年6月に公布された最初の鉄道敷設法の予定線のなかで北越線として「新潟県下新発田ヨリ山形県下米沢ニ至ル鉄道若ハ新潟県下新津ヨリ福島県下若松ヲ経テ白河本宮近傍ニ至ル鉄道」が取り上げられた。

この後半の新津―若松―白河間を根拠にして岩越鉄道が発起され、白河を郡山駅に変更して郡山―若松―新津間の免許を明治29年（１８９７）に申請、30年に免許を取得し、ただちに岩越鉄道を設立して着工、31年7月に郡山―中山宿《なかやまじゅく》仮駅間が開通した。

明治32年3月に中山宿仮駅―山潟（現上戸）間、7月に山潟―若松（現会津若松）間、37年1月に若松―喜多方間が開通した。39年3月に公布された鉄道国有法によって39年11月に国は岩越鉄道を買収し、42年10月の国鉄路線名制定時に東北線の所属線として岩越線が制定された。

一方、新津寄りでは信越線の支線として馬下《まおろし》―新津間が明治43年10月に開通した。12月には喜多方―山都《やまと》間が延伸開通し、大正2年（１９１３）6月に津川《つがわ》―馬下間、8月に山都―野沢《のざわ》間、3年11月に野沢―津川間が開通して全通した。

大正6年に磐越線の部を設置して磐越西線とした。

優等列車は昭和34年（1959）になってようやく走り始めた。もっとも、30年には東北本線を走る上野―仙台間の急行「松島」に併結し郡山駅で分割して磐越西線を走る列車があったが、磐越西線内は普通だった。

昭和34年9月改正で、磐越西線内も準急として走る4往復の列車が設定された。上野―喜多方間の「ばんだい」、仙台―喜多方間の「あいづ」が各1往復と仙台―新潟間の「あがの」が2往復の計4往復である。35年には上野―会津若松間に準急「ひばら」の運転を開始した。36年に「ばんだい」は急行に格上げされ、それまでの準急「ばんだい」は準急「ひばら」に改称した。

昭和40年10月には気動車特急「やまばと」の運転を開始した。この「やまばと」はそれまで上野―山形間で運転されていた「やまばと」に、会津若松行を郡山駅まで併結して走らせた。

昭和42年6月に郡山―喜多方間が交流電化され、「ばんだい」は電車化されたものの、特急「やまばと」は気動車のままだった。42年10月改正時点で特急「やまばと」は12両編成で後ろ6両が会津若松行、前6両が山形行となっていた。いずれの6両とも1等車1両連結のオール指定席車である。郡山までの停車駅は宇都宮、黒磯、郡山からの停車駅は、会津若松行が磐梯熱海、猪苗代、山形行が二本松、福島、米沢、赤湯、上ノ山《かみのやま》である。所要時間は上野―会津若松間が4時間16分、上野―山形間が5時間29分である。

急行「ばんだい」は3往復が設定され、上野―郡山間で仙台行の「まつしま」あるいは盛岡行の「いわて」と併結していた。13両編成で後ろ6両が喜多方行だった。「ばんだい」には指定あるいは自由席の1等車1両と2等指定席車2両、2等自由席車3両が連結されていた。前7両には半室ビュッフェ車（8号車）が連結されていた。停車駅は赤羽、大宮、小山、宇都宮、西那須野、白河、須賀川《すかがわ》、郡山、磐梯熱海、猪苗代、会津若松だった。所要時間は第1「ばんだい」で4時間57分である。

磐越西線を全線走破する急行は、仙台—新潟間の「あがの」2往復と上野—新潟間の「いいで」の3往復である。

「いいで」は山形行の「ざおう」と併結運転をする。12両編成で前3両（10〜12号車）が上野—会津若松間、次の3両（7〜9号車）が上野—新潟間、後ろ6両（1〜6号車）が「ざおう」である。「ざおう」6両編成のうち2号車と6号車が指定あるいは自由席の1等車、2等指定席車は1号車だけで「いいで」の2等車はすべて自由席である。

停車駅は郡山まで赤羽、大宮、小山、宇都宮、西那須野、黒磯、白河、郡山からは「いいで」は磐梯熱海、猪苗代、会津若松（解結作業で9分停車）、喜多方、野沢、鹿瀬《かのせ》、津川、五泉、新津である。「ざおう」は福島、米沢、糠ノ目《ぬかのめ》（現高畠《たかはた》）、赤湯、上ノ山である。所要時間は上野—新潟間が7時間20分、上野—山形間が6時間58分だった。なお、「あがの」は川桁駅にも停車する。

このほかに上野—会津若松間に夜行客車急行「ひばら」も走っていた。上野—仙台間の「しのぶ」と併結する。12両編成で前5両（8〜12号車）が「ひばら」、7号車は上野—福島間運転の「しのぶ」、後ろ6両が上野—仙台間運転の「しのぶ」である。7、8号車は寝台車、2号車と9号車が指定または自由席の1等車である。停車駅は大宮、小山、宇都宮、西那須野、黒磯、須賀川、郡山、磐梯熱海、猪苗代である。また、第4「ばんだい」も夜行運転の客車列車だった。

ヨンサントウと呼ばれた、昭和43年10月の全国一斉ダイヤ改正では磐越西線については、さほどダイヤは変わらなかったが、特急「やまばと」は電車化されて併結運転なしの単独列車として特急「あいづ」に改称した。所要時間3時間35分と大幅にスピードアップ、特急「ひばり」と共用の9両編成で1号車が1等車、4号車が食堂車、残りが2等車のオール指定席となった。これによって仙台―喜多方・会津田島・会津川口間の急行は「あいづ」から「いなわしろ」に変更した。

昭和53年10月に「あいづ」に連結されていた食堂車を廃止して普通車（旧2等車）を連結するようになった。

昭和57年11月の東北新幹線本開業時の本格ダイヤ改正で急行「いなわしろ」「いいで」が廃止、「ばんだい」の2往復が郡山―喜多方・会津若松間に縮小し、59年にはすべての「ばんだい」を郡山―喜多方・会津若松間運転の快速に変更した。

また、郡山―新潟間に快速「あがの」が走るようになった。停車駅は磐梯熱海、猪苗代、会津若松、塩川、喜多方、荻野《おぎの》、野沢、鹿瀬、津川、五泉、新津である。また、「ばんだい」は磐梯町にも停車する。

平成5年（1993）11月に特急「あいづ」を廃止したが、その後、土休日運転の特急「ビバあいづ」の運転を開始し、さらに快速に格下げした「あいづ」を運転するようになった。

そして現在は郡山―会津若松・喜多方間に快速7往復、会津若松―新潟間に快速「あがの」1往復が走るだけとなった。このほかに会津鉄道車両による日にち指定の「AIZUマウントエクスプレス」が会津若松―喜多方間に乗り入れており、観光列車としてC57　１８０号機による「ＳＬばんえつ物語」が会津若松―新潟間に走る。

並行して磐越自動車道があり、旧態依然の磐越西線にとって利便性はクルマにかなわない。しかし、磐越自動車道の会津若松ＩＣ―新潟中央ＪＣＴ間は、片側1車線で最高速度も70キロに制限されている。とはいえ、大半のクルマが１００キロ近くも出しており、ハンドル操作を少しでも誤ると反対車線にはみ出てしまう。といっても70キロで走っているとあおられる。

その点、磐越西線では危険と隣り合わせにはなっておらず、安心して乗ることができる。もっと利便性をよくするために快速の頻繁運転をしてほしいものである。

【沿線風景】●郡山―会津若松間　磐越西線は郡山駅の片面ホームに面した1番線で基本的に発着するが、2番線からも一部の列車が発着する。ホームを出ると一度、東北本線下り線の2番線から直線で伸びる線路と合流する。左に曲がりながら東北新幹線をくぐる。途中に59ｍの蓬瀬川橋梁を渡り、その先は盛土を進む。直線になって地上に降りて県道２９６号線をくぐる。

街中を上り勾配基調で進み、半径１０００ｍ、続いて６００ｍのカーブで右に曲がり、今度は半径５００ｍで左に曲がって直線になり、勾配もレベルになったところに郡山富田駅がある。平成29年4月に開設した新駅で左側に6両編成分の片面ホームがある。県立郡山北高校や奥羽大学歯学部病院が近くにある。

国道4号と東北自動車道をくぐり、ほぼ北向きに進むと喜久田《きくた》駅がある。相対式ホームで左側がスルー線の1線スルー駅となっている。駅の手前は16・7‰の下り勾配、駅の先は16・7‰の上り勾配で、半径４００ｍで左に曲がっている。

直線でしばらく進み、半径６００ｍでS字カーブを切った先に相対式ホームの安子ケ島《あこがしま》駅がある。右側がスルー線とした1線スルー駅で、会津若松寄りは直線だが、郡山寄りはS字カーブを通過した先にあるので、分岐ポイントは制限速度75キロの両開きになっている。

安子ケ島駅から先は最急勾配16・7‰、平均勾配12・9‰で登っていく。右手に安達太良山《あだたらやま》が見える。32mの第1五百川《ごひゃくがわ》橋梁を渡ると25・0‰の上り勾配になり、温泉旅館が見えだして磐梯熱海《ばんだいあたみ》駅となる。

まっすぐになっている側線から片開きポイントで本線が分かれ、さらに両開きポイントで下り本線と上り本線が分かれる。その先で上下の本線と側線は半径280mの急カーブで右に曲がる。上下の本線の制限速度は40キロである。下り本線は右カーブが終わるあたりでホームにかかっている。その先は直線である。上り本線は直線になってから片面ホームに面する。下り本線側のホームは元島式だが、外側の線路は撤去され、

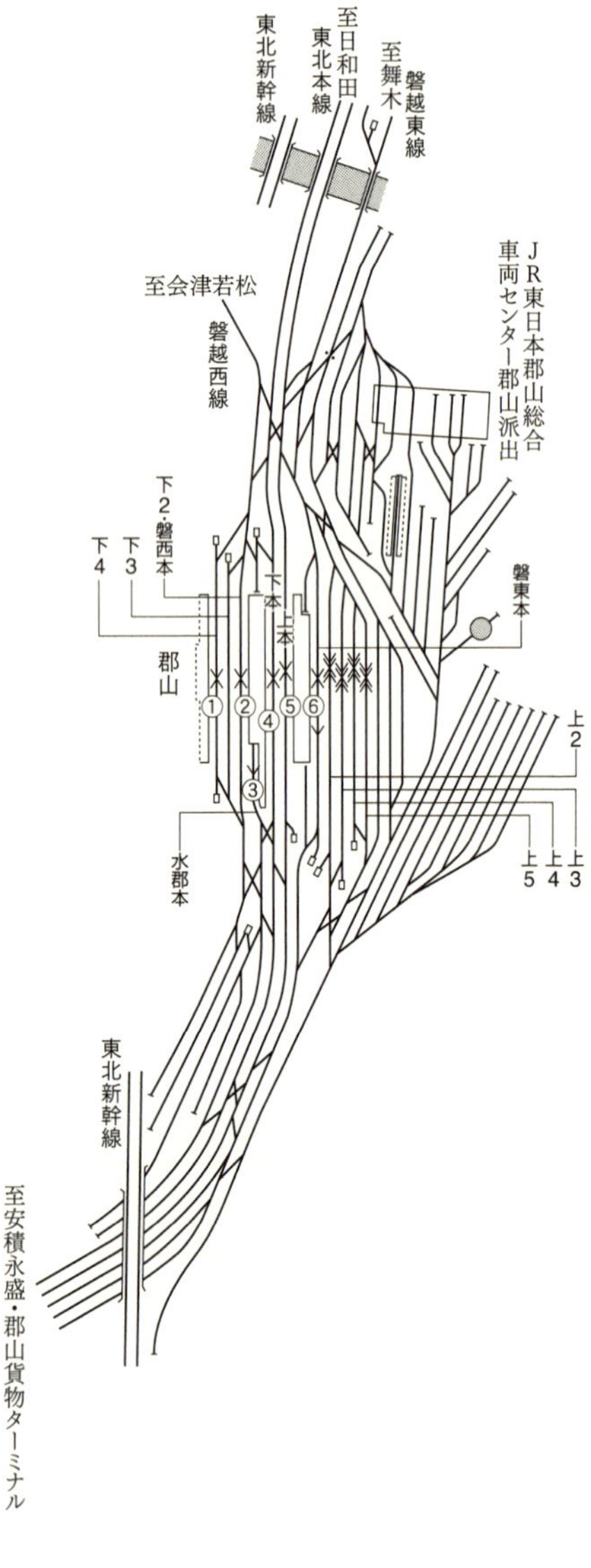

磐越西線(郡山—喜多方)

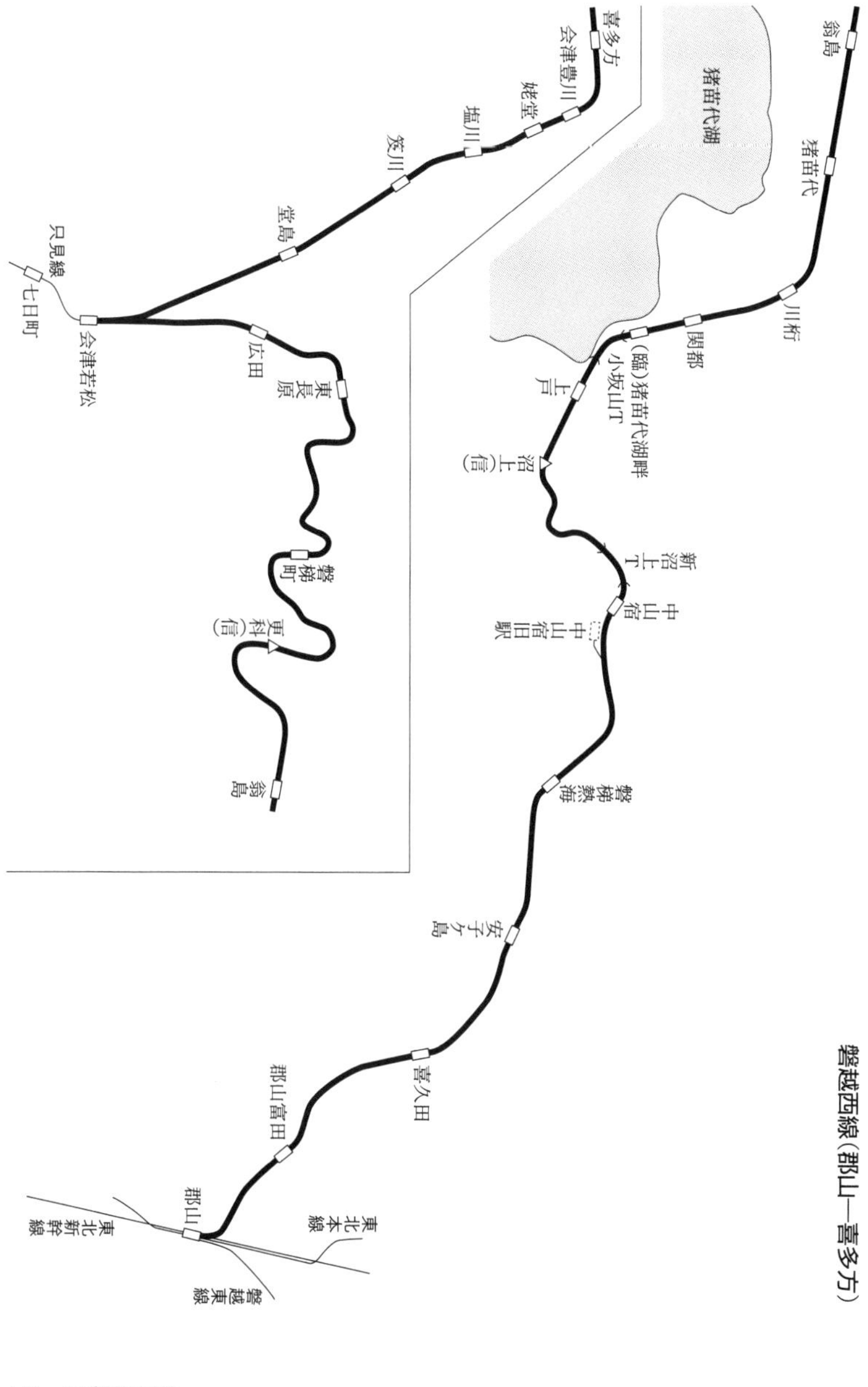

郡山
郡山富田
喜久田
安子ケ島
磐梯熱海
中山宿
中山宿旧駅
新沼上T
沼上(信)
上戸
小坂山T
(臨)猪苗代湖畔
関都
川桁
猪苗代
翁島
猪苗代湖
翁島
更科(信)
磐梯町
東長原
広田
会津若松
七日町
只見線
堂島
笈川
塩川
姥堂
会津豊川
喜多方
東北本線
東北新幹線
磐越東線

柵が設けられている。

本線と分かれた側線はホームから1線分離れて会津若松方へまっすぐ伸びて保守車庫につながっている。

上下の本線はともに郡山と会津若松の両方向に出発ができ、行き違いをしないときは下り列車も1番線である上り本線で発着する。１番線側に改札口があるためである。

会津若松寄りのポイントは上り本線がやや緩くなった両開きで、制限速度は1番線との出入りは55キロ、２番線である下り線は40キロになっている。

磐梯熱海駅を出ると本格的に山登りを始める。最急勾配は25・０‰、最小曲線半径は３００ｍである。ずっと上り勾配で進む。途中に乗り上げポイントで左に分かれていく線路がある。

これはスイッチバック時代の中山宿駅の停車線である。停車線の奥にある島式ホームは残っており、本線の左下に見ることができる。南側の旧下り発着線に面し本線につながっている線路はあるが、上り線側は撤去されている。その上り線から離れた北側に線路があり、この線路は保守用横取線として残っている。折返線の路盤も本線の右手、郡山寄りに残っている。

旧中山宿駅はずっと放置されていたが、近年になって公園として整備され、ホームに立ち入ることができるようになった。

現在の中山宿駅は延長１００ｍの中山トンネルの手前に移設されている。左側に片面ホームで23・３‰の上り勾配上にある。中山トンネルも含めて会津若松寄りは右カーブしている。

さらに登り続けて23・８‰の上り勾配で９３５ｍの沼上トンネルを抜け、レベルになると行き違い用の沼《ぬま》上《かみ》信号場となる。右側が上下本線、左側が下り2番副本線になっている。同信号場は全体的に右にカーブしている。

沼上信号場からは猪苗代盆地に入り、勾配が緩くなるが、それでもアップダウンしながら進む。次の上戸《じょうこ》駅は右手に片面ホームがあるが、かつてはＪＲ形配線だった。対面に島式ホームが残っている。ＪＲ形配線時代には、郡山寄りの分岐ポイントは両開き、会津若松寄りは現在の線路が直線の1線スルー構造になっていた。まず島式ホームの外側にある下り2番副本線が

スイッチバック構造の旧中山宿駅は史跡として整備されているとともに保守用側線として使われている。左は25‰の下り勾配を降りる郡山行。旧中山宿駅のホームはレベルになっており、保守用側線がレベルで奥に進んで磐越西線本線につながっている

撤去され、続いて下り本線が撤去された。

左手に猪苗代湖が一瞬見えるが728mの小坂山《こさかやま》トンネルをくぐると森に阻まれて見えなくなる。それでも猪苗代湖に一番近いために左側に片面ホームがある猪苗代湖《いなわしろこ》畔《はん》臨時駅がある。現在は営業を休止している。

線路は直線になるが、猪苗代湖の湖岸が左に曲がっているので猪苗代湖と分かれる。少し進んで相対式ホームの関都《せきと》駅となる。右側1番線がスルー線の1線スルー駅である。

離れているものの猪苗代湖を回り込むように進んで川桁駅となる。右手がスルー線の1線スルー駅で、会津若松寄りは片開きポイントになっているが、郡山寄りは両開きポイントなので制限速度は50キロになっている。ということで半1線スルー駅といえる。

次の猪苗代駅も同様になっているが、郡山寄りの両開きポイントはスルー線側を少し緩くしているために制限速度は60キロ、上下副本線側は55キロになっている。

猪苗代駅を出ると、ずっと直線になる。次の翁島《おきなしま》駅は通常の左側通行の行き違い駅で両端の分岐ポイントは両開きである。翁島駅の標高は530mで磐越西線

で一番高い駅である。この先少し上り勾配があってそこが最高地点で、すぐに12・5‰の下り勾配になる。最小曲線半径400mで大きくU字カーブを繰り返しながら下っていく。ジグザクに進むので磐梯山が右に見えたり左に見えたり、前方に見えたり後方に見えたりする。

まずは半径400mで左にカーブして南南西に進んでから大きく右にカーブして北北東に向きを変える。その先、直線になった付近に行き違い用の更科《さらしな》信号場がある。右側の線路がスルー線で上下本線の1線スルー構造になっている。左側の待避線の下2線は会津若松方向にしか発車できない。そのため行き違いをしない下り列車は上下本線を通過する。

この先で左カーブしながらU字に進み、その先で右カーブしながらU字に進む。25・0‰の連続下り勾配になっている。北向きで直線になって磐梯町《ばんだいまち》駅に入る。左側通行で島式ホームの行き違い駅、郡山寄りは下り本線が直線、会津若松寄りは上り本線がホームから見て右にカーブしてから直線になり、そこに下り本線がつながっている。これによって停車するときになるべく速度を落とさなくてすむようにしている。

最急25‰の下り勾配が続き、左カーブでU字に進む。そのカーブの途中の右手に道の駅「ばんだい」が隣接している。その先でも右カーブでU字に進むがカーブは緩くなる。この先U字カーブは、左カーブによるものと右カーブによるものが交互に2回あった先で51mの日橋川《にっぱしがわ》橋梁をすぎて東長原《ひがしながはら》駅となる。左側通行の行き違い駅で下り本線も上り本線も右側に片面ホームがある。下り本線の片面ホームの反対側に上り線があるが、下りホームからは乗り降りできない。

東長原駅を出ると半径800m、続いて300mで大きく左に曲がって西向きから南向きになる。その先で半径1200mの緩く右カーブした先に広田《ひろた》駅がある。右手上り線が1番線で片面ホームに面したJR形配線になっている。島式ホームの外側が副本線で両方向に出発できるが使用していない。

その外側に2線の貨物側線があり、郡山寄りにある住友大阪セメント広田サービスステーションの専用線がつながっている。また島式ホームに面した2番線と3番線の間の会津若松寄りでホームが途切れた個所に機留線がある。北陸本線（現あいの風とやま鉄道）青《お》海《うみ》駅からのセメントを広田サービスステーションまでセメント貨物列車を走らせていたが、２００７年に廃止した。

広田駅の先で下り勾配は平均12・9‰に緩み、カーブも少なくなって会津若松の市街地を進むようになる。右手から磐越西線の新津方面からの線路と合流し、国道49号越後街道をくぐると会津若松駅となる。

磐梯町―東長原間を走る6両編成の快速郡山行

会津若松駅の北側にある転車台と扇形車庫

●会津若松―喜多方間　会津若松駅はまず櫛形ホームの2面3線の1、2番線がある。その2番線のホームの反対側に3番線、その向こうに島式ホームの4、5番線がある。1番線が下り本線でそのホームの反対側に改札口がある。次にホームに面していない中線、そして2番線の上り本線、続いて3番線の上1線、4番線の只見本線、5番線の会津鉄道本線がある。その隣には側線の上2線、通路線、上3線、客車留置2、3番線がある。

郡山寄りには、旧若松機関区である郡山総合車両センター会津若松派出があり、転車台と扇形車庫のほかに5線の留置線がある。上り本線と下り本線からは一度引上線に入ってバックし通路線に入る。続いてさらにバックしてようやく若松派出に入ることができる。

かつての1、2番線と中線は通

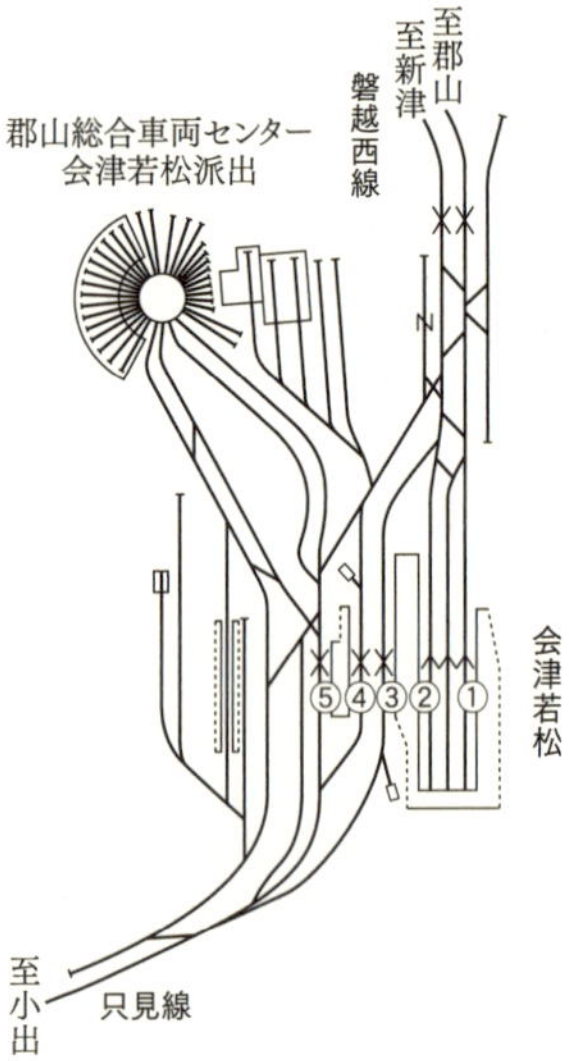

り抜け式で、１番線に面しているホームは片面、２番線側は島式になっていた。機関車牽引の客車列車が走っていたためである。機関車は郡山駅から新津方向に行くためにはスイッチバックをしなければならなかったが、機関車列車では機関車を常に先頭に連結する必要があり、ホームを通り越したところに機折線があった。そこでバックして機回線だった中線を通って機関車を付け替えていた。

　現在は電車か気動車を走らせているのでその必要はなくなった。このために頭端寄りを通路とした櫛形ホームにして跨線橋を上り下りせずに平面で１番線と２、３番線とは行き来できるようにした。

　会津若松駅を出て郡山方面の線路と並行、半径１２００ｍ、続いて６００ｍのカーブで左に曲がって郡山方面の線路と分かれる。といっても両線路は郡山方面がほぼ北向きで進み、新津方面は北北西向きに進むから、次の堂島《どうじま》駅は郡山方面の広田駅とさほど離れていない。

　すぐに田園地帯に入って磐越自動車道をくぐる。途中に半径１２００ｍの緩い右カーブがあるものの、その前後は直線になっている。緩い下り勾配が続くだけでなだらかな地形を進む。そして半径１２００ｍで左へカーブすると左手に片面ホームがある堂島駅となる。

　堂島駅の先はまた直線となる。その直線上に笈川《おいかわ》駅がある。片面ホームが左手に置かれている。駅の先も直線である。やや右カーブして２１５ｍの阿賀川橋梁を渡るとＪＲ形配線の塩川《しおかわ》駅となる。

　直線になっている上り本線から下り本線が分岐、さらに下り本線から下１線が分岐する。これら３線は右にカーブしてからホームにかかる。上り本線が片面ホームに面している1番線である。
下1線の新津寄りからセメントターミナル専用線が接続していてJR貨物の臨時貨物取扱駅になっている。ただし平成7年で貨物列車の運転は休止になっている。また、上り本線の会津若松寄りから分岐する貨物側線と貨物ホームがあるが、現在は横取線となっている。

新津寄りで上り本線が左に曲がってから直線になり、そこに下り本線が合流している。直線で進み国道121号をくぐった先で左手に片面ホームがある姥堂《うばどう》駅がある。さらに直線で進む。半径1200mの緩いカーブで右にやや曲がってから、また直線になり、左手に片面ホームがある会津《あいづ》豊川《とよかわ》駅となる。

直線で進み30mの田付川《たづきかわ》橋梁を渡り、市街地に入って半径400m続いて300mのカーブで左に大きく曲がって喜多方駅となる。

●喜多方―新津間　喜多方駅は上り本線が片面ホームに面しているJR形配線だが、島式ホームの外側にある下1線は新津寄りで下り本線とつながっていない。また、上り本線の1番線の新津寄りには切り欠きホームがあったが撤去されている。

切り欠きホームは、昭和59年に廃止された日中線《にっちゅう》の列車が発着していた。喜多方駅の新津寄りに日中線の線路を流用した横取線がある。さらに線路跡は「日中線記念自転車歩行者道」となりしだれ桜の並木道になっている。途中に蒸気機関車のC11 63号機とディーゼルモータカーが静態保存展示されている。日中線の終点の熱塩《あつしお》駅舎は日中線記念館になりホームや改札口も残り、除雪用ラッセル車キ287号と旧形客車のオハ61 2752号が保存展示されている。

磐越西線に戻り、喜多方駅を出ると直線でかつ平坦で進み、252mの濁川《にごりがわ》橋梁を渡る。半径400mで左に曲がりながら11・4‰の上り勾配になる。その先で半径362mで右に曲がって山の中に入る。これで会津盆地が見えなくなる。

808mの慶徳トンネルに入る。トンネル内で10・0‰の下り勾配に転じ、さらに11・4‰になって降りていく。181mの原川橋梁を渡った先で勾配は緩み445mの一ノ《いちの》戸《と》橋梁を渡る。同橋梁は一の戸川とともに窪んでいる県道や畑地などを乗り越している。一の戸川の上は上路トラス桁になっているが、その前後はガーター桁で橋脚は石積みで造られている。

その先に山都《やまと》駅がある。下り本線の１番線が片面ホームに面しているＪＲ形配線で上下の本線はともに進入側が直線になっている。当然、３番線の上１線は両方向に出発できる。

阿賀川の右岸に沿って進む。半径３０２ｍで右に曲がってから直進し39mの深入川橋梁、続いて39mの新知沢橋梁を渡り、３４１ｍの館の原ほか二つのトンネルを抜ける。次に91m大谷川橋梁を渡り、半径３００ｍで右に大きく曲がりながら２９７ｍ西海《さいかい》枝《ち》トンネルを抜けて左手に片面ホームがある荻野駅となる。元々は島式ホームで、反対側の線路は横取線としてホームから少し離れて敷かれており、新津寄りで乗り上げポイントで分岐する。

大きく左にカーブし、１５９ｍの阿賀野川釜ノ脇橋梁を渡って釜ノ脇トンネルをくぐる。そして右側に片面ホームがある尾登《おのぼり》駅となる。同駅を過ぎてしばらくすると尾登トンネルをくぐり、阿賀川から離れて南西に進んで右に大きく曲がる。

そして街中に入って野沢駅となる。片面ホームと島

廃止された日中線の線路跡はしだれ桜が咲き乱れる日中線記念自転車歩行者道として春になれば観光客で一杯になる。そこにはC11 63号機などが保存されている

日中線の終点だった熱塩駅は機折線に展示されている除雪車と旧形客車とともに保存されている

磐越西線（喜多方—新津）

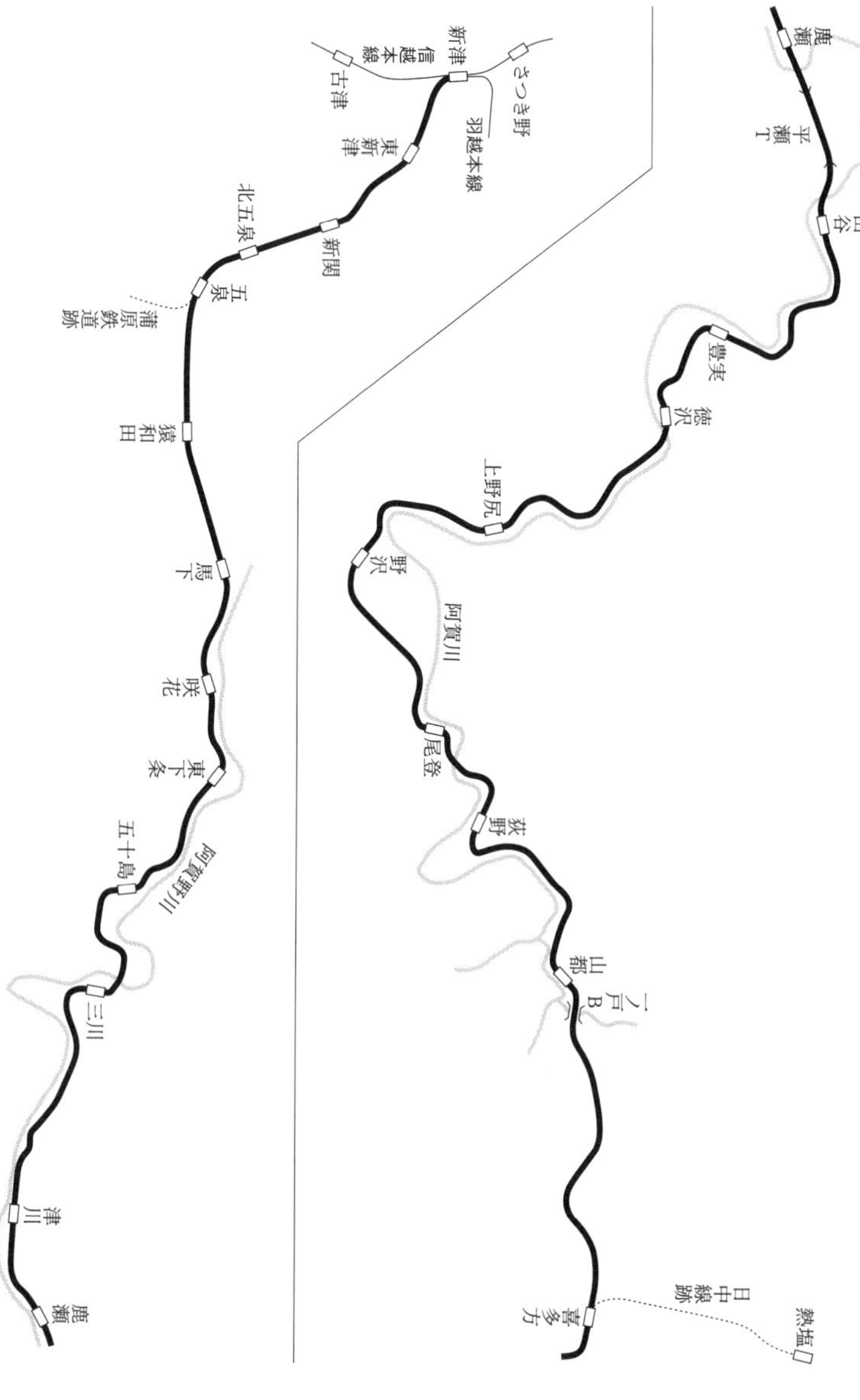

鹿瀬
平瀬T
日出谷
豊実
徳沢
上野尻
野沢
阿賀川
尾登
荻野
山都
一ノ戸B
喜多方
日中線跡
熱塩
新津
さつき野
羽越本線
信越本線
古津
東新津
北五泉
新関
五泉
蒲原鉄道跡
猿和田
馬下
咲花
東下条
五十島
阿賀野川
三川
津川
鹿瀬

式ホームが各1面の2面3線だが、通常の片面ホームが1番線のJR形配線にはなっていない。左手に駅本屋があり跨線橋で島式ホームと通じている。島式ホームの駅本屋側が下り本線の1番線、内側が上り本線の2番線となっている。片面ホームに面しているのが上2線の3番線で、2番線とは1線分空いている。

5キロほど南に大山祇《おおやまづみ》神社があり、6月の例大祭に磐越西線を利用する人も多く、駅の改札口と線路との間に大きな鳥居がある。

野沢駅を出発し街中から出て再び阿賀川と並行する。38mの芹沢トンネルを抜け蛇行しながらしばらく進むと左手に片面ホームがある上野尻《かみのじり》駅となる。元は島式ホームで下り線は横取線に転用されている。

この先も阿賀川に沿って蛇行しながら進む。数か所のスノーシェルターをくぐり115mの徳沢《とくさわ》トンネルを抜けて半径302mの左カーブ上に島式ホームの徳《とく》沢《さわ》駅がある。

徳沢駅を出て、130mの奥川トンネルを抜け194mの阿賀野川徳沢橋梁で渡り、新潟県に入る。阿賀川は新潟県に入ると阿賀野川と「野」が付くようになる。しばらく進んで724mの船渡《ふなと》トンネルに入る。抜けた先に右手に片面ホームがある豊実《とよみ》駅がある。もとは島式ホームだった。

この先で711mの豊実トンネルを抜け61mの実川《さねがわ》橋梁を渡る。そして左手に元島式ホームがある日出谷駅となる。同駅を出ると阿賀野川当麻《たいま》橋梁を渡り、2005mの平瀬《ひらせ》トンネルをくぐる。トンネル内は10・0‰の下り勾配になっている。このトンネルは通常よりも断面積が大きい。これは国鉄全線を広軌（現在の標準軌）改築にする計画がなされ、平瀬トンネルは弾丸列車のような大型トンネルとして試験的に掘削されたものである。

平瀬トンネルを出て再び阿賀野川を252mの阿賀野川深戸橋梁で渡る。阿賀野川は下流にある揚川《あげかわ》ダムによってダム湖になっている。そして左手に元島式ホームだった鹿瀬《かのせ》駅がある。

左手に揚川ダム湖を眺めながら進む。次の津川駅は島式ホームで喜多方寄りは下り本線が直線、新津寄りは上り本線が左に曲がって直線になったところに下り本線が合流する。このため上下列車とも進入時にポイントによる速度制限をなくしている。

さらに進む。2か所のスノーシェルター、次いで563mの白崎《しろさき》トンネルを抜けると左手に元島式ホームの三川駅となる。

そして新しく架け替えられた阿賀野川御前《ごぜん》橋梁を渡る。続いて840mの吉津トンネルを抜けてしばらく進むと島式ホームの五十島駅があり、その先で252mの五十島、大野巻、247mの大長谷などスノーシェルターと一体になった四つのトンネルを抜ける。そして右手に片面ホームがある東下条駅がある。

東下条駅を出て長いスノーシェルターを抜け43mの松ヶ平、67mの大沢前、492mの小島山の三つのトンネルを通ると右側に片面ホームがある咲花《さきはな》駅である。陣ヶ峰、蒔ヶ峰二つのトンネルを抜けて地形が広がりカーブが少なくなる。そして下り本線が片面ホームに面しているJR形配線の馬下駅となる。島式ホームの外側が上1線である。

次に半径1200mの右カーブ上で右手に片面ホームがある猿和田《さるわだ》駅となり、252mの早出川橋梁を渡った先に五泉《ごせん》駅がある。上り本線1番線が片面ホームに面したJR形配線で上下線ともやはり速度を落とさずにすむように進

山都駅の喜多方寄りにある一ノ戸橋梁は川面上は上路トラス橋、その前後は上路ガーター橋で構成され、県道等も乗り越すため長さは445mにもなる

咲花駅付近を走る蒸機列車「SLばんえつ物語」新津行。加速するために目一杯に煙と蒸気を噴き出している

五泉駅の2番線（下り本線）を発車した普通新津行キハ110形2両編成のワンマン列車。左の3番線（上り1番副本線）に停車しているのは新津—五泉間運転の区間普通の留置車

入側が直線にしたポイントになっている。

外側の下り1番副本線に隣接して平成11年に廃止された蒲原鉄道（『北陸編』②を参照）の島式ホームがあったが、線路ともども撤去されて空き地になっている。

五泉駅を出ると半径463mで右カーブして北北西に直線で進む。右手に片面ホームがある北五泉駅、続いて相対式ホームの新関《しんせき》駅がある。新関駅は左側がスルー線の上下本線となっている1線スルー駅である。

能代川を斜めに渡った先の右手に片面ホームがある東新津駅となり、半径400mで右に大きくカーブして信越本線と合流し新津駅となる。

【車両】 電車は仙台車両センター所属のE721系と719系を使用している。E721系は3扉セミクロスシート車の2両固定編成である。レール頭頂面から床面までの高さを950mmに下げて、ローカル駅の920mmの低床ホームでも段差を少なくしている。

719系も3扉セミクロスシートだが、扉間にボックスシート2組を配置せず、中央にボックスシート1組、その前後に2人掛け固定シートを置いた集団見合い式のシート配置になっている。やはり2両固定編成で磐越西線では通常4両編成で使用されている。気動車はキハE120形、キハ111形、キハ112形、キハ47形、キハ40形、キハ48形が使われる。

キハE120形は2扉で横1&2列のボックス式クロスシートと扉付近はロングシートを配置した車両である。出力450PSのエンジンを装備し、起動して60キロまでの平均加速度は1・58、運転最高速度は100キロ、上り25‰での均衡速度は60キロとなっている。

キハ110形・111・112形はともに200番台の横1&2列のボックスクロスシートになっている。キハ110形はトイレ付の両運転台で単行運転ができる。キハ111形は片運転台でトイレ付キハ112形はトイレなしである。いずれも420PSのエンジンを装備し、性能はE120形と同等である。

キハ47形などは国鉄設計の普通用気動車である。キハ40形は両運転台、キハ47形とキハ48形は片運転台で、キハ48形は寒冷地仕様である。

土休日を中心に郡山―会津若松間を走る快速に連結する「フルーティア」が走る。スイーツ付の座席指定列車で、2両編成の719系を改造している。電動車のクモハ719-701号はソファー式の座席車、制御車のクシ718-701号はカフェカウンター車となっている。土休日に運転するが、なぜか平成30年の連休中は運転されなかった。

【ダイヤ】　電化区間での快速の停車駅は郡山富田、喜久田、磐梯熱海、猪苗代、磐梯町、会津若松、塩川だが、会津若松―喜多方間は下り1本しか運転されていない。また、朝の下り1本と夜間の上り2本は川桁―会津若松間の各駅にも停車する。

5駅停車の快速の郡山―会津若松間の所要時間は1時間2分である。かつての3駅停車の快速「ばんだい」の最速は59分だったので、それほど差はない。なお、沼上信号場で1回、更科信号場で2回、上下の快速が行き違いをしている。

普通は10往復と朝ラッシュ時に郡山―磐梯熱海間の区間運転が1往復設定されている。

電化している会津若松―喜多方間なのに電車は2往復しか運転されておらず、残りはすべて気動車である。下り電車は最終の郡山発快速がそのまま会津若松から喜多方まで塩川駅のみ停車して延長運転する。上り電車は朝1番の郡山行普通だが、やはり喜多方―会津若松間では塩川駅しか停まらない。

もう1往復は普通電車である。会津若松駅を17時23分に発車して塩川駅にだけ停車して喜多方駅に17時38分に到着する。塩川駅だけ停車するものの、快速と表示していない。喜多方駅で折り返し17時43分に発車し、やはり塩川駅だけ停車して会津若松駅に18時1分に到着、12分ほど停車して郡山行普通となる。

会津若松―喜多方間で塩川駅だけ停車する気動車普通も下り6本、上り7本がある。これに普通電車と快速電車、それに快速「あがの」がそれぞれ1往復設定されており、同区間で各駅に停車する普通は5往復しかない。土休日を中心に会津鉄道の「ＡＩＺＵマウントエクスプレス」が会津若松―喜多方間に乗り入れる。

快速「あがの」の会津若松―新潟間の停車駅は塩川、喜多方、山都、萩野、野沢、鹿瀬、津川、咲花、馬下《まおろし》、猿和田、五泉、新津以遠各駅（会津若松行は新潟―新津間ノンストップ）である。

また、朝の馬下→新潟間と五泉→新潟間を走る直通列車は信越線内快速で、馬下発は、さつき野と荻川を通過、五泉発は亀田のみ停車する。

これに土休日を中心に会津若松―新津間にC57 180号機が12系客車を牽引する「ＳＬばんえつ物語」が走る。停車駅は喜多方、山都、野沢、日出谷、津川、三川、咲花、五泉である。

【将来】 阿賀野川沿いの風光明媚なところを走ることから、眺望がよい観光列車をいろいろと走らせることになろう。

しかし、安心して乗ることができるのが列車の強みである。磐越自動車道はところどころで追い越し区間があるが、基本的に片側1車線なので運転するのは気が抜けない。

快速を1時間毎に走らせるのがいいが、まず無理なので、せめて朝昼夕夜間に各1往復の高出力気動車による特急の運転がほしいところである。ＪＲ北海道のキハ261系と同等の気動車を投入すれば、会津若松―新津間は1時間40分程度、郡山―新潟間は3時間未満で結ばれる。これくらいの高速特急が走れば磐越自動車道を使わなくてすむというものである。

JR只見線

不通区間が復旧しても1日3往復では公共交通機関として役立たない

POINT! 現在、会津《あいづ》川口《かわぐち》—只見《ただみ》間が水害によって運休している。いちおう2021年に復旧することになっているが、1日の運転本数は3本を予定している。3本では利用しようにも利用しにくい。只見線の他区間でも運転本数が極端に少ない。過疎地帯を走るから、運転本数を少なくするのはわかるが、行楽期などでは倍以上の臨時列車を運転すれば、観光客は乗る。絶景の中を走る只見線は海外でも有名になっている。利用しやすくなれば、海外からも只見線に乗る観光客が増える。行楽期には運転本数を倍増すべきである。

【概要】 只見線は、会津若松—小出《こいで》間135・2キロの単線非電化路線である。しかし、会津川口—只見間は平成23年（2011）11月の新潟・福島集中豪雨により、2か所の橋梁が崩壊したため不通になっている。このため代行バスが運転されている。只見線は磐越線の部に所属している。

会津若松駅で磐越西線、西若松駅で会津鉄道、小出駅で上越線と接続し、会津鉄道の列車が会津若松—西若松《にしわかまつ》間で直通する。地方交通線のために運賃は高く設定されている。

大正10年（1921）に会津若松—会津柳津《あいづやないづ》間を軽便鉄道によって敷設することが決定した。軽便鉄道法は8年に廃止になっていたが、それでも国鉄は継続して建設促進に当たった。翌11年4月に改正鉄道敷設法が制定され、その別表29に「福島県下柳津ヨリ只見ヲ経テ新潟県下小出ニ至ル鉄道及只見ヨリ分岐シテ古町ニ至ル鉄道」が予定線として取り上げられた。古町は只見から東南方向にある南会津町古町（旧伊南村古町）のことである。この支線は建設されることはなかった。

大正15年10月に会津線として会津若松駅から会津坂下《あいづばんげ》駅まで開通、昭和3年（1928）11月に会津柳津駅まで、16年10月に会津宮下駅まで開通した。一方、小出からは只見線として17年11月に大白川《おおしらかわ》―小出間が開通した。

しかし、着工区間のなかで残っている会津宮下《あいづみやした》―会津川口間と只見―大白川間は戦時体制になったために工事が中止された。

戦後の昭和29年（1954）になり、田子倉《たごくら》ダム建設の資材輸送を行うために会津川口―田子倉間の専用鉄道の免許を電源開発㈱が取得した。前提として田子倉ダム竣工後は国鉄が専用鉄道を買い上げること、そして会津宮下―会津川口間を早期に開通させることの要望が地元からなされていた。

会津宮下―会津川口間は昭和31年9月に開通、専用鉄道は32年7月に開通した。田子倉ダムは34年3月に竣工、付帯の残工事も35年10月に終了し、国鉄の買収を待つのみとなった。しかし当時の十河信二国鉄総裁は、大赤字になると想定されている専用鉄道区間の買収を拒否した。

地元は東京の政界にいろいろと陳情し、田中角栄氏の介在もあって、その結果、36年になって鉄道建設審議会が買収費を10年の年賦で国鉄に無利子貸付をすることで買収が決定し、延長32キロのうち27キロを鉄道敷設法の建設線に編入、38年8月に越後川口―只見間を開通させた。

昭和40年10月改正で準急「あいづ」の2両を会津若松駅で分離、さらに西若松駅で1両ずつに分離して会津川口と会津田島へ単行で向かうようにした。43年10月に「いなわしろ」に改称、定期の仙台―会津川口間と不定期の福島―会津川口間との2往復となり、定期「いなわしろ」は繁忙期に只見まで延長運転をした。西若松以遠の停車駅は会津本郷、会津高田、新鶴《にいつる》、会津坂下、会津柳津、滝谷《たきや》、会津本郷、会津川口である。

残る只見―大白川間は昭和39年3月に鉄道建設公団が発足し、4月に只見中線として工事線に昇格、公団は長大な六十里越《ろくじゅうりごえ》トンネルを掘削して46年8月に開通させた。このとき会津線の会津若松―只見間を只見線に編入した。

これに伴って上野―只見間に急行「奥只見」の運転を開始した。ただし不定期急行の「鳥海」に上野―小出間で併結する週末臨時急行だった。昭和47年10月改正で「鳥海」が廃止されたため、小出―会津若松間の運転に変更した。ただし、只見付近は豪雪地帯のために12月1日から3月31日までの冬期は運休とした。只見―小出間の停車駅は田子倉（廃止）、大白川、入広瀬《いりひろせ》、越後須原《えちごすはら》、越後広瀬《えちごひろせ》だった。

昭和57年11月に上越新幹線が開通すると、浦佐発着にして上越新幹線と連絡するようになった。上越線の八色《やいろ》駅は通過するものの浦佐《うらさ》―小出間は普通列車とした。しかし、小出駅で会津若松行は22分、浦佐行は26分も停車する。それだけではなく浦佐行は後続の大白川発の普通も連結して浦佐に向かう。当時、浦佐駅には各駅停車タイプの「とき」しか停車しなかったこともあって「奥只見」の利用率は芳しくなかった。そして62年11月に廃止されてしまった。

国道252号が開通してクルマでも只見―小出間を往来できるようになったが、国道252号は現在も冬期から4月末あたりまで通行止めになる。しかも国道の峠越え区間はいくつもの急カーブがあり、田子倉湖があるために相当な迂回をする。その点、只見線は六十里越トンネルなどがあって、まっすぐ進む。このため、只見―小出間は鈍足のキハ40形が使用されていても、クルマよりも30分以上速い。

それなのに只見線を利用する乗客は少ない。小出―只見間の運転本数は1日3往復では利用のしようがない。小出駅は新潟県、只見駅は福島県なので往来する人は少ないといっても、国道を利用する行楽のクルマは結構走っている。土休日や繁忙期には浦佐―只見間に臨時の観光快速列車を頻発するとともに、もっと世間にアピールする必要がある。

会津川口―只見間は平成23年の豪雨により、橋梁が流失していまも不通のままになっている。復旧するにも100億円はかかるとしてJRも福島県も及び腰だった。しかし現在は福島県と沿線自治体が出資する第3セクター鉄道が第3種鉄道事業として線路等を保有し、JR東日本が第2種鉄道事業として運行することが決まり、平成30年6月に、黒字鉄道会社でも災害復旧工事費に国の補助金が出せる改正鉄道軌道整備法が成立して、只見線の復旧工事が同じ日に着工、2021年度中に復旧するとしている。

復旧するまでのつなぎとして、スタフ閉塞によって被害がない会津《あいづ》越川《こすがわ》―只見間の運転をとりあえずは再開し、バス代行区間を会津川口―会津越川間に短縮することを先にしてもいいと思われる。

全通したときには1日3往復しか走らせないとしているが、浦佐―会津若松間を走る快速を設定して、クルマよりも便利にすれば利用する人も増えるはずである。1日3往復の運転では、「乗るな」と言っているようなものである。

【沿線風景】●会津若松―会津川口間 会津若松駅の5番線とで島式ホームになっており、5番線も只見線3番線と4番線から只見線列車は発着する。4番線は列車の発着線だが、発着するのは会津鉄道からの直通列車に限定している。

只見線は軌道回路検知式特殊自動閉塞のため、出発信号機は進行と停止の二つだけ現示する2灯式になっている。

会津若松駅は南北方向に線路が通っている。磐越西線の新津と郡山方向からの線路は北側から会津若松駅に入っている。只見線は南に向かって出ていく。

会津若松駅を発車するとすぐに半径６００ｍで右に大きくカーブする。その先は直線で進む。半径６００ｍで左に大きくカーブをしている途中に七日《なぬか》町《まち》駅がある。片面ホームが左手にあり、駅舎は小出寄り端にある。駅全体は半径６００ｍの左カーブ上にあり、駅の南側は国道２５２号が横切っている。七日町通りとも呼ばれ商店街になっているだけでなく会津新撰組記念館もある。

市街地を南下、湯川橋梁を渡って西若松駅となる。西若松駅が鶴ヶ城の最寄駅である。少しの間、会津鉄道と並行し、只見線が半径４００ｍで右にカーブして会津鉄道と分かれる。もう一度、右にカーブして西向きになって４３７ｍの大川橋梁を渡る。土手を降りると左側に片面ホームがある会津本郷駅となる。元は相対式ホームで旧下り線を残して棒線化された。上りホームは残っていないが、下りホームの小出寄りに貨物ホームが残っている。ただし側線は撤去されている。

駅を出て少し走ると半径６００ｍでまた右カーブする。30ｍの鶴沼《つるぬま》川《がわ》、37ｍの向田川、１２５ｍの宮川の各橋梁を渡って左手に片面ホームがある会津高田駅となる。以前は相対式ホームで、上りホームと下りホームの小出寄りにある貨物ホームや貨物側線は残っているが、下りホームから上りホームへの跨線橋は撤去されている。

半径４００ｍで右に曲がって北向きになり、平均勾配10・4‰で降りていく。次の根岸駅は左手に片面ホームがある。今度は平均7・4‰の上り勾配になって20ｍの逆瀬《さかせ》川《がわ》橋梁を渡った先に新鶴駅がある。右側に片面ホームがあるが、かつては相対式ホームだった。直線側になっている上り線を残して下りホームと線路は撤去され棒線となった。

この先、会津坂下駅の手前まで直線が続く。次の若宮駅は左手に片面ホームがある。さらに直線が続く

只見線（会津若松―只見）

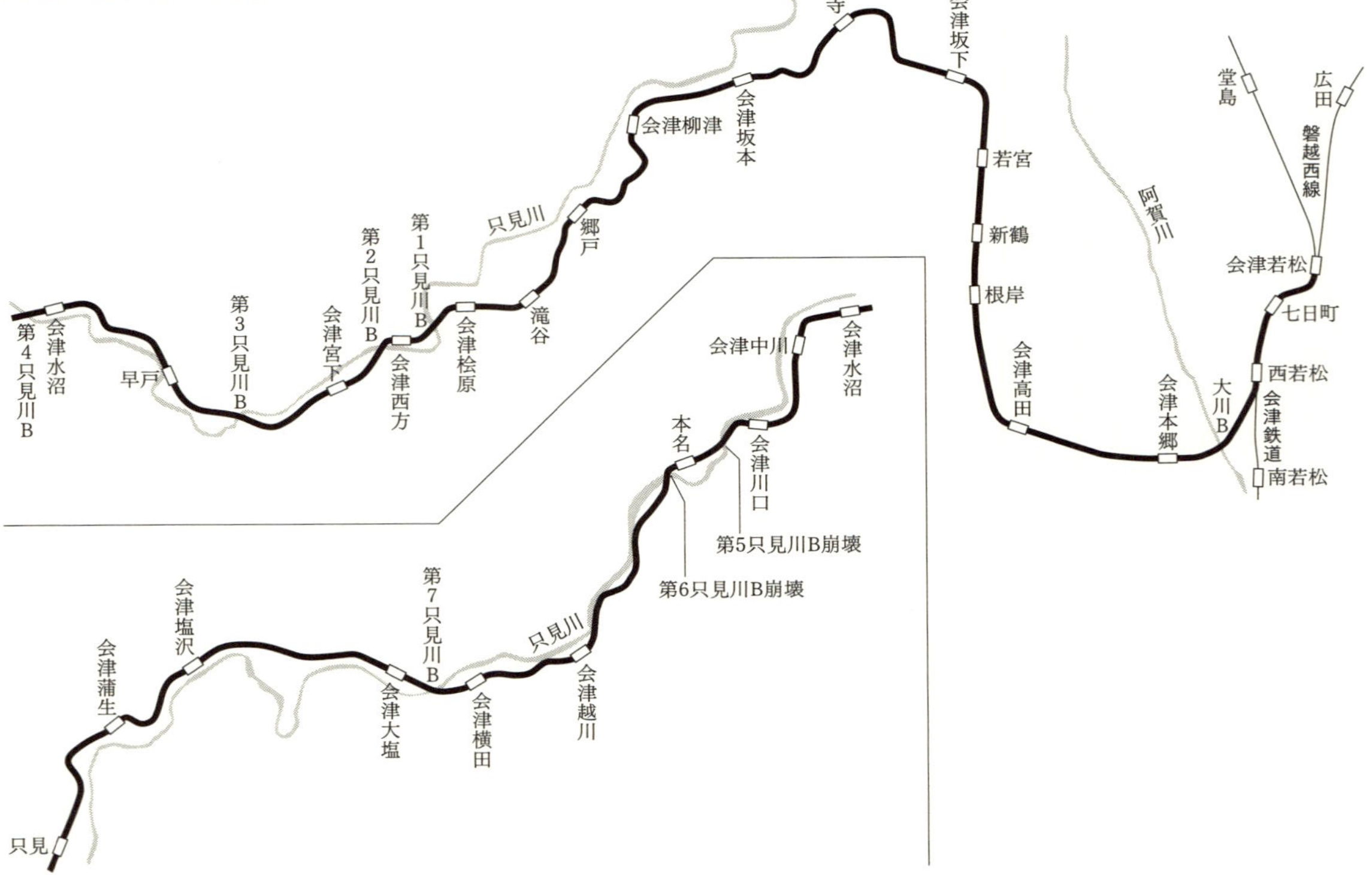

会津若松
七日町
西若松
会津鉄道
南若松
大川B
会津本郷
会津高田
根岸
新鶴
若宮
会津坂下
塔寺
会津坂本
会津柳津
郷戸
滝谷
会津桧原
第1只見川B
会津西方
第2只見川B
会津宮下
第3只見川B
早戸
会津水沼
第4只見川B
只見川
阿賀川
堂島
広田
磐越西線
会津水沼
会津中川
会津川口
第5只見川B崩壊
本名
第6只見川B崩壊
会津越川
只見川
会津横田
第7只見川B
会津大塩
会津塩沢
会津蒲生
只見

が、ようやく半径４００ｍで大きく左に曲がって会津坂下駅になる。

斜向かいに相対式ホームがあり、下り本線が分岐側になっている。上下の本線とも両方向に出発ができる。会津若松からの折返列車は下り本線側で発着する。

下りホームが会津若松寄りにあり、小出寄りは階段になっていて、構内踏切を渡り、幅広い切欠階段を上って上りホームと駅本屋がある。上りホームの会津若松寄りには貨物ホームと貨物側線が残っている。

上り線側にある駅前広場には会津坂下町出身の歌手、春日八郎の銅像が立っている。また南側へ行ける自由通路の跨線橋がある。

会津坂下駅を出ると西向きになって、しばらくは平坦線で走るが、その先で５００ｍの右カーブがあり北上、その途中から連続25・０‰の上り勾配になる。森の中を上っていき、半径３００ｍと４００ｍの左カーブをして西向きになる。その先に右手に片面ホームがある塔寺《とうでら》駅がある。同駅は2・５‰の上り勾配と半径１２００ｍの左カーブ上にある。

塔寺駅を出ると基本的に西南西向きに進む。平均18・０‰の上り勾配になり、４４０ｍの第1花笠トンネルに入る。入ってすぐに20・０‰の下り勾配に転じる。続いて１６６ｍの第2花笠、60ｍの元屋敷、３１４ｍの大沢の三つのトンネルを抜ける。この間、半径３００ｍのカーブで右に左に曲がる。

レベルになって左側に片面ホームがある会津《あいづ》坂本《さかもと》駅となる。駅は半径６００ｍの左カーブ上にあり、小出寄りに駅前広場があって有蓋貨車のワラ1形を再利用した待合室がある。

会津坂本駅から只見川と並行するようになる。平均５・０‰の緩い上り勾配を進むと会津柳津駅となる。かつては右手に片面ホームがあるＪＲ形配線だったが、島式ホームの内側の下り本線と外側の下１線がなくなった。現在、下り本線の小出寄りが横取線として残されているだけである。駅前広場の会津若松寄りに蒸気機関車のＣ11 ２４４号機が保存展示されている。

右に大きく曲がりながら平均16・６‰の下り勾配で少しの間進むが、途中から20・０‰の上り勾配に転じ、さらに25・０‰の連続上り勾配になる。最小曲線

立派な駅舎にはアンテナショップの「駅カフェ」が入っている。会津鉄道の列車も乗り入れているために運転本数は多い。停車しているのは会津鉄道会津田島行

会津坂下駅に停車中の列車はキハ40形3両編成による会津若松行

会津宮下—早戸間の宮下ダム湖にある第1と第2左靭橋梁を渡る会津若松行

300mで右に左に曲がる。途中に片面ホームの郷戸《ごうど》駅がある。片面ホームは右にあり、プレハブタイプの待合室が置かれ、左手には貨物側線があったために前後で線路は右手に振っている。

駅を出てすぐに249mの松倉トンネルをくぐる。さらに平均勾配22・6‰で登っていくものの、途中から25・0‰の連続下り勾配に転じる。コンクリート製のスノーシェルターをくぐりレベルになると滝谷《たきや》駅である。

滝谷駅は幅が狭い島式ホームで反対側に貨物側線があり、片面の貨物ホームに囲まれている。ただし、線路は本線とつながっておらず、残っている線路も小出寄りで止まっており、会津若松寄り橋で島式ホーム側から貨物ホームへ線路の上に橋がかけられている。そして貨物ホームに小さな待合室が置かれている。

半径250mと500mの連続したカーブで右に曲がる。250mのカーブには135mの滝谷川橋梁があり、続く500mのカーブの途中から772mの原谷トンネルに入る。トンネルを出ると左カーブして左手に片面ホームがある会津桧原《あいづひのはら》駅となる。ホームには円形屋根の待合室が置かれている。

同駅の手前は上り勾配だが、この先は下り勾配になって進む。途中に297mの桧の原トンネル、続いて174mの第1只見川橋梁、325mの名入《ないり》トンネルがある。

3・0‰の上り勾配に転じて右手に片面ホームがある会津西方駅となる。かつては島式ホームで分岐ポイントは両開きになっていた。現在は下りホームを使用している。

左に曲がって190mの第2只見川橋梁を渡り、緩いカーブと勾配で進む。次の会津宮下駅は上り本線が片面ホームに面したJR形配線をしているが、島式ホームの外側の元下1線は側線となって使われていない。スプリング式の両開きポイントで上下本線は分かれ、側線とは手動式ポイントで分かれる。片面ホームと島式ホームはずれており、島式ホームの小出寄りに構内踏切がある。側線から会津若松寄りに伸びる保守車庫がある。

上り勾配基調となり、カーブも最小曲線半径250mで進む。右手の只見川沿いに宮下発電所が見え、さらに進むと宮下ダムがあるが、只見線は１４１ｍの金山トンネルに入るので、ダム自体はよく見えない。金山トンネルを出ると宮下ダムのダム湖の横を走る。41ｍの第1左靭《ひだりうつぼ》橋梁、46ｍの第2左靭橋梁を渡る。これら橋梁の下はダム湖の水面である〝渡らずの橋〟であり、満水時は水位が高くなって湖面が線路に迫っているように見える。まさに絶景を走る只見線である。

コンクリート製のスノーシェルターを二つ抜け、続いて92ｍの道神トンネルを抜ける。少し先で１２８ｍの第3只見川橋梁を渡り、すぐに１０２６ｍの滝原、続いて９８０ｍの早戸の二つのトンネルを抜けて右手に片面ホームがある早戸《はやと》駅となる。さらに只見川沿いに急峻な地形を抜ける。１５０ｍの細越、80ｍの高倉、３１９ｍの下大牧、26ｍの不動沢の四つのトンネルを抜ける。

高倉トンネルの途中で下り勾配になり、降りきると左手に片面ホームがある会津水沼駅となる。元は島式ホームで行き違いができたが、下り線を撤去した。小出寄りの島式ホーム越しに貨物ホームが残っている。

平均勾配24・０‰の上りになる。１９４ｍの第４只見川橋梁を渡り、上田ダムによってできた只見川のダム湖を右手に見て、ほぼ登りきると直線になって左手に片面ホームがある会津《あいづ》中川《なかがわ》駅となる。右手に貨物ホームが残っている。

駅の先は３・０‰の緩い上り勾配で少し進んでから平均17・８‰の下り勾配になる。右手の崖下に只見川を見ながら、０・８‰の緩い上り勾配になって半径２５０ｍで右にカーブした先に会津川口駅がある。

●会津川口―只見間　会津川口駅は島式ホームで右手は只見川があり、左手に駅舎がある。駅舎とホームとの間に2線の側線があるが、ホーム寄りの線路は他の線路とつながっていない。つながっている駅舎寄りの線路から小出寄りにある転車台までの出入線が分かれている。下り本線と上り本線は小出と会津若松の両方向に出発できる。ただし会津川口―只見間は運休しており小出方向の出発信号機は常時停止信号が現示されている。

会津川口駅を出ると50ｍの野尻川橋梁で渡る。その先で並行する国道２５２号より1段下に只見線があり、只見川の崖淵に沿って上っていく。会津川口駅か

崩壊した第6只見川橋梁

ら只見駅までは電源開発専用線を流用した線路である。途中、193mの第5只見川橋梁があるが、水害で会津若松寄りの橋桁1連が流されて通れない。

只見川から離れ、20‰上り勾配上にある132mの夏井川橋梁を渡る。レベルになって集落に入ると、左に片面ホームがある本名《ほんな》駅となる。ホームの長さは1両分とプラスアルファ程度しかなく、2両編成では上下列車とも後部車両をはみ出して停まる。

61mの坂瀬川橋梁を渡り、半径250mで左に曲がって170mの第6只見川橋梁がある。この橋梁も会津若松寄りの2連を残して水害で流された。橋梁の右手には本名ダムがあり、ダムの上を国道252号が通っている。

対岸に達すると1452mの本名トンネルに入る。坑口から約3分の2が20・0‰の上り、小出寄り残りが3・0‰の下りになった拝み勾配になっている。只見川に沿って走って740mの橋立トンネルを抜ける。同トンネルも拝み勾配である。

しばらくは只見川に沿って走るが、その先で只見川から分かれて山際に寄って緩い勾配上を進む。線路と只見川の間は田園地帯になっている。そして右手に短い片面ホームがある会津越川《あいづこすがわ》駅となる。

この先もなだらかな地形を緩い上り勾配で走る。只見川が少し近寄ったところに47ｍの伊南川《いながわ》発電所橋梁がある。左手から降りてくる発電用水管を渡る橋梁である。その先で１１６ｍの高根沢トンネルを抜け、52ｍの良々子沢《ららこざわ》、67ｍの山入川の二つの橋梁を渡って右手に短い片面ホームがある会津横田《あいづよこた》駅となる。

昭和47年まで横田鉱山の亜鉛、鉛、銅を含有する黒鉱を同駅から搬出していた。そのため貨物側線があった。現在は１線だけ保守用の横取線として残している。雪深いところなので、会津若松寄りにある横取線へのポイントはスノーシェルターで覆われている。

当初半径５００ｍ、次に３００ｍで右に曲がって１６５ｍの第７只見川橋梁を渡る。そして半径６００ｍで左カーブして右手に短い片面ホームがある会津大塩《あいづおおしお》駅となる。集落は少し離れた北側にある。

会津大塩駅を出るとやや下り勾配になってから最大20・０‰、平均15・９‰の上り勾配になって１６１５ｍの滝トンネルに入る。蛇行している只見川を避けて直線で山を抜けていく。再び只見川沿いを走るが、只見川は滝ダムによって、またダム湖になっている。

ダム湖になった小塩沢川《こしおざわがわ》を１０８ｍの小塩沢川橋梁で渡った先に、左側に短い片面ホームがある会津塩沢《あいづしおざわ》駅がある。集落は左手手前にある。

この先、山が只見川に迫ってきて断崖になっている。ダム湖を〝渡らずの橋〟である３７１ｍの第８只見川橋梁で、続いて１４４ｍの深沢橋梁で断崖を通り抜ける。まだ断崖は続き、それを縫うように最小曲線半径２５０ｍで右に左に曲がりながら進む。

ようやく山が遠のき、地形が開けると半径２５０ｍと３００ｍの曲線で右に大きくカーブし、続いて半径２５０ｍと３５０ｍで右カーブする。このカーブ上に左手に短い片面ホームがある会津蒲生《あいづがもう》駅となる。

57ｍの蒲生川橋梁を渡り、３５２ｍの蒲生トンネルを抜ける。抜けると只見川が少し近寄るが、すぐに離れてしまう。少し進んで下路《かろ》ガーダー橋の３７３ｍの叶津川《かのづがわ》橋梁を通る。手前には交差する国道２５２号を含んだコンクリート高架橋があり、これらは半径２５０ｍで左カーブしている。叶津川を渡っても、この高架橋は2回目の国道との交差地点の手前まで続いている。国道を下路ガーダー橋で越える。

交差した国道と少し並行する。地形が開け、左手に街並みが見えてきて只見駅となる。

●只見—小出間　只見駅は島式ホーム1面2線と旧貨物ホームに面した側線1線がある。下り本線から小出寄りに側線が伸びており、その先に転車台と除雪用モーターカー庫がある。上下の各本線は小出と会津若松の両方向に発車ができる。

只見駅を出ると当初は緩い上り勾配と直線で進む

只見線（只見—小出）

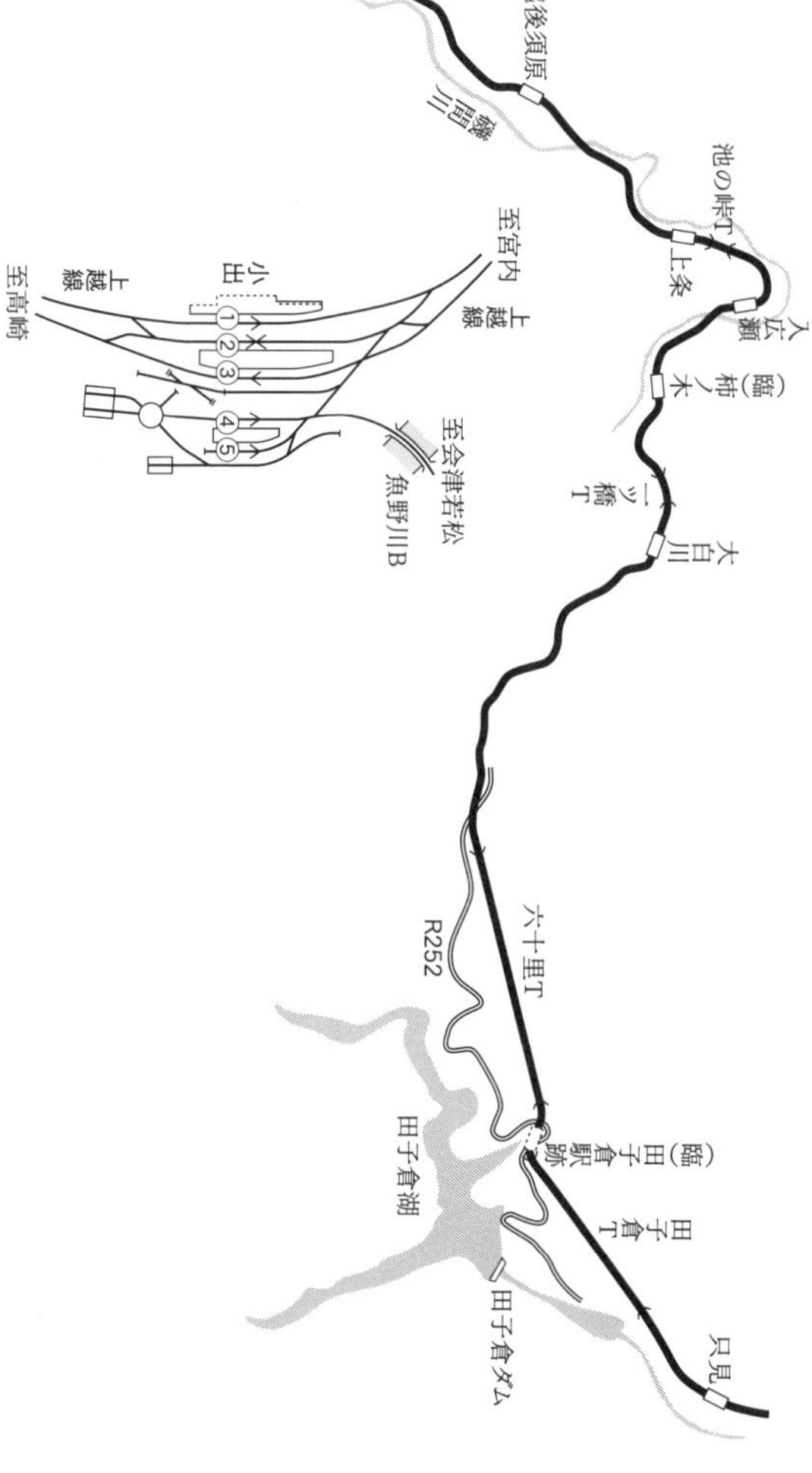

只見駅を発車した小出行。観光協会の人々が手を振って見送っている

が、徐々に勾配がきつくなって、国道よりも一段高くなる。スノーシェルターが5か所あり、その先に103mの第2、682mの第1の二つの赤沢トンネルがある。ムジナ沢橋梁を渡ると3712mの田子倉トンネルに入る。トンネル内は25・0‰の連続上り勾配で、小出寄り坑口手前まではずっと直線である。

小出寄り坑口付近で23・0‰に緩みながら半径500mのカーブで右に曲がる。トンネルを出てもこのカーブは続くとともにスノーシェルターで覆われる。その右手に片面ホームがある田子倉駅跡がある。平成25年に廃止されたが、ホームから階段を登ってホームの上の国道に面した駅舎は残っている。旧田子倉駅の標高は515・2mになっている。この先でシェルターを出て88mの洗戸橋梁、続いて次に51mの只見沢橋梁を渡る。この二つの橋梁はコンクリート製である。

次にスノーシェルターをまたくぐり、わずかな距離の明かり区間を半径500mの左カーブで通ってから、6359mの六十里越トンネルに入る。トンネルはずっと直線で、当初は5・0‰の上り勾配があって、その先は22・0‰の下り勾配になっている。

大白川駅に進入する小出行。左に蒸機用の給水塔が残り、その奥にあった転車台は撤去されている。停まっている事業用車両にはコンクリート枕木が載せられている。おそらく不通区間の復旧用に使われるものと思われる

トンネル内で新潟県に入る。出ると末沢川《すいざわがわ》に沿って下っていく。途中、22ｍの第16末沢川橋梁から始まって16個の末沢川橋梁を渡る。最小曲線半径３００ｍのカーブで右に左に曲がっていく。途中に多数のスノーシェルターが置かれている。53ｍの第１末沢川橋梁を渡ると、末沢川は破間川《あぶるま》に合流する。その破間川を半径５００ｍで左に曲がりながら61ｍの第５平石川橋梁で渡ると大白川駅となる。

島式ホームで下り線が直線の行き違い駅になっている。除雪車を留置する側線が小出寄り右手にあり、貨物ホームも残っている。また、上り線側から会津若松方向に分岐して左カーブしていく側線がある。同駅が終点だったとき、この側線に人力による転車台があったが、今はその痕跡はまったくない。

その転車台があった場所の手前には給水塔が残っている。この給水塔の骨組みは古レールでできている。そのレールには「UNION D1887.N.T.K」と刻まれている。ドイツのドルムントにあるユニオン鉱山製鉄連合が１８８７年に製造したもので、日本鉄道が発注したために最後にN．T．K．が刻印されている。駅舎の

2階は手打ちそば店の平石亭が入っている。

大白川駅を出ると破間川と国道252号と並行して谷を下りていく。途中で一ッ橋トンネルを抜け、破間川を第4～第1の四つの平石川橋梁で渡る。破間川から分かれて直線でレベルになって、平成27年に廃止された臨時駅の柿ノ木《かきのき》駅跡を通過する。

この先で第3破間川橋梁を渡り、しばらく進むと入広瀬駅となる。かつて島式ホームだったが、上り線側は撤去された。小出寄りの分岐ポイントは乗り上げ式に変更されて、ここから横取線が分岐している。ホームに除雪車のラッセルがかからないように少し離れてレールが敷かれている。ホームの先にある保守用車両庫とつながっている。

半径500m、次いで半径300mのカーブで左に大きく曲がって山を避け、向きを西北から南南西に変える。池の峠トンネルを抜ける。しばらく12・0‰の勾配で下って右手に片面ホームがある上条《かみじょう》駅となる。

上条駅辺りから地形はなだらかになる。しばらくは下り勾配だが、107mの第2破間川橋梁を渡ると上りに転じて少し進んで越後須原駅となる。半径600mの左カーブ上にあり、もとは島式ホームだったが上り本線とその横にある側線を撤去、下り本線のみ残して棒線化された。行き違い駅だったときの下り本線は両方向に発車できた。駅舎は上り線側にあり構内踏切で島式ホームに行けた。行き違いをしないときは上り列車も下り本線で発着することで安全性を増していた。

越後須原駅を出ると20・0‰の下り勾配になるがカーブは少ない。そして右手に片面ホームがある魚沼田中《うおぬまたなか》駅となる。駅の前後は直線である。次の越後広瀬駅は半径800mの左カーブ上にあり、もとは島式ホームだったのを上り線を撤去して棒線化された。

S字カーブを切って108mの第1破間川橋梁を渡り、半径250mで右カーブした先に右手に片面ホームがある藪神《やぶかみ》駅がある。同駅の先も緩い下り勾配を進む。半径250mの右カーブをしながら301mの魚《うお》野川《のがわ》橋梁を渡ると小出駅となる。

上越線と接続する。上越線のホームはJR形配線となっており、これに只見線の島式ホームか隣接している。只見線の島式ホームの東側には機回線がある。会津若松寄りに上越線との連絡線がある。上越線の上り本線と平面交差して同線側の中線とつながっている。只見線の4番線と機回線は頭端側にある転車台につながっている。

【車両】 会津若松―会津川口間は郡山車両センター会津若松派出所属の磐越西線と共用のキハ40形とキハ48形を使用する。

只見―小出間は新津運輸区所属のキハ40形とキハ48形を使用する。

【ダイヤ】 会津若松―会津川口間で行き違いができるのは、西若松、会津坂下、会津宮下の3駅だけである。運転本数は会津若松―会津川口間が6往復、これに会津若松―会津坂下間の区間運転が1往復設定されている。

朝に会津坂下駅と会津宮下駅で行き違いをし、10時台と17時台に西若松駅で行き違いをする。また会津坂下駅では2回行き違いが行われている。

不定期列車として1往復の快速「風っこ」が走る。停車駅は西若松、会津坂下、会津柳津、会津宮下、会津中川なので快速にしているが、風を受けてゆっくり走る。

只見―小出間は3往復が設定され、これに1往復の大白川―小出間の区間運転が走る。大白川駅は行き違いができるが、定期列車は行き違いをしない。

不定期快速が昼間時に運転されている。停車駅は大白川、入広瀬、越後須原で、大白川駅で定期列車と行き違いをする。この快速は上越線に乗り入れて長岡発着になっている。季節によって列車名が異なる。

【将来】 越後川口―只見間が復旧したときには只見―小出間運転の3往復を延長する形で走らせるとしている。このほかに臨時快速の運転も考えられている。しかし、1日3、4往復程度では国も補助する復旧費に見合うほどの収益は得られない。

ある程度、指定席等の料金を取れる展望列車の運転を望みたいところである。只見―小出間はクルマよりも所要時間が短く、上越新幹線浦佐から只見へ快速を走らせても宣伝さえすれば、かなりの集客力を持たせることができる。

今のままの過疎ダイヤで走らせていれば、利用するなと言っているのも同然である。もっと運転本数を増やして利便性がいいダイヤにすべきである。

JR白新線

全線複線化を早期実現して行き違い駅のロスを解消

POINT! 白新線《はくしん》は距離が短いが、上越新幹線と羽越《うえつ》本線を結ぶ幹在連絡特急の「いなほ」が走る。平成30年春に新潟駅が高架になり、新幹線と「いなほ」との乗り換えは同じホームでできるようになって便利になった。今後は、全線を複線化して特急や普通を増発してもらいたいものである。

【概要】 白新線は新潟―新発田《しばた》間27・3㌔の直流電化路線で、新潟―新崎《にいざき》間が複線、新崎―新発田間が単線になっている。白新線は羽越線の部に所属し、幹線運賃を適用している。

大阪の東海道本線から山科《やましな》駅で湖西《こせい》線、近江塩津《おうみしおつ》駅で北陸本線、直江津《なおえつ》駅で信越本線、新津駅で羽越本線、そして秋田駅で奥羽本線とするルートで日本海縦貫線を形成している。現在、北陸新幹線が開通して金沢―倶利伽羅《くりから》間はＩＲいしかわ鉄道、倶利伽羅―市振《いちぶり》間があいの風とやま鉄道、市振―直江津間がえちごトキめき鉄道になってもそれは変わらない。

ともあれ日本海縦貫線は新潟駅を素通りする。新潟駅から日本海縦貫線につなぐ役柄を担うのが白新線である。「白」は越後線の白山《はくさん》駅、「新」は新発田駅である。

新潟駅で上越新幹線と連絡、信越本線と越後線に接続し、普通の一部は越後線と直通する。新発田駅では羽越本線と接続し、特急「いなほ」と一部の快速、普通が直通する。

開通した当時の信越本線新潟駅は沼垂《ぬったり》貨物駅跡、現在の万代高校付近にあった。新潟の中心は信濃川を渡った西側にあり、開通時の新潟駅は遠かった。そこで新潟の中心地である白山を新潟の中心駅とし、白山から信濃川を渡って信越本線に接続するとともに、そのまま新発田方面へ向かう路線が必要とされた。そこで改正鉄道敷設法の予定線として「新潟県白山ヨリ新発田ニ至ル鉄道」を別表55の2として大正11年（1922）に加えられた。

白山―新潟間は貨物支線が開通しており、これを越後線本線とし白山駅を貨物線上に昭和26年（1951）に移転した。27年12月に葛塚《くずつか》（現豊栄《とよさか》）―新発田間、31年4月に上沼垂《かみぬったり》信号場―葛塚間が開通して全通した。

昭和33年4月に新潟駅が現在地に移転し、このとき新潟―上沼垂信号場間は信越本線と白新線を分離した方向別複々線になり、信越本線と白新線との重複区間とした。

これによって新津駅から新潟駅に寄り、再び新津駅に戻って新発田方面や直江津方面に行くという二重手間がなくなり、新潟駅からは白新線経由で行けるようになった。

上越新幹線が開通すると酒田方面の幹在連絡列車が走るようになり、平成30年4月からは在来線の新潟駅の第1期高架化工事が完成し、新幹線の11番線と在来線の5番線との間に島式ホームを設置、新幹線と特急「いなほ」との乗り換えが階段を経由することなしにスムーズにできるようになって便利になった。

白新線は新潟都市圏として混雑率などが発表されている。最混雑区間は新発田→新潟間、混雑時間帯は7時40分から8時40分までの1時間、この間に3215人が乗車する。

4・6両編成が5本、通過車両数は23両とし、輸送力は2772人となり、混雑率は116％としている。

しかし、最混雑区間は1駅間とすると定められているので、東新潟→新潟間が最混雑区間になる。また、通過車両については115系電車6両編成が1本、3両編成が1本、129系電車4両編成が2本、気動車のキハ47形2両編成が1本の計23両である。

すべての車両がセミクロスシート車なので、定員の計算は有効床面積を0・4m²で割ったもので算出する。公表値は平均定員を120・5人としているが、各車両の有効床面積を厳密に計算すると、平均定員は129・0人となる。これで混雑率を計算すると108％となる。

首都圏の多くの路線の混雑率170％程度からすると108％は非常に空いているというように思えるが、1m²に2・7人がいる状態で、見た目には結構混んでいる。現在はロングシート部分が多い127系電車が使用されているので、混雑率はもっと下がっているといえる。

信越本線の新津―新発田間は貨物列車は走るが、長距離旅客列車が走らなくなった。現在は新幹線連絡の特急「いなほ」が走る白新線のほうが列車本数は多い。新幹線連絡がよくなったために「いなほ」の需要が高まる。

それなのに新崎―新発田間が単線では増発がしにくい。たとえ増発したとしても行き違いなどで、所要時間が延びる。全線複線化をしてスピードダウンを抑え、逆にスピードアップしてもらいたいものである。

【沿線風景】 在来線の新潟駅は高架化工事中で、平成30年4月に第1期事業が完成、計画されている島式ホーム3面5線のうち2～5番線の4線が高架になった。仮ホームで使用されている信越線、白新線の普通などが発着する7～8番線はまだ地上のままである。島式ホームに面している5番線の向かいには新幹線

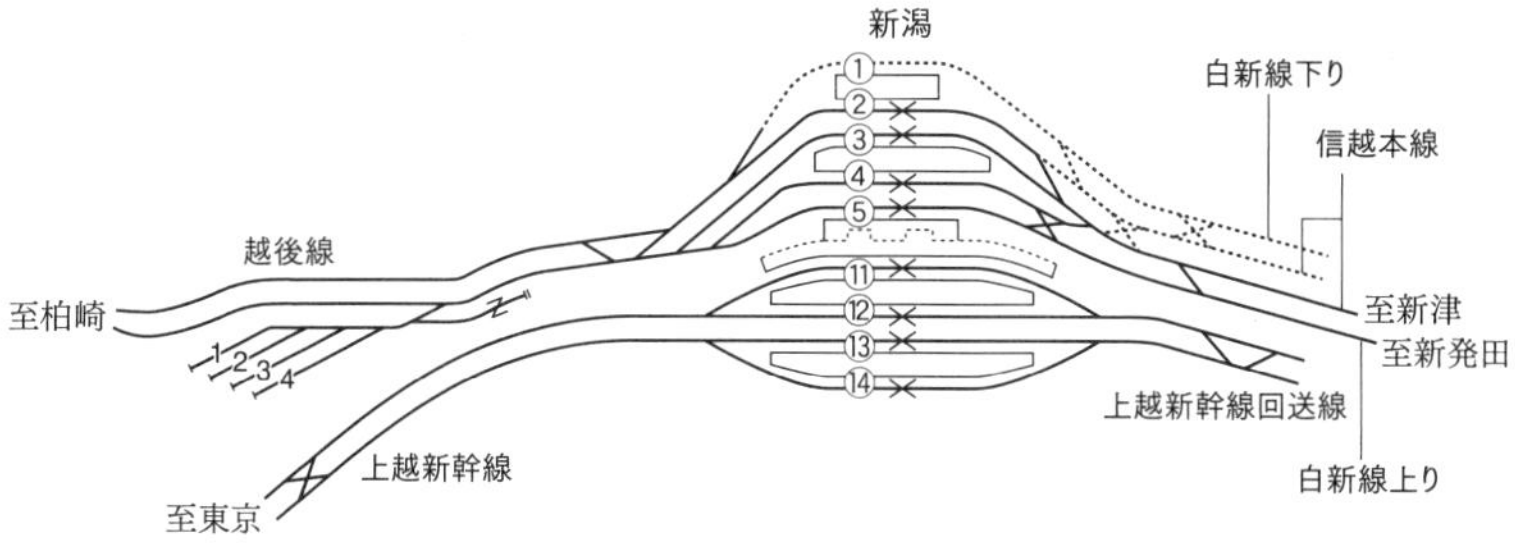

の11番線があって同じホームで乗り換えができる。ただし途中に連絡改札口があるので、車両の扉から扉へと直線で乗り換えられるわけではない。それでも階段を使わずに乗り換えができるようになって非常に便利である。

5番線は特急「いなほ」だけが発着するわけではなく、信越本線と白新線、越後線の普通電車も発着する。また、11番線を発着する「とき」や「Ｍａｘとき」は在来線の5番線側だけでなく、従来の11、12番線に面した島式ホーム側の扉も開ける。つまり関西の私鉄がよく行っている両側の扉を開けている。新潟駅で降りる人にとっては従来の島式ホームのほうが便利だからである。

新潟駅を出ると信越本線が内側、白新線が外側による方向別複々線になる予定だが、第1期工事が完成した現在は複線しかできていない。新幹線回送線と並行しながら21・7‰の下り勾配になって地上に降りて右カーブする。左手から地上仮ホームの7、8番線からの複線が合流して複々線になる。

新幹線も緩いカーブで右に曲がるが、在来線のほうがきついので、新幹線と在来線は交差し、新幹線は右手から左手に並行するようになる。新幹線との間に貨物着発線や電留線があり、新潟車両センターへの入出庫線が分かれる。

その先で白新線の上り線が信越線を斜めにオーバークロスして下り線と合流して信越線と分かれる。

信越本線の越後《えちご》石山《いしやま》駅から分かれた貨物支線の上り線が斜めに乗り越し、同下り線が白新線の右手に並行する。左手に貨車検修線があり、その向こうに貨物線

高架化された7番線に面したホームは、反対側で上越新幹線の11番線にも面し、平面で乗り換えができる

の上り線が並行する。

下り線は白新線と合流し、渡り線を経て左側の貨物着発線に線路がつながる。

焼島《やけじま》貨物駅からの貨物支線が合流した地点から車両センターへの入出庫線、信越線との分岐点を経てここまでが上沼垂信号場である。

白新線は貨物着発線と並行して相対式ホームの東新《ひがしにい》潟《がた》駅となる。

貨物着発線の向こうは2面のコンテナホームがあり、さらにその向こうは上越新幹線の新潟新幹線車両センターがある。

東新潟駅を出て左手の貨物着発線から白新線への入出場線が合流し、貨物着発線から伸びるＪＲ貨物の東新潟機関区が左手に並行する。そして左手から貨物支線の上り線が合流して相対式ホームの大形《おおがた》駅となる。

その先で10・0‰の勾配で築堤に登って９２６ｍの阿賀野川橋梁を渡る。今度は10・0‰の下り勾配で築堤を降りて左側の下り本線が片面ホームに面したＪＲ形配線の新崎駅となる。島式ホームの内側が中線、外側が上り本線である。

新発田寄りで下り本線が右にカーブして上り本線と合流し単線になる。すぐに半径800mで右カーブしてから、直線で進み相対式ホームの早通《はやどおり》駅となる。右側の1番線がスルー線の上下本線になっている1線スルー駅である。

ずっと直線で進んでから半径600mで左カーブして豊栄駅となる。右手の1番線である上り本線が片面ホームに面し、島式ホームの内側が下り本線、外側が下1線になっているJR形配線である。

1番線がスルー線になっている1線スルー駅でもある。このため発着線のすべては新潟と新発田の両方面に発車できる。上下特急は1番線に停車するが、貨物列車も上下とも1番線を通り抜ける。

駅の先から半径800mで右に少しカーブしてから

上越新幹線の11番線は新設の在来線ホームと旧来の新幹線ホームに囲まれた両側ホームになっている

新幹線との乗り換えは連絡改札口を通るだけですむようになった

11番線で発着する新幹線電車は両側の扉を開ける

白新線・羽越本線（新津—新発田）

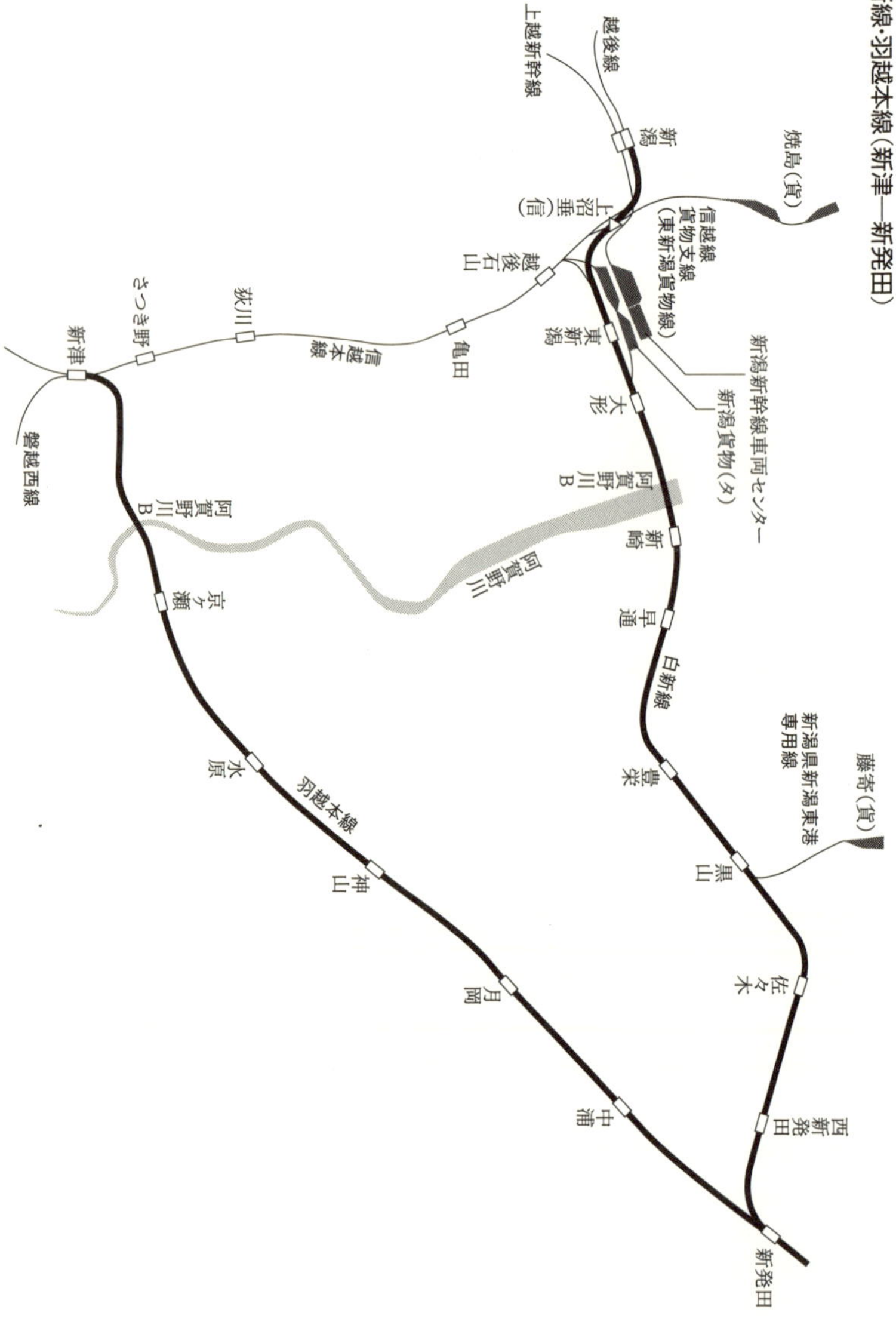

直線になって進む。次の黒山《くろやま》駅の手前から半径800mで少し右にカーブして駅に入線する。相対式ホームの1線スルー駅だが、左手の上下副本線側のホームの背面に5線の線路が並んでいる。

これは新潟県新潟東港専用線で、北側の新潟東港近くの藤寄《ふじよせ》貨物駅から新潟トランシスが製造した気動車等を黒崎駅経由で全国各地へ甲種車両輸送列車として輸送される。ただし5本ある線路の内、ホーム側から2線目が白新線につながっているだけである。他の側線には木が生えたりしている。

この先も直線で進む。そして半径400mで右にカーブしてJR形配線の佐々木《ささき》駅となる。左手がスルー線の下り本線1番線、島式ホームの内側が上り本線2番線、外側が上1線の3番線である。すべての線路は上下両方向に出発でき、1番線がスルー線の1線スルー駅である。

直線で進んで相対式ホームの西新発田駅となる。1線スルー駅で左手1番線がスルー線になっている。

さらに直線で進んだ先で、半径400mで左カーブして羽越本線と合流して新発田駅となる。白新線だけを走る列車は頭端式になっている0番線で発着する。

【車両】 特急「いなほ」用はE653系7両編成を使用する。E653系については羽越本線で詳述する。E653系は新潟都市圏の通勤ライナーである「らくらくトレイン村上」にも使用されている。

一般普通用はE129系直流電車を使用する。米坂線直通の快速「べにはな」はキハ110形を使用している。

E129系は2両編成と4両編成があり、2両編成はワンマン運転対応の設備を持っている。軽量なボルスタレス台車により、重心が高くなることを防ぐために、全車両とも電動台車とモーターがない付随台車を各1個装備する0・5M方式の全電動車である。また、レール面から車内の床面までの高さを通常の1150mmから1130mmに下げて、これによっても重心が低くなっている。

扉間の座席は運転席寄りがロングシート、連結面寄りがボックスシートを片側2個設置したセミクロスシートになっている。中間車も片側がロングシート、片側がセミクロスシートである。運転最高速度は110

キロ、起動加速度2・0、常用最大減速度は3・6である。2両編成の一部にはパンタグラフを2基装備している。このうちの1基は冬期に架線に霜が付着したときにパンタグラフで取り除く霜切用である。

回生ブレーキは0キロ近くまで動作するが、回生ブレーキで発生した電力が許容を超える場合、抵抗器によって電圧を下げるブレーキチョッパ装置を装備している。単線区間が多いために電力を消費する他の電車がないことが多いからである。E129系の登場で国鉄タイプの115系は白新線から一掃された。

【ダイヤ】　朝ラッシュ上りは村上また新発田発が23分毎に3本走り、その間に新崎→新潟間が1本ずつ加わる。新潟駅から越後線に直通する列車も多い。最大編成両数は6両編成である。

昼間時は新潟—新発田以遠間が1〜2時間毎に運転され、その間に新潟—豊栄間の普通が2、3本運転される。新潟—豊栄間は20分前後の運転間隔になる。

夕ラッシュ時下りは新潟—豊栄間が15〜20分間隔、豊栄以遠は20〜30分間隔になっている。夜間は新潟—新発田以遠間が30分毎に運転されている。さらに新潟—村上間に座席確保が保証される快速「らくらくトレイン村上」が運転される。特急用E653系を使用、乗車整理券310円が必要である。停車駅は豊栄、新発田、中条、坂町である。

最終は村上行が新潟発23時21分、新発田行が新潟発23時37分である。

【将来】　白新線は全線複線化が国鉄時代に決定し、新潟—新崎《にいざき》間が複線化されたが、JRになってからは全駅が行き違いができるために単線でも支障はないということで、複線化工事は中断したままになっている。

しかし、少しでもダイヤが乱れると、遅延が拡大し、正常ダイヤに戻すのも時間がかかる。ほぼ用地が確保さている新崎—豊栄間と佐々木—西新発田間などは複線化してもいいはずである。

さらに新潟駅での新幹線との乗り換えが便利になったので、特急「いなほ」の増発も考えられる。しかし、単線区間での行き違い待ちによって所要時間が延びてしまってはなにもならない。やはり全線複線化が必要である。そうなれば数分程度だが、スピードアップも可能である。

JR羽越本線

いま以上の高速化は望めそうもない貨物列車主体の本線

POINT! 羽越《うえつ》本線は、国鉄時代に複線化と線形改良をずっと継続していたが、全線複線化の完成を待たずに国鉄は分割民営化された。しかし同線を承継したJR東日本は、全線複線化や線形改良には莫大な費用が必要なため、この事業については継承しなかった。

現在は分割民営化前の設備で効率的に運用しているが、トンネルなど部分的に完成していた区間についてはさらに事業を進めて、少しでもスピードアップをしてほしいものである。また、特急「いなほ」については車体傾斜機構を持つ新しい車両で少しでもスピードアップを図ってほしい。

羽越線は村上《むらかみ》駅を境に、新潟寄りは直流1・5kV、秋田寄りは交流50Hz20kVと電化方式が違う。特急や貨物列車は交直両用の車両や機関車を使うが、普通列車は交直両用の車両がないため、旧式な国鉄時代の気動車が使われている。高性能な電気式気動車の量産先行車が登場し、羽越線も数年後にはすべて置き換わる。そのため普通列車も快適でそれなりに高速で走るようになる。

【概要】 羽越本線は新津—秋田間271・7キロの電化路線で、複線区間と単線区間が入り乱れている。村上駅の秋田寄りにあるデッドセクションを境に、新津寄りは直流1・5kV、秋田寄りは交流50Hz20kVとなっている。現在、交直両用の普通電車は配置されておらず、デッドセクションを通り抜ける普通列車はキハ47形などの気動車を使用している。

羽越線の部の本線で、運賃は幹線で計算される。所属線は現在のところ白新線しかないが、現由利高《ゆりこう》原《げん》鉄道である国鉄矢島《やしま》線と廃止された新発田《しばた》―東赤谷《ひがしあかたに》間の赤谷線も所属線だった。

また、新津―村上間は新潟近郊区間になっており、Ｓｕｉｃａも使用可能である。ただし、新津―新発田間の各駅と中条《なかじょう》、坂町《さかまち》、村上を除く駅ではＳｕｉｃａは使えない。

新津駅で信越本線と磐越西線と接続する。信越本線経由で日本海縦貫線列車が多数走っていたが、現在はすべて廃止されて一本も走っていない（ただし貨物列車と「四季島」を含む臨時の観光列車は除く）。新発田駅で白新線と接続し、新潟始発の特急、普通が直通している。

坂町駅で米坂線、余目《あまるめ》駅で陸羽西線、羽後本荘《うごほんじょう》駅で由利高原鉄道と接続し、由利高原鉄道線を除いて直通列車が走る。秋田駅では奥羽本線と接続しているが直通列車はない。

羽越本線で最初に開通したのは、新津―新発田間である。大正元年（１９１２）に信越線の支線として開通した。これは、明治25年（１８９２）に公布された最初の鉄道敷設法に記載された北越線として、「新潟県下直江津又ハ群馬県下前橋若《もしく》ハ長野県下豊野《とよの》ヨリ新潟県下新発田ニ至ル鉄道」を根拠に敷設されたものである。

明治44年に「羽越及岩越予定線ノ内、新潟県下新発田ヨリ村上、山形県下鶴岡《つるおか》・酒田《さかた》・秋田県下本庄ヲ経テ秋田ニ至ル鉄道中、新潟県下新発田ヨリ村上ニ至ル鉄道」が予定線に編入された。

同区間を信越線の支線として村上線を敷設することになり、大正元年9月に着工、3年6月に新発田―中条間が開通、新津―新発田間を信越線から分離して村上線に編入させた。このとき高崎―新潟間を信越本線とした。11月に中条―村上間が開通した。一方、12月に酒田線の余目―酒田間が開通した。酒田線は新庄―酒田間の路線である。
　大正４年に酒田線余目―酒田間を含む村上―秋田間を鉄道敷設法の予定線として追加した。羽越南線として村上―鼠ケ関《ねずがせき》間、羽越中線として鼠ケ関―余目間と酒田―象潟《きさかた》間、羽越北線として象潟―秋田間に分け、大正15年までに全通させることになった。
　これをもとに鶴岡仮駅―余目間を大正７年９月に、まずは陸羽西線として開通、11月に酒田線全線を陸羽西線に改称した。８年９月に鶴岡仮駅―鶴岡間、12月に羽前大山《うぜんおおやま》―鶴岡間と酒田―遊佐《ゆざ》間が開通、９年７月に遊佐―吹浦《ふくら》間、10年11月に吹浦―象潟間、11年５月に三瀬《さんぜ》―羽前大山間、６月に象潟―羽後本荘間、10月に羽後本荘―羽後岩谷《うごいわや》間、12年３月に温海《あつみ》（現あつみ温泉）―三瀬間、11月に鼠ケ関―温海間が開通した。
　一方、秋田側からは羽越北線として大正９年２月に道川―秋田間、７月に羽後亀田《うごかめだ》―道川《みちかわ》間、13年４月に羽後岩谷―羽後亀田間が開通して陸羽西線と接続し、陸羽西線の鼠ケ関―羽後岩谷間と羽後岩谷―秋田間を羽越線とした。７月には村上―鼠ケ関間が開通し、村上線を含めた新津―秋田間を羽越線とした。14年11月に赤谷線が開通、同線を所属線とした羽越線の部を新設し、羽越線は羽越本線となった。
　大正15年８月に北陸・信越・羽越・奥羽の各線経由で神戸―青森間に急行５０５列車（青森行）、５０６列車（神戸行）の運転を開始した。所要時間は27時間余りもかかっていた。昭和６年（１９３１）９月に上越線が開通すると上野―長岡―新津―秋田間に急行７０１列車・７０２列車も走るようになった。７０１・７０２列車は昭和９年に羽越線内は快速に格下げした７１１・７１２列車となり、18年10月には５０１・５０２列車が廃止された。

戦後の昭和22年6月に大阪―青森間夜行急行が復活、25年11月に「日本海」の列車愛称が付けられた。31年11月に上越線経由の上野―秋田間に夜行急行「羽黒」、36年10月には大阪―青森間に気動車特急「白鳥」の運転を開始した。とくに「白鳥」は大阪8時15分、青森着23時50分とはじめての昼行列車（夜通し運転をしないという意味）であり、新潟に寄るために白新線経由だった。

昭和43年10月のいわゆるヨンサントウ改正で、「日本海」は20系客車による大阪―青森間寝台特急となった。いわゆるブルートレインである。9両編成で大阪寄りから電源荷物車、開放2段式（プルマン式）1等寝台車、そして2両の3段式2等寝台車、1両の食堂車、4両の2等寝台車からなっている。なお、翌年には13両に増結された。

停車駅は京都、米原、敦賀《つるが》、福井、金沢となり、日付が変わって高岡、富山、直江津《なおえつ》、新津、鶴岡、酒田、羽後本荘、秋田、東能代《ひがしのしろ》、大館《おおだて》、弘前で新潟には寄らない。

旧来の急行「日本海」は「きたぐに」に名称変更している。特急「日本海」は大阪駅を19時30分に出て青森駅に翌朝の11時50分に到着する。急行「きたぐに」は大阪駅を20時45分に出て青森駅に翌夕方の18時32分に到着する。

「きたぐに」は郵便車と1等客車、食堂車が各1両、2等客車が6両、2等寝台車が4両、開放1等寝台車が1両の計14両編成で、1、2等寝台車の5両は大阪―新潟間、1両の2等客車は大阪―秋田間に連結され、大阪―青森間は8両だけが走る。

ちなみに昼行特急の「白鳥」は1等指定席車2両、食堂車1両、2等指定席車11両の14両編成で、うち2等指定席車2両は大阪―新潟間の運転だった。また、新潟駅で進行方向が変わる。停車駅は京都、米原、敦賀、福井、動橋《いぶりはし》、金沢、高岡、富山、直江津、長岡、新津、新潟、鶴岡、酒田、羽後本荘、秋田、東能代、大館、弘前で、大阪—青森間の所要時間は15時間10分である。青森駅では夜行の青函連絡船に連絡する。

昭和44年10月、上越線経由の上野—秋田間に気動車特急「いなほ」の運転が開始された。「いなほ」は白新線を経由せず、つまり新潟駅を通らずに新津からずっと羽越本線を走る。

複線化はできるところからなされ、昭和44年7月には電化が決定した。このとき新津—村上間は直流1・5kV、村上以北は交流50Hz20kVと分けた。交流電化のほうが格安ですむが、新津—村上間は新潟都市圏として新潟駅まで直通運転する必要があったために直流電化となった。電化完成は47年8月である。

そして昭和47年10月改正で特急「白鳥」と「いなほ」は電車化され、「白鳥」は大阪—青森間で約1時間の短縮、「いなほ」も上野—秋田間で35分の短縮をして上野—青森間運転の1往復を増発した。

上越新幹線が開通した昭和57年11月改正で、特急「いなほ」は新潟—秋田間4往復と新潟—青森間1往復とした新幹線連絡特急となった。このため1往復残った上野—青森間昼行特急は「鳥海」の名称に変更した。しかし、60年に新幹線の上野延伸に伴って「鳥海」は廃止された。

一方、上野—秋田間の夜行寝台特急「あけぼの」は奥羽本線経由で2往復が運転されていたが、山形新幹線の工事開始で福島—山形間が通れなくなった。そこで1往復は上越・羽越本線経由になって、愛称を「鳥海」にした。そしてもう1往復は「あけぼの」のまま、東北本線から小牛田《こごた》で陸羽東線を経由して新庄から秋田に向かうルートとした。

その「あけぼの」はA寝台個室やB寝台個室車を連結するようになったが、秋田新幹線の工事開始とともに陸羽東線経由も通れなくなって廃止となった。しかし、「あけぼの」は東京と秋田・弘前などを結ぶ列車名として慣れ親しんでいたために、上越・羽越線経由の「鳥海」を「あけぼの」に改称した。

平成13年に「白鳥」は廃止、24年に特急「日本海」の定期運転を中止、25年に常磐線の特急「ひたち」用E653系を耐雪耐寒改造を施して「いなほ」に投入する。26年には特急「あけぼの」の定期運転も中止し、さらに北海道新幹線が開通する前の平成28年3月に大阪—札幌間の「トワイライトエクスプレス」も廃止され、以後、新津—新発田間に定期の長距離旅客列車が走ることがなくなった。

羽越本線について地元からは、特急「いなほ」のスピードアップやフリーゲージトレインによる新幹線からの新在直通列車の運転などが要望されているが、JR東日本としては新潟駅で新幹線と「つばさ」が同じホームで乗り換えることができるようにしたことで、一応の利便性を高めたとして、それ以上についての今のところ考えていないようである。

【沿線風景】●新津—新発田間　新津駅は信越本線と磐越西線と接続し新津運輸区が近接している。さらに南側に旧新津工場である総合車両製作所新津事業所がある。東側に片面ホームの1番線、そしてホームに面していない中線、島式の第2ホームに面している2、3番線、同第3ホームに面している4、5番線、貨物着発線の6、7番線がある。

2番線を除いてすべての本線、副本線からすべての路線への発着は可能である。3番線以降から羽越本線に収束した線路と、1番線、中線、2番線から信越本線に収束した線路と平面交差する。平面交差した羽越本線の線路と1番線・中線から収束した線路とは国道460号の跨線橋をくぐった先で合流して単線になる。以前は図の破線の線路とシングルスリップポイントがあったが撤去された。このため羽越本線の列車は2番線では発着できない。

半径400mで左カーブし10・0‰の勾配で築堤を登って171mの能代川橋梁を渡る。渡りきると10・0‰の築堤を下る。次に1229mの阿賀野川橋梁を渡る。東海道新幹線の1373mの富士川橋梁ができる前は日本一長い鉄道橋だった。ここも10・0‰の勾配で築堤を登り降りする。

そして相対式ホームの京ケ瀬《きょうがせ》駅となる。北側の1番線がスルー線の上下本線になっている1線スルー駅である。かつての長大編成の夜行寝台特急や、今でも機関車を含んで21両編成の1000t牽引の貨物列車が走るために行き違い線は非常に長い。

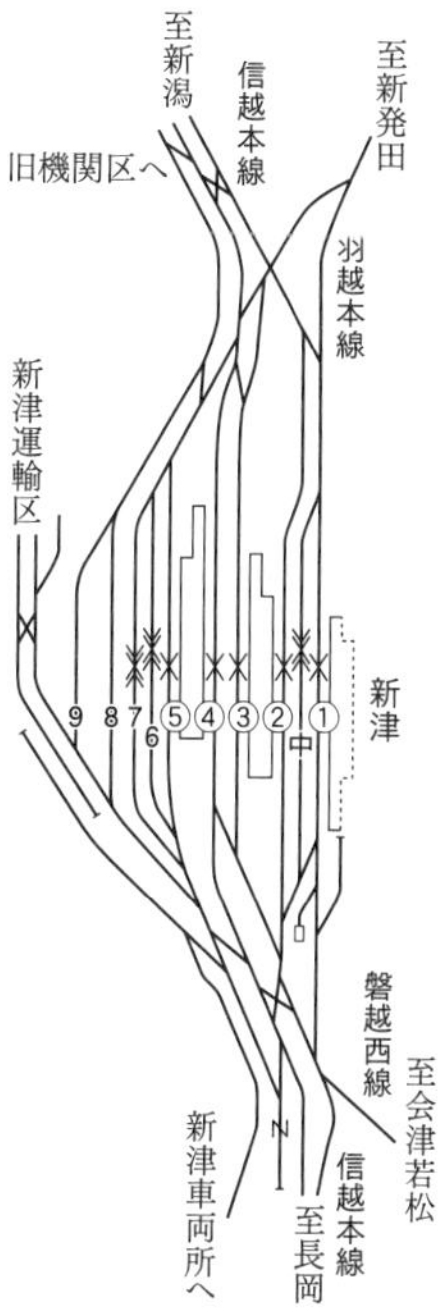

次の水原《すいばら》駅までの道のりのほぼ中央あたりに半径600mの左カーブがあるだけで前後は直線になっている。上り勾配だが、最大勾配は7・5‰がわずかにあるだけで、平均勾配は1・5‰になっている。

街中にある水原駅は、新津寄り右手に旧貨物側線を流用した横取線がある以外は京ケ瀬駅と同じ構造の1線スルー駅である。駅を出ると途中に半径1207mの左カーブがあるが、その前後は直線である。

次の神山《かみやま》駅はかつては右手がスルー線の1線スルー駅だったが、左手にあった上下副本線は撤去されて棒線化された。神山駅を出ると今度は半径1207mの右カーブが1か所あるだけである。

次の月岡《つきおか》駅は島式ホームで、右手新津寄りの線路が直線になっている。駅構内で左カーブがあり、新発田寄りは両開きポイントなので60㌔に制限されている。

月岡駅を出て次の中浦《なかうら》駅まで直線である。中浦駅は左手の下り本線がスルー線だったが、上り本線側の線路は撤去されて棒線になっている。ただしホームは残ってお

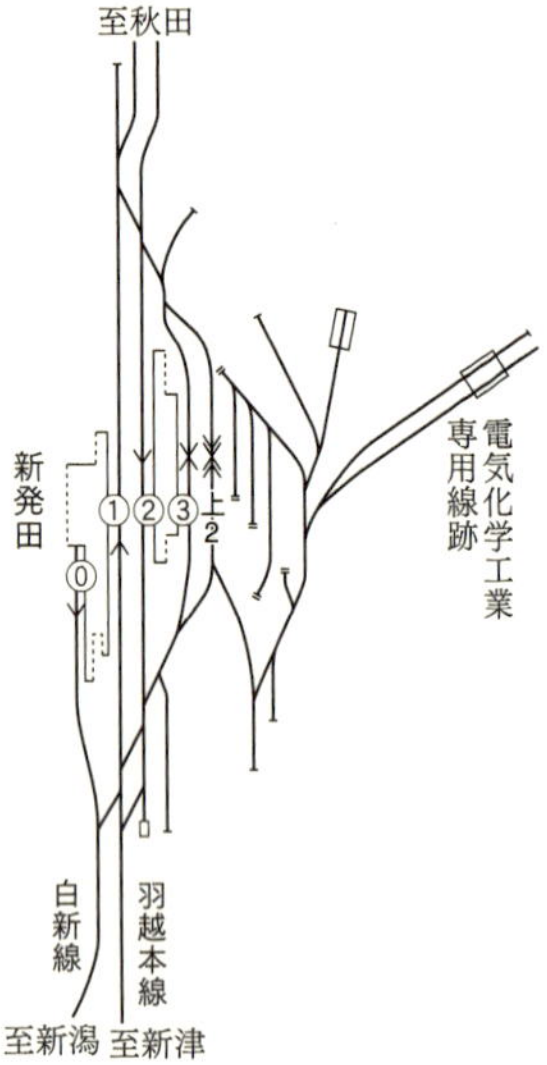

り、下り本線のホームと跨線橋で結ばれていて、上り本線のホームは駅郊外への階段があって東側から駅への乗り降りができるようにしている。

新発田駅まで半径1207mの左カーブが1か所あるだけで、ほぼ直線で進み、左手から白新線が合流してくると新発田駅である。

●新発田—村上間　新発田駅は片面ホームに面した下り本線の1番線があり、その新潟寄りの背面に白新線本線0番線の頭端切欠きホームがある。片面ホームの対面に島式ホームがあり、内側が上り本線の2番線、外側が上1線の3番線、その横に貨物着発線の上2線がある。上2線はほとんど貨物列車の着発がないので錆ついている。その隣に貨物側線が5線並行しているが、一部の線路が撤去され使われておらず、そこから電気化学工業の専用線がつながり同社サービスステーションまで伸びている。しかし使われていない。とはいえJR貨物の臨時車扱貨物駅になっている。

2番線から分岐して右にややカーブして止まっている線路がある。これは昭和59年に廃止された赤谷線の線路である。その先の線路跡は遊歩道兼自転車道として整備されている。

新発田駅の村上寄りで上下線は山側に1線分ずれる。下り線からまっすぐ伸びているのは引上線である。この引上線は貨物列車の入換用だったので、今は使われていない。

7・7‰で築堤を登り198mの加治川橋梁を渡ってから8・8‰で降りる。そして島式ホームの加治《かじ》駅となる。ここから次の金塚《かなづか》駅まで直線で進む。

金塚駅は上り本線の3番線に面して片面ホームがあるJR形配線で、島式ホームの内側は中線になっている。金塚駅から先は単線になる。中条駅までほぼ直線で進んで46mの船戸川橋梁を渡る。

中条駅は上り本線の1番線が片面ホームに面しているJR形配線である。島式ホームの内側は中線の2番線、3番線は下り本線である。

臨時車扱貨物駅で、下り本線の外側に貨物仕訳線があった。その仕訳線のほとんどは残っていて、秋田寄りにあるクラレ専用線とつながっている。しかし、村上寄りで下り本線と合流するポイントは撤去されている。

上り本線の新発田寄りには貨物ホームと貨物側線、そして水澤化学専用線との中継ヤードがあった。専用線の線路はほぼそのまま残っているが、授受線のヤードや貨物側線の一部は撤去され、そこにJR貨物の中条ORSが置かれている。

中条駅を出ると複線になる。左手にクラレ専用線跡が羽越本線と並行するが、ところどころで線路の一部は撤去されている。羽越本線は10・0‰の上り勾配で盛土を進むようになり、クラレ専用線跡は地平のままクラレ新潟事業所構内に入る。クラレ敷地内には仕訳線の一部や機回線が残っている。

羽越本線（新発田—間島）

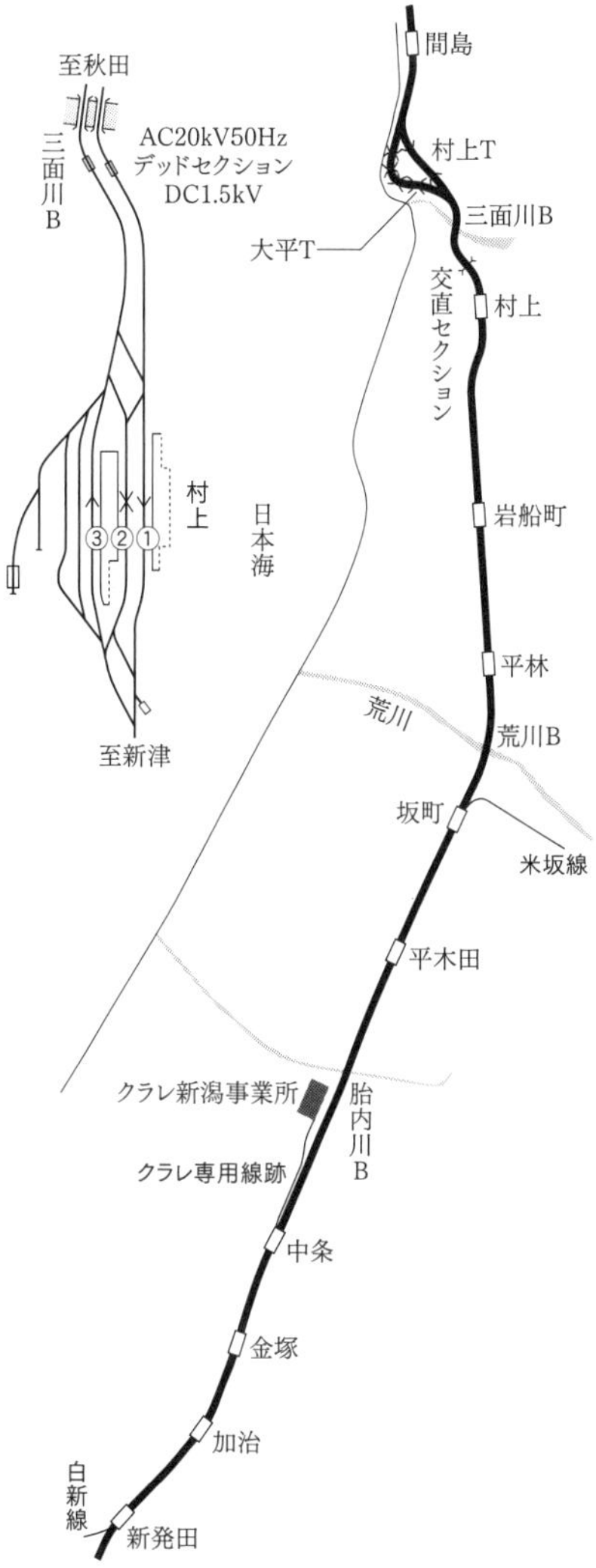

坂町に停車中の「いなほ」。一部の「いなほ」用E653系には扉の連結側側面に沿線のキャラクターが描かれている。左上の拡大写真は山形県の「きてけろくん」というキャラクター

羽越本線は盛土になる。この先で２１９ｍの胎内川《たいないがわ》橋梁を渡るためである。次の平木田《ひらきだ》駅は下り本線側に片面ホームがあるＪＲ形配線だったが、中線を廃止して棒線駅にした。中線の一部は残っている。

そして米坂線の分岐駅の坂町《さかまち》駅になる。島式ホーム2面4線で山側にある1番線は米坂線用のために非電化になっている。2番線が上り本線、3番線が下り本線、4番線が下1線である。4番線は羽越線直通の米坂線の上り列車が発着するが、一部は3番線でも発着する。

海側に広大な貨物仕訳線と坂町機関区があった。下1線の次に羽越上り貨物着発線、次に下り着発線、そして8線の仕訳線、そして機回線、さらにラッセル車留置線、直江津以遠行貨物留置線と富山以遠行貨物留置線があった。さらに村上寄りには機関区があった。

仕訳線の一部は保守用横取線に転用され、坂町機関区の転車台は残され、扇形車庫の土台も残されている。秋田寄りの海側に4番線から分かれる引上線が伸び、旧機関区から伸びる機折線への渡り線がある。また蒸気機関車への給水塔も残っている。

坂町駅を出ると半径1000mで左に曲がって461mの荒川橋梁を渡る。続いて半径1600mでさらに左に曲がり、右手に横取線がある相対式ホームの平《ひら》林《ばやし》駅となる。横取線は新発田寄り上り本線から分かれる。平林駅から約400m進むと単線になり、村上駅の手前までずっと直線になっている。

次の岩船町《いわふねまち》駅は島式ホームで上り線の山側に待避用貨物着発線の上下副本線がある。この先、平均2・8‰の下り勾配になって標高が1m前後の低地を走り、その先で6・1‰の上り勾配を進んで村上駅となる。村上駅の標高は7・7mである。

●村上―酒田間　村上駅は、東側の上り本線1番線が片面ホームに面しているJR形配線になっている。島式ホームの内側は中線の2番線、外側は下り本線の3番線になっている。その西側に留置線である下1線と下2線があり、秋田方下り本線を引上線代わりにして1～3番線と入換信号機によって出入りする。また、中線の2番線は同駅始発の坂田方面下り普通と新津方面上り普通が直列に並べられることも多い。

村上駅の秋田寄り、三面川《みおもがわ》の築堤を上る手前あたりに交直デッドセクションがある。ここを境に新津寄りが直流1・5kV、秋田寄りが交流50Hz20kVとなっている。新潟支社に所属する普通用車両は直流電車か気動車しかなく、交直両用の普通電車がないために、新潟方面から来た普通電車はすべて村上駅折り返しであり、村上駅を通り抜ける普通はすべて気動車である。

村上駅を出ると半径600mで右カーブし、前述したように直線になった付近に交直デッドセクションがある。それを過ぎると上下線が広がりながら下り線が半径400mで右にカーブして255mの三面川橋梁を渡る。

この先、下り線が旧線、上り線が線増線の別線たすき掛け線増区間になる。下り線は7・5‰の上り勾配になり441mの大平《おおひら》トンネルを抜け海岸沿いに走る。118mの瀬波《せなみ》、御多岐《おたき》、114mの岩ヶ崎《いわがさき》の三つのトンネルを抜けて上り線と合流する。上り線は内陸部を2333mの村上トンネルで抜ける。

上下線が合流して複線トンネルで161mの大月《おおつき》トンネルを抜けて間島《まじま》駅となる。左手下り線が片面ホームに面したJR形配線で島式ホームの内側は中線にな

羽越本線（間島―藤島）

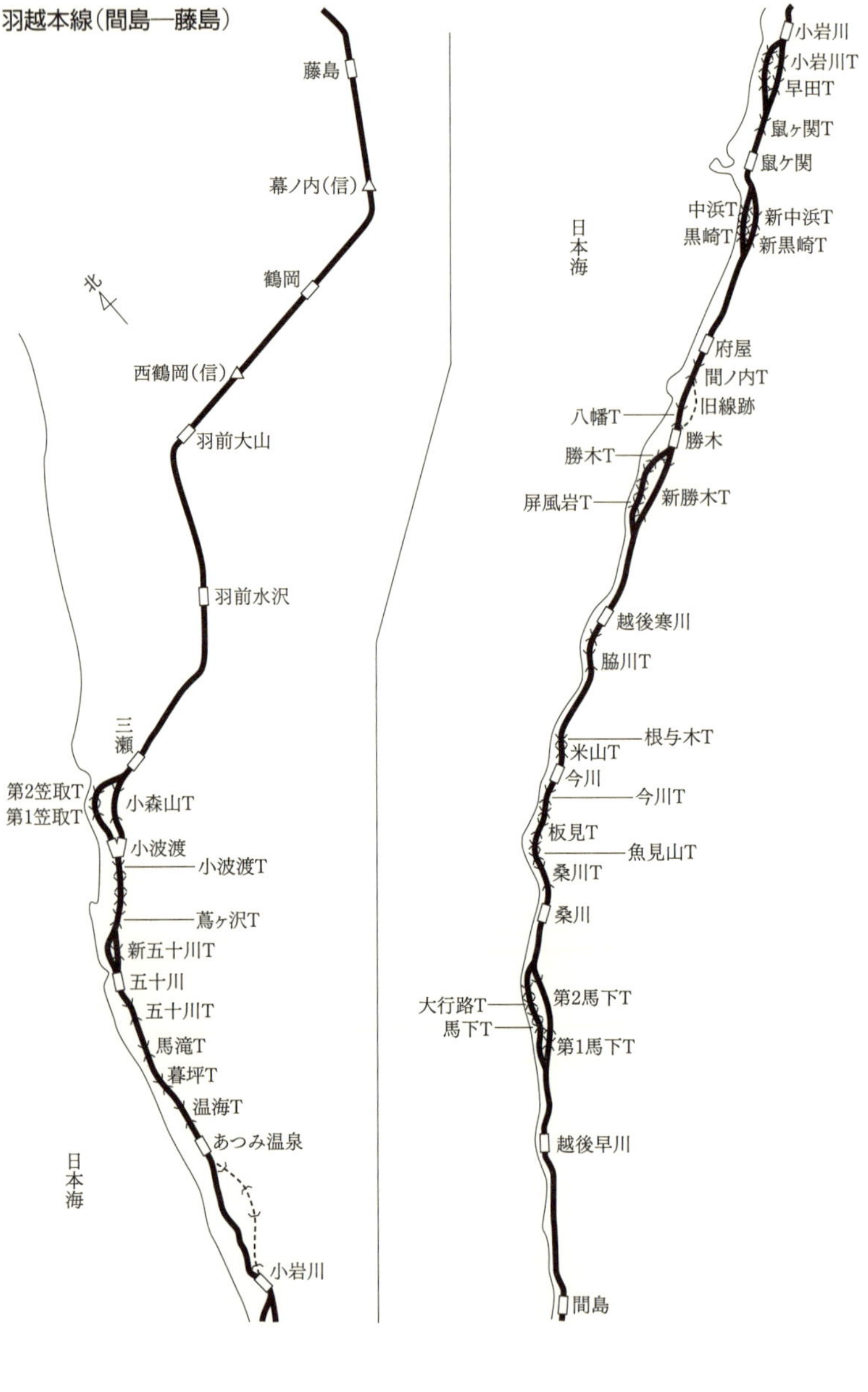
藤島
幕ノ内（信）
鶴岡
北
西鶴岡（信）
羽前大山
羽前水沢
三瀬
第2笠取T
第1笠取T
小森山T
小波渡
小波渡T
蔦ヶ沢T
新五十川T
五十川
五十川T
馬滝T
暮坪T
温海T
あつみ温泉
日本海
小岩川
小岩川
小岩川T
早田T
鼠ヶ関T
鼠ヶ関
日本海
中浜T
新中浜T
黒崎T
新黒崎T
府屋
間ノ内T
八幡T
旧線跡
勝木
勝木T
屏風岩T
新勝木T
越後寒川
脇川T
根与木T
米山T
今川
今川T
板見T
魚見山T
桑川T
桑川
大行路T
第2馬下T
馬下T
第1馬下T
越後早川
間島

っている。間島駅から次の越後《えちご》早川《はやかわ》駅までは単線である。

この先、各駅間は基本的に複線と単線が交互になっている。これによって駅での行き違い待ちを極力しないようにしている。国鉄時代に複線化したが、複線化の費用を軽減させるために、この方式をとった。

海岸に山が迫っている平地を縫うように走り、２８４ｍの間島トンネルを抜ける。左手には国道３４５号が並行する。次の越後早川駅はＪＲ形配線の中線を撤去された。村上寄りでは中線を流用した横取線がある。

越後早川駅からの３キロ余りは貼り付け線増による複線になっており、その先はたすき掛け線増による複線になる。上り線が線増線で95ｍの第1馬下《まおろし》トンネル、続いて２２７１ｍと長い第2馬下トンネルを通る。下り線は海岸線にへばりついて進み、山が海岸まで迫っているところはトンネルで抜ける。２５４ｍの馬下、２９８ｍの多真古平《たまこだいら》、２０５ｍの大行呂《おおこうろ》、88ｍの鳥越《とりごえ》山《やま》の四つのトンネルを抜ける。鳥越山トンネルの手前では長いスノーシェルターを抜ける。

鳥越山トンネルを抜けると第2馬下トンネルを抜けてきた上り線と合流し、ここからは貼り付け線増による複線になる。そして桑川《くわがわ》駅となる。海側の下り本線の1番線が片面ホームに面しているＪＲ形配線で島式ホームの内側は中線の2番線である。

桑川駅を出ると単線になる。３００ｍの桑川、３２９ｍの魚見《うおみ》山《やま》、３５４ｍの笹川《ささがわ》、４０８ｍの板貝《いたがい》、45ｍの小板貝《こいたがい》、３２６ｍの今川と六つのトンネルを抜けて、今川《いまがわ》駅となる。今川駅は相対式ホームだが、村上寄りに長い行違い線が伸びており、鶴岡寄りの半径４００ｍで左に曲がっているところに5両分の長さの相対式ホームがある。もとは行き違い用の信号場だったのを駅に昇格したために、必要最低限の長さのホームを後から設置したためである。

今川駅を出ても単線のままである。１２８ｍの柴《しば》山《やま》、２２９ｍの根与木《ねおき》、１４６ｍの宝来山《ほうらいざん》、２８３ｍの狐崎《きつねざき》、51ｍの寒川《かんがわ》の五つのトンネルを抜けてＪＲ形配線の越後《えちご》寒川《かんがわ》駅となる。

左手海側に1段低くなった個所に国道３４５号が並行しており、その向こうは海である。山側は少しだけ平地になっているので、ここに改札口を設け上り線に面して片面ホームを設置している。島式ホームの内側は中線である。集落は鶴岡寄りの駅を過ぎたところに広がっている。

越後寒川駅から複線になる。76ｍの単線並列の新蒲《しんぶ》萄川《どうがわ》橋梁を渡り、別線線増で複線化されているので複線トンネルの６９６ｍの（新）芦谷《あしたに》トンネルを抜ける。旧線は国道３４５号とともに海岸に沿って進んでいた。線路跡は自転車道と遊歩道になっており、スノーシェルターに覆われた先に短い旧芦谷トンネルがある。

現芦谷トンネルを出ると、今度はたすき掛け線増による複線になる。線増線の上り線は１９８７ｍの新勝《しんがつ》木《ぎ》トンネルがあり、その向こうで新勝木川橋梁を渡って勝木《がつぎ》駅がある。下り線は海岸沿いに進んで、５０５ｍの屏風岩《びょうぶいわ》、３３５ｍの鵜泊《うどまり》、２６３ｍの寝屋《ねや》、３７１ｍの勝木の四つのトンネルをくぐり、39ｍの勝木川橋梁を渡って勝木駅となる。

勝木駅は相対式ホームで、村上寄りはたすき掛け線増区間にあるために村上寄りで上下線は広がっている。勝木駅からは単線になる。駅の先で国道３４５号が内陸に入るために羽越本線を跨いで国道７号と合流する。

その３４５号をくぐってすぐに１６８ｍの（新）八《や》幡山《はたやま》トンネルがある。その横に単線トンネルの旧・八幡山トンネルの坑口が見える。ルートを変更して複線の新・八幡山トンネル、続いて７８２ｍの大崎山《おおさきやま》、５５２ｍの関ノ内《かんのうち》の四つのトンネルを抜ける。これらは複線トンネルになっているが、勝木—府屋間は単線のために、上り線側にしか敷かれていない。

関ノ内《かんのうち》トンネルを出ると左手に国道７号が並行してＪＲ形配線の府屋《ふや》駅になる。国道７号の向こうは海岸なので、片面ホームは右手上り線側にあり、島式ホームの内側は中線である。村上寄り片面ホームの反対側に貨物側線と貨物ホームが残っており、現在は横取線として使用されている。

府屋駅から複線になる。駅の酒田寄りで半径６００ｍで右に曲がり、その先で中線が上下線と合流、次に半径４００ｍで左カーブして１５２ｍの大川橋梁を渡る。

上下線がやや離れる程度のたすき掛け線増区間になる。旧線の下り線には77ｍの黒崎《くろさき》トンネル、線増線の上り線には２５５ｍの新黒崎トンネルがある。その先で通常の間隔で複線になってからまた離れる。下り線に１３７ｍの鼠噛《ねずみかじり》、１１７ｍの中浜の二つのトンネルがあり、上り線は８２９ｍの新中浜トンネル１本だけである。

上下線が合流して通常の複線の間隔になって山形県に入る。すぐに右カーブしてＪＲ形配線の鼠ケ《ねずが》関《せき》駅がある。駅全体も右カーブ上にある。左手に鼠ヶ関の住宅地が広がっており、下り本線が片面ホームに面し、島式ホームの内側が中線になっている。

国道7号を乗り越した先に１５２５ｍの鼠ヶ関トンネルに入る。別線線増時に掘削した複線トンネルである。同トンネルを出ると上下線が分かれた、たすき掛け線増区間になる。線増線の下り線は90ｍの新早田《しんわさだ》、新小岩川、第2小岩川、２１２ｍの第１小岩川の四つのトンネルがある。旧線の上り線には１２１ｍの早田と８７５ｍの小岩川の二つのトンネルがある。

上下線が合流してすぐに相対式ホームで半径６００ｍの左カーブ上に小《こ》岩川《いわがわ》駅がある。

同駅から単線になるが、駅の右前方に別線線増でルートを変更する予定で掘削した複線トンネルである新住吉山トンネルの坑口が見える。

羽越本線は単線で２６５ｍの住吉山、96ｍの大岩川、１９０ｍの釜谷《かまや》坂《ざか》の三つのトンネルを抜け、66ｍの温海《あつみ》川《がわ》橋梁を渡り、あつみ温泉駅となる。後方左には掘削ずみの複線の宮名トンネルの坑口が見える。

あつみ温泉駅は下り本線が片面ホームに面し、島式ホームの内側が中線となったＪＲ形配線になっている。同駅からまた複線になる。

１０６５ｍの温海《あつみ》、暮坪《くれつぼ》、１８５ｍの黒滝《くろたき》、５８２ｍの五十《いら》川《がわ》の各トンネルを抜けて島式ホームの五十《いら》川《がわ》駅となる。

島式ホームは酒田に向かって扇状に広がっている。小区間ながらも、たすき掛け線増になっているからである。そのため線増線の上り線には複線で55ｍの新五十川トンネルがあるが、旧線の下り線にはトンネルがない。

駅の山側に隣接している遭龍寺《そうりゅうじ》のアプローチ道が、

複線構造になっている新五十川トンネルの建設によってなくなった。同寺へは新たにトンネルを掘らなければならないが、それは行わなかった。とりあえず、旧線を残して、これを下り線とした。複線トンネルの新五十川トンネルの上り線となるべき路盤を同寺へのアプローチ道にし、その隣の本来は下り線にする路盤を上り線として使っている。

そして五十川橋梁を渡った先からは別線線増を行って一直線に進む。途中１８５４ｍの蔦ヶ沢《つたがさわ》、１１３ｍの大波渡《おおばと》、３４７ｍの堅苔沢《かたのりざわ》、６３８ｍの小波渡《こばと》の四つの複線トンネルを抜けて相対式ホームの小波渡《こばと》駅となる。旧線は波渡崎を通る海岸に沿って進んでいたのを別線線増で短絡した。

小波渡駅は相対式ホームだがこの先はたすき掛け線増がなされたために線路とホームは酒田駅に向かって扇状に広がっている。

旧線を使っている下り線は海岸線に沿って大回りをしている。途中に８０８ｍの第2、１９５ｍの第１の二つの笠取《かさとり》トンネルを抜ける。線増線の上り線は１８０７ｍの八森山トンネルで短絡して三瀬《さんぜ》駅に達する。

三瀬駅は半径６００ｍの左カーブ上にあるＪＲ形配線の駅である。下り線が片面ホームに面し、島式ホームの内側が中線である。この先で最大勾配10・0‰、平均勾配9・0‰の上り勾配で山越えをする。途中から下り線が１４０８ｍの矢引《やびき》、上り線が新矢引とした単線並列トンネルを通る。トンネル内で1・5‰の下り勾配になりトンネルを出ると半径１６００ｍで大きく左カーブしながら10・0‰の連続勾配で降りていく。

そして平地に出てＪＲ形配線の羽前水沢《うぜんみずさわ》駅となる。上り本線である１番線が片面ホームに面し、島式ホームの内側が中線、外側が下り本線である。その向こうに下り１番貨物着発線があり、ここから水澤化学工業専用線がつながっている。コンテナと車扱の貨物駅になっているが、貨物量が少ないので、貨物列車の発着はなく、隣接している羽前水沢ＯＲＳから酒田港駅へのコンテナ積載トラック便を走らせている。専用線には入換用のディーゼル機関車が留置されている。

羽前水沢駅を出ると半径８００ｍで左に曲がってから直線になる。半径６００ｍで右に曲がり大山川を56ｍの八沢橋梁で渡ると島式ホームの羽前大山駅となる。下り本線の隣に下1線があり、酒田寄りに出発信号機がある。この出発信号機は動作しているものの、下1線の途中に枕木が置かれて通り抜けはできなくなっている。下1線の酒田寄りで側線がつながっている。冬期の正式車両による除雪車が側線から酒田方面へ出発できるための出発信号機と思われる。

羽前大山駅を出て単線になる。途中に半径2414mの緩いカーブがあるものの、その前後は直線である。国道112号をくぐった先に行き違い用の西鶴岡信号場がある。山側の線路が直線の上下本線になっている1線スルーの信号場である。行き違いをしないときは上下列車とも上下本線を通る。

さらに直線で進んで青龍寺川《しょうりゅうじがわ》橋梁を渡ると、JR形配線の鶴岡駅となる。山側の上り本線が片面ホームに面し、島式ホームの内側が中線である。鶴岡城は南側にある。

90mの内川《うちがわ》橋梁を渡り、半径1006mで左にカーブして北東方向に進む。途中に行き違い用の幕ノ内信号場がある。こちらは海側が上下本線になっている1線スルー信号場である。

次の藤島《ふじしま》駅は島式ホームで山側にヤードがあったが一部を保守用横取線として残し、ほとんどは撤去されている。同駅から複線になって74mの藤島川《ふじしまがわ》橋梁を渡り、半

鼠ケ関—小岩川間を走る「いなほ」

小波渡—三瀬間を走る快速「きらきらうえつ」

径800mで左カーブして北向きで走るようになる。そして相対式ホームの西袋駅を過ぎて、田園地帯から街中に入り左に大きくカーブ、陸羽西線が右手から合流してきて余目《あまるめ》駅となる。

余目駅は島式ホーム2面5線で、海側から1番線になっている。1番線は下り貨物着発線で短い片面ホームに面しているが、このホームは線路側に柵を設置していて乗降できない。2番線は下り本線、3番線は上り本線、4番線は磐越西線から酒田直通列車、5番線は磐越西線新庄方面となっている。

4、5番線は電化されており村上と酒田の両方向に出発できる。このため貨物列車や羽越本線の上下電車なども発着できる。両端に上下渡り線がある。酒田寄りは酒田行の磐越西線列車の転線用、村上寄りは村上方面から陸羽西線への直通列車が設定できるようにしたものだが、羽越本線下り列車を4、5番線に入線させることもできる。

左手海側にある駅舎の屋根に白いドームに囲われた

羽越本線(藤島—吹浦)

ドップラーレーダーが置かれている。2005年暮れに突風によって特急電車が転覆脱線したため、突風感知用に置かれたものである。

半径730mで右カーブして相対式ホームの北余目駅を過ぎた先で9・8‰の上り勾配になる。この付近で転覆脱線を起こした。ここに羽越本線列車事故慰霊碑が置かれている。勾配を登りきると609mの第2最上川橋梁を渡り、10・0‰で降りる。

半径800mで左カーブして島式ホームの砂越《さごし》駅があり、その先でさらに半径600mで左に曲がる。直線になって東酒田駅となる。下り線が片面ホームに面したJR形配線だが、中線を撤去して棒線になっている。

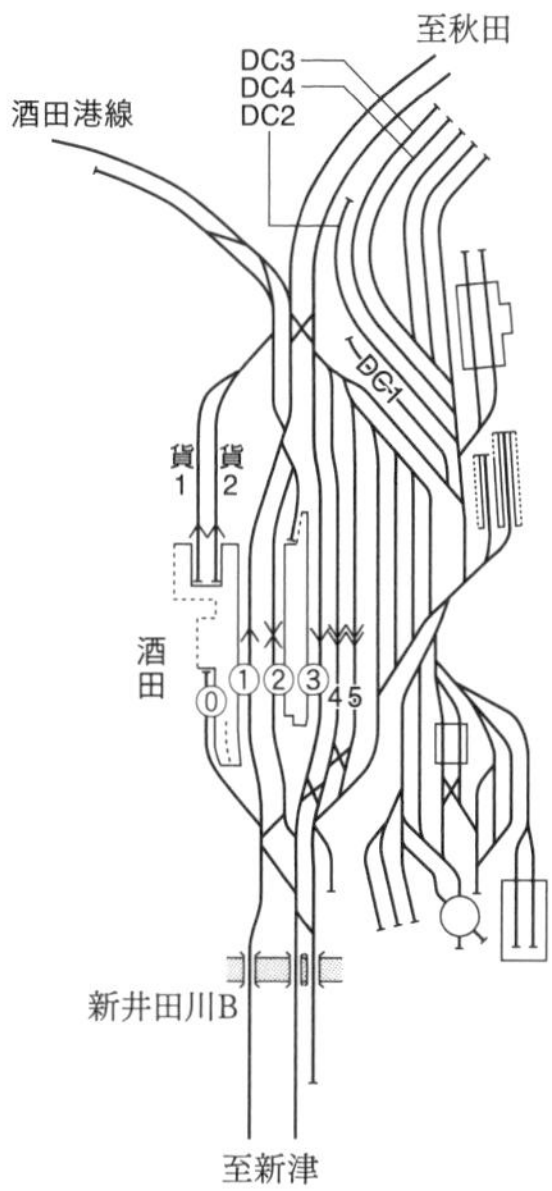

市街地に入って半径800mで左にカーブしながら上下線が広がる。直線になって右手に引上線が並行して54mの新井田《にいだ》川橋梁を渡ると酒田駅となる。
●酒田—秋田間 酒田駅はJR形配線に加えて、左手に片面ホームの1番線があり、その村上寄りの背面に切欠きホームの0番線がある。0番線は陸羽西線直通列車が発着し、線路名は表1番陸西上下線である。1番線は下り本線、島式ホームの内側は2番線の中線、外側が3番線の上り本線、続いて貨物着発線の4番線と5番線がある。4番線は副本線の上1線、5番線は同上2線である。
続いて上6番から上9番の側線が並んでいる。上6番から9番までは旧貨物仕訳線である。上り10番線もあったが撤去されている。その次に元機回線の現通路線、そして洗浄線が2線並ぶ。通路線の村上寄りに機関庫と転車台がある。これら線路は秋田寄りの気動車留置線（DC1～4番線）などとともに酒田運輸区に所属している線路である。

1番線の秋田寄りの背面に切欠きホームの貨物1番線と2番線がある。酒田駅で分岐する酒田港線酒田港駅への貨物列車の着発線である。酒田港線の貨物列車は1日2往復が運転され、内1往復は新潟貨物ターミナルまで走り、もう1往復は新潟貨物ターミナル↓札幌貨物ターミナル間の下り貨物列車から酒田駅で酒田港に向かうコンテナ貨車を解放する。また、酒田港駅に機関車を常置せず、酒田駅に置かれている。酒田—酒田港間で機関車だけで走る単機回送列車が2往復設定されている。

JR東日本のほうは酒田駅までが新潟支社の管轄、次の本楯《もとたて》駅からは秋田支社の管轄である。

酒田駅を出ると左手から酒田港線が分かれ、半径404mで右にカーブする。右手には気留線群が並行する。気留線群がなくなると曲線半径は504mに緩まる。直線になって20mの豊川を渡ると、周囲は市街地から一気に田園地帯に変わる。

国道7号、続いて日本海東北自動車道をくぐって本楯駅となる。上り線が片面ホームに面したJR形配線の中線を撤去した棒線駅である。

ここから単線になってまっすぐ進む。25mの日向川《ひゅうが》橋梁を渡った先で相対式ホームの南鳥海《みなみちょうかい》駅となる。左側が上下本線の1線スルー線の構造をしている。酒田寄りで単線から複線に分岐してから半径1600mで左カーブし、直線になる少し手前からホームがかかる。このため酒田方の出発信号機がよく見えないので2線ともホーム端に中継信号機が置かれている。秋田寄りの合流部分は、もとは両開きポイントだったのをスルー線のS字カーブを緩めてカーブ中央の直線部で上下副本線を合流させている。

直線で進んで上り線が片面ホームに面しているJR形配線の遊佐《ゆざ》駅となる。町並みは上り線側で広がっている。遊佐駅からまた複線になるが、少し走ると上下線の間隔が広がって単線並列で44mの高瀬川橋梁を渡る。渡ると通常の間隔に戻り半径800mで大きく左に曲がる。しばらく直線で進み57mの洗沢川《あらいさわがわ》橋梁を渡り、半径600mで左にカーブして57mの牛渡川《うしわたりがわ》橋梁を渡る。半径600mで今度は右カーブしているところに吹浦《ふくら》駅がある。

上り線が片面ホームに面しているJR形配線で、中線の酒田寄りではＹ形分岐をしている。秋田寄りは下り線に合流するだけである。この先は単線になるのでこれで不都合はない。

駅を出ると左手の吹浦魚港越しの奥に日本海が見える。十六羅漢岩《じゅうろくらかんいわ》まで突き出た半島の付け根を６３３ｍの吹浦トンネルで抜ける。山が日本海まで迫ってきているので、羽越本線は海岸に沿って、半径４００ｍのカーブで右に左に曲がっていく。海岸に沿っているが10・0‰の勾配で登っていく。

そして相対式ホームの女鹿《めが》駅となる。ホームは２両編成分しかない。左側が上下本線の１線スルー駅で酒田寄りは半径４００ｍで左に曲がっている。行き違いをしないときの上り列車は上下本線を通る。元は行き違い用の信号場だったのを昭和62年に駅に昇格したものだが、乗降客はほとんどおらず、いても通学生だけのために普通列車のうち下りは12時以降の４本、上りは午前の２本しか停まらない。

海岸から離れた高台を通っていく。女鹿駅の標高は23・0ｍである。上り勾配とカーブが続き秋田県に入

羽越本線(吹浦—羽後本荘)

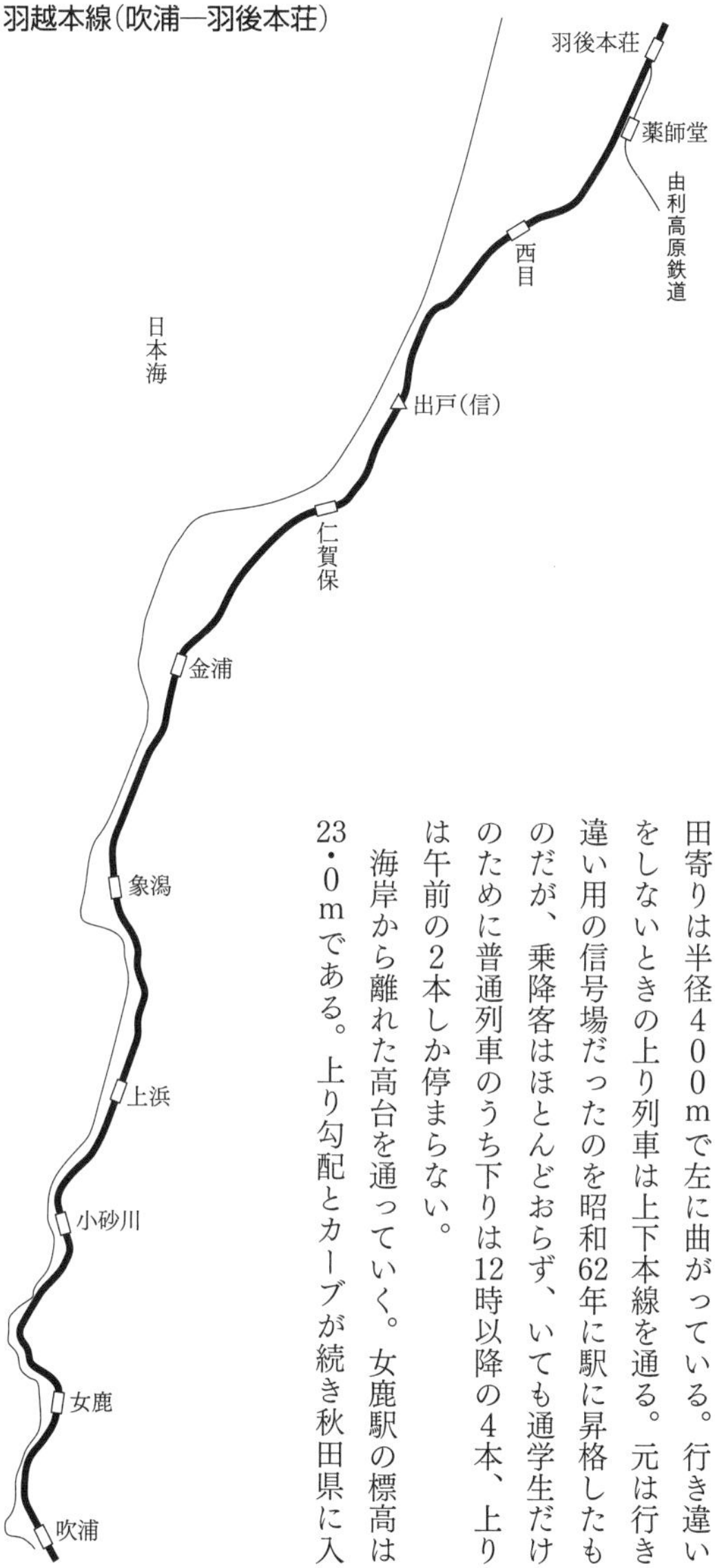

って相対式ホームの小砂川《こさがわ》駅となる。標高は34・2mである。両端の分岐ポイントは両開きである。同駅から10・0‰の下り勾配になる。

次の上浜《かみはま》駅は相対式ホームで酒田寄りで上り線が合流する形になっており、分岐してから半径600mで左に曲がっている。ホーム面とその先は直線で、やはり上り線が分岐側になっている。しかし1線スルー構造ではなく通常の左側通行をする。

一旦上り勾配なってから下り勾配に転じ、53mの奈曽川《なそがわ》橋梁を渡り、市街地に入ってJR形配線の象潟《きさかた》駅となる。下り本線が片面ホームに面しており、島式ホームの内側は上り本線となっている。酒田寄りは右カーブしている。象潟駅の標高は2・9mである。

地形がなだらかになりカーブも少なく勾配も緩い。右手の田園地帯に多数の小さな丘が点在している。これが象潟の名の由来になった風景で、別名九十九島《くじゅうくしま》と呼ばれている。

その先にJR形配線の金浦《このうら》駅がある。酒田寄りは半径1200m、秋田寄りは半径400mで右カーブしている。島式ホームの内側は上り本線である。金浦駅からは複線になるので島式ホームの外側の上1線から下り本線に転線できるように秋田寄りに渡り線がある。

やや内陸に入って上り勾配になり41mの白雪川《しらゆきがわ》橋梁を渡って10・0‰の勾配で下る。再び上り勾配で進み、仁賀保《にかほ》駅となる。下り本線が片面ホームに面し島式ホームの内側が上り本線である。下り本線から外側の上1線の3番線に入るために酒田寄りに渡り線がある。その副本線の隣に側線が1線あって、その向こうに空地が広がり貨物ホームもある。かつてあった帝国石油と東京電気化学工業の専用線の跡である。

仁賀保駅から単線になる。市街地を通り過ぎて一度海岸に近寄り、内陸部にやや入り国道7号と並行したところに出戸《でと》信号場がある。右側が上下本線の1線スルー構造の行き違い用信号場で、酒田寄りで半径1200mで右カーブしている。

10・0‰の上り勾配になり国道7号を乗り越し、201mの出戸トンネルに入る。トンネル内は1・8‰の上り勾配である。出ると10・0‰の連続下り勾配になる。レベルになって街中に入りJR形配線の西目《にしめ》駅となる。上り本線が片面ホームに面し、島式ホームの内側は下り本線である。ここから複線になるため下1線へ上り本線から入れるように渡り線が秋田寄りにある。10・0‰の勾配で上り、上下線が広がって単線並列の船岡トンネルに入る。トンネルの長さは下り線が294m、上り線が186mである。下り勾配になって田園地帯を走り、右手から由利高原鉄道が近寄ってきて並行した先に羽後本荘駅がある。

島式ホーム2面4線で海側の島式ホームの両側に上下本線がある。1番線が下り本線、2番線が上り本線である。山側の島式ホームの内側は3番線の上1線、外側が4番線の由利高原鉄道本線になっている。3番線は酒田と秋田の両方面に出発できる。

その向こうにかつての貨物ヤードがあるが、由利高原鉄道につながっている1線を残して羽越本線にも由利高原鉄道にも接続していない。由利高原鉄道とつながっている1線は秋田寄りで3番線とつながっている。下り本線から上1線に出入りできるように酒田と秋田の両端に渡り線がある。また、海側に下1線があり、秋田寄りにあった貨物ヤードは撤去され、JR貨物の羽後本荘ORSとなっている。

羽後本荘駅を出て盛土になって250mの子吉《こよし》川橋梁を渡りなだらかな地形を走る。半径600mで右に曲がり48mの芋川《いもがわ》橋梁を渡ると下り本線が片面ホームに面した元JR形配線の羽後岩谷《うごいわや》駅となる。島式ホームの内側の中線の架線は撤去され、保守車両の上下転線用に使用されている。また、上り線の山側に上1線があるが、これも保守用横取線に転用されている。

直線で進んでから半径1000mで左に大きく曲がる。途中から10・0‰の上り勾配になり、上下線が広がりたすき掛け線増の複線になる。上り線が線増線で先に折渡《おりわたり》トンネルに入る。上りトンネルの長さは1705m、その先で下り線もトンネルに入る。長さは1430mである。両トンネルとも秋田寄りで左にカーブし上り線のほうが勾配が緩い。

その先に短い相対式ホームがある折渡《おりわたり》駅となる。もともと行き違い用信号場だった。酒田寄りが複線化されると複線から単線になる複線始終端形信号場となり、昭和62年に駅に昇格した。乗客はほとんどなく普通列車のうち下りは朝と午前、午後の早い時間帯に各1本の3本、上りも朝と昼、そして夕方に各1本の3

本しか停まらない。

右カーブ上にホームがあり、カーブが終了して直線になってから下り線に上り線が合流する形で単線になる。

その先で当初9・0‰続いて10・0‰の連続下り勾配になる。途中に半径3200mと2000mの緩い右カーブがあるが、ほぼ直線で谷間を降りていき、地形が開けて羽後亀田駅となる。

JR形配線だが大いに変形している。まず、両側分岐で上下本線が分かれ、下り本線から左側に分岐して片面ホームに面した下1線の1番線がある。片面ホームがなくなると2番線の下り本線と3番線の上り本線に囲まれた島式ホームがある。また、片面ホームの向こうには短くて古い片面ホームがある。そのホーム上に島式ホームへの跨線橋の階段がのっている。このホームに面して横取線が置かれている。

さらに少し下って半径500mで大きく右に曲がりながら国道7号をくぐる。海岸に沿って直線で北上す

羽越本線(羽後本荘—秋田)

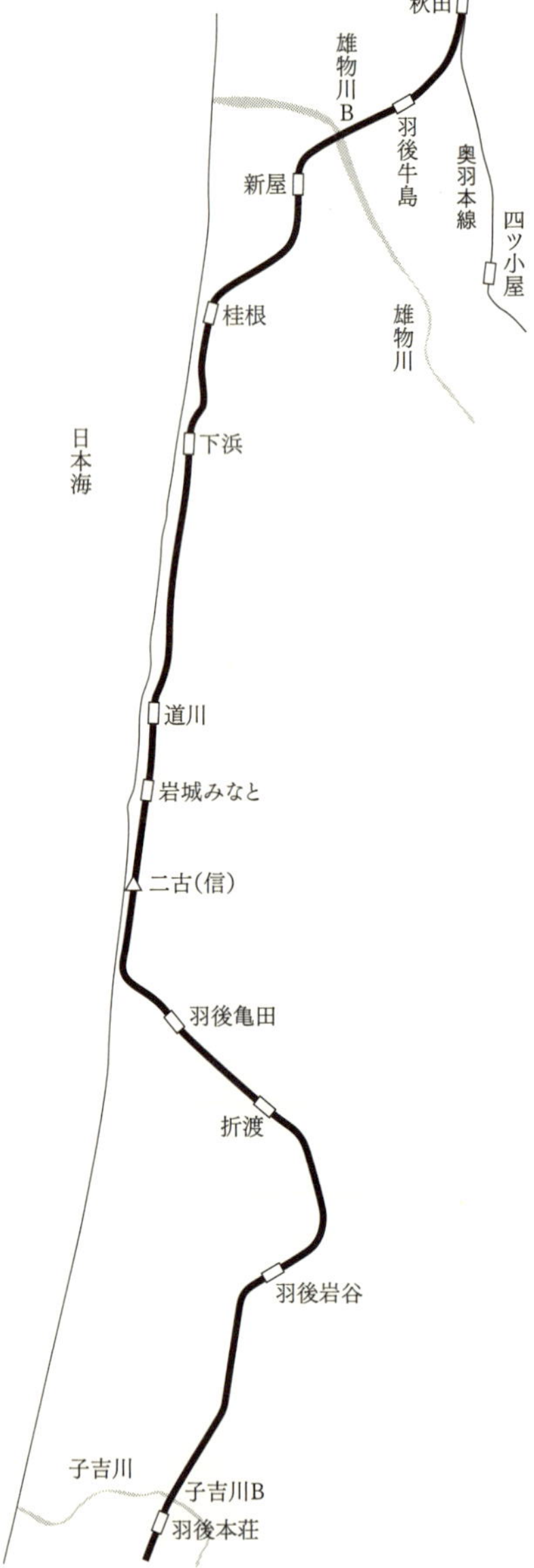

るようになる。両側は吹雪防雪林になっている。途中に右手が上下本線になっている1線スルー構造の二古《ふたご》信号場がある。

国道7号をくぐった先に右側に片面ホームがある岩《いわ》城《き》みなと駅がある。平成13年に開設された新しい駅である。

45mの君ヶ野《きみがの》川《かわ》橋梁を渡ると道川駅となる。下り本線が片面ホームに面したJR形配線になっており、島式ホームの内側は中線である。同駅から複線になる。駅の前後で右カーブしている。

海岸と国道7号と並行しながら北上する。次のJR形配線の下浜《しもはま》駅は下り本線が片面ホームに面し、島式ホームの内側は中線になっている。下浜駅を出ると単線になる。

半径500mで右に大きくカーブしたところに相対式ホームの桂根《かつらね》駅がある。1線スルー構造で上下本線の1番線に面して片面ホームがあるだけである。上下副本線側にも片面ホームがあったが、平成28年に撤去した。同駅も行き違い信号場だったのを駅に昇格したもので、下り普通は朝2本と夕方1本のみ、上り普通は朝1本と夕夜間に3本停まるだけである。停車する列車は行き違いをしないので上下本線にだけホームがあればいいのである。

海岸線から離れて内陸に入り丘を越える。下り勾配になって242mの尾《お》の沢《さわ》トンネルを抜ける。10・0‰の連続下り勾配を降りきると市街地に入って島式ホームの新屋《あらや》駅となる。右カーブ上に駅があり、上下線とも秋田と酒田の両方向に出発でき、秋田方面の同駅折返電車が6往復設定されている。この折返電車は上り本線の2番線で折り返している。

国立食料倉庫と十条製紙秋田工場の専用線があったので授受のための貨物側線があった。下り本線側には横取線となった1線が、上り線側にはヤードの空地が残り本線と接続していない線路が1線だけ残っている。

新屋駅を出ると右に大きくカーブして600mの雄《お》物《もの》川橋梁を渡ってまっすぐ進むと羽後《うご》牛島《うしじま》駅である。下り本線と上り本線に囲まれた島式ホームのほかにホームに面していない貨物着発線の下1線、続いて4線の貨物側線と酒田寄りには引上線がある。貨物取扱は平成18年で廃止、引上線の側線寄りに枕木を設置していけないようにしている。下1線は朝に秋田→新屋間の回送電車が停まっている。

羽後牛島駅を出て、半径700m、続いて1200mで左カーブして奥羽本線と合流し秋田駅となる。

秋田駅では西側の片面ホームに面した2番線である羽越下り本線、島式ホームに面した3番線である羽越2番線と4番線である羽越本線で発着する。貨物列車は1番線と2番線の間にある羽越1番線を通る。いずれの線路も奥羽線も含めた両方向に発車できる。

【車両】 特急「いなほ」用のE653系1000番台7両固定編成は、常磐線の「フレッシュひたち」を転用改造したものである。

車体塗色を稲穂や日本海の夕日をイメージする独自のカラーに変更、各号車に新潟、山形、秋田のJRキャラクターの絵柄を入れている編成もある。また、耐寒耐雪工事を行っている。

「フレッシュひたち」は普通車だけのモノクラス編成だったが、「いなほ」ではJR東日本の在来線で最長のロングラン列車のためにグリーン車を必要とした。そこで秋田寄り1号車をグリーン車に改造した。JR東日本の多くのグリーン車が横2&2列になっているのを、「いなほ」では横1&2列にした。さらにシートピッチを1820㎜と拡大してゆったりとした座席にするとともに各座席に仕切りを設けてプライベートが保たれるようにした。さらに連結面寄りにラウンジスペースを設けている。

新発田—村上間の直流区間では白新線と共通運用のE129系を使用するが、村上をまたぐ交直流区間を走る普通は交直両用電車がないために気動車のキハ110系とキハE120形、キハ47形を使用する。これら気動車は新津運輸区所属のために新津発着の普通の一部もこれら気動車を使用している列車もある。

GV—E400系電気式気動車3両が先行量産試作車として新津運輸区に搬入されたが、現在、試験走行中である。

ディーゼルエンジンによって発電機を回し、発生した電力で電車と同じ電気モーターで走行するのが電気式気動車である。

GV—E400系の主電動機は誘導モーターとなっており、1両に2個を装備している。発電機からは主回路と補助回路に分けるとともに蓄電池にも電気を送る。最高速度は100キロとしている。

ステンレス車体でGV―E400形は両運転台でトイレ付、GV―E401片は片運転台でトイレ付、GV―E402形は片運転台でトイレなしとなっている。

両端にそれぞれ片側1か所の片開き扉があり、中央に3組のボックスシート、その両端にロングシートがある。ボックスシートは横1&2列になっている。ロングシートの一部には機器室があり排気管が通っている。

交流区間では701系を使用している。

【ダイヤ】●上越新幹線と「いなほ」 新潟駅で「いなほ」に接続する上越新幹線電車には多数の停車駅パターンがある。

下りの最速達電車は「とき」311号で停車駅は大宮のみ、東京―新潟間の所要時間は1時間37分である。新潟駅での「いなほ」3号との接続時間は8分と短い。東京―酒田間の所要時間は3時間52分である。

上りの最速達電車は「とき」312号で停車駅はやはり大宮だが、所要時間は1時間39分と下りよりも2分遅い。

下り電車は大清水《だいしみず》トンネルの新潟・群馬の県境から浦佐駅までほぼ12‰の下り勾配があり、浦佐―長岡間でも下り勾配区間が長い。このためほぼ連続して240キロで走り続けることができる。

上り電車についてはどうしても力行しつづけるために240キロを下回る速度になってしまう。大清水トンネルの群馬県側に入ると10‰の下り勾配になるが、次の中山トンネルでは湧水を避けるために建設時にルートを変更した。このため半径1500mの急カーブがあり、上下電車とも160キロに速度を落とす。このため下り勾配区間で所要時間を縮めることができず2分の差が生まれるのである。

さらに新潟駅で「いなほ」4号と「とき」312号の接続時間は16分と下りの倍の時間をとっている。このため酒田―東京間は3時間59分となっている。接続時間を8分にすると所要時間は3時間51分になる。「とき」は上りのほうが遅いが、「いなほ」は上りのほうが速いのである。

「いなほ」の下りは2時間7分～2時間11分、上りは2時間3分～2時間6分と上りほうが速い。

最遅については、下りは「Ｍａｘとき」３４１号と接続する。３４１号は上越新幹線で上毛高原《じょうもうこうげん》を通過するだけなので所要時間は2時間16分にもなる。接続する「いなほ」13号は新潟―酒田間を2時間9分で走り、接続時間は9分、東京―酒田間は4時間37分と最速よりも38分遅い。

上りは「Ｍａｘとき」３３６号で、同電車は浦佐のみ通過をして所要時間は2時間11分である。「いなほ」10号が接続、接続時間は13分、酒田―東京間は4時間30分である。

上越新幹線は北陸新幹線開業後、速達電車の運転本数がめっきり減った。「いなほ」接続列車だけは準速達列車以上とし、その準速達列車は停車駅を上野、大宮、高崎、長岡の4駅として所要時間を短くしたほうがいい。最新の北陸新幹線用Ｅ7系によって最高速度を２６０キロにしてさらに短縮すればいい。

なお、定期の「いなほ」は新潟―酒田間が4往復、新潟―秋田間が3往復である。

●新津―新発田間　かつては新潟駅を寄らない長距離列車が結構走っていたが、すべてなくなってしまった。ときおり臨時列車の「四季島」が走るだけである。貨物列車についても新潟貨物ターミナルに寄る列車があるため、同区間を走る列車は多くはない。各駅の長い行き違い線はもてあまし気味である。

ほとんどが気動車列車である。朝の1番は村上―酒田間などに使う気動車の出庫を兼ねた酒田行で、キハ１１０形2両編成が走る。次に水原駅や京ケ瀬駅から新津駅を経て新潟に向かう通勤・通学客が多いため、キハ47形2両編成の新津―水原間の区間列車が走る。次に新発田にある四つの高校への通学用として１２９系4両編成が走る。

昼間時は2時間前後の間隔で気動車が単行または2両編成で運転される。夕方になると1時間間隔程度に縮まることもあるが、概ね2時間間隔の運転である。

●新発田―村上間　白新線からの直通が圧倒的に多い。朝のラッシュ時上り新潟方面は１２９系6両編成が2本走る。

その前の村上発5時53分は快速で、停車駅は坂町、中条、加治《かじ》以西各駅となっている。新潟駅で上越新幹線「とき」３０６号に連絡する。しかし、接続時間は

22分もある。使用車両は129系4両編成である。

その前の村上発5時28分は新潟駅で「とき」304号に連絡する。こちらの接続時間は17分である。この電車が村上駅から一番早く東京に行ける新幹線連絡電車である。新幹線と同じホームで乗り換えができるようになったのだから、接続時間を短くしてもいいといえる。先述の快速を白新線内で豊栄駅のみ停車にすれば「とき」304号に十分接続できる。

129系6両編成が2本運転され、その次の列車は鼠ケ関発新津行でキハ47形3両編成である。新発田駅で「いなほ」4号と同駅発の越後線吉田《よしだ》行普通に連絡している。

昼間時は概ね1時間間隔だが、村上発12時26分の次は14時16分と約2時間間隔になっている。上りも13時台の運転はなく、やはり2時間間隔になっている。

夕ラッシュ時上りに酒田発新津行気動車が走る。あまりにも遅いために特急「いなほ」に抜かれ、新発田駅では白新線電車との接続もない。下りに関しては約40分または約50分間隔になっている。

夜間にE653系を使用する通勤ライナーの「らくらくトレイン村上」が新潟—村上間に走る。停車駅は豊栄、村上、中条、坂町で乗車整理券310円が必要である。

●村上—酒田間　村上—酒田間を走る普通列車はたとえ鼠ケ関—酒田間であっても気動車を使用している。大半はキハ47形だがキハ110形も使用されている。
村上—鶴岡間はまったくの過疎運転で、朝ラッシュ時でも1時間以上、昼間時は3時間以上間隔が空いている。酒田に向かうほど本数は増えるが、といっても鼠ケ関折返が1日に3往復、あつみ温泉折返と鶴岡折返が各1往復ある程度である。余目—酒田間は陸羽西線の列車の多くが乗り入れている。このため運転本数が多くなっている。

●酒田—秋田間　多くは2両編成のワンマン電車だが、ラッシュ時や夜間に3両編成がある。朝ラッシュ時の新屋—秋田間の区間運転は4両編成である。
朝ラッシュ時は秋田駅に向かっての通勤通学の流れが強く、酒田—秋田間の運転間隔は1時間ほどだが、羽後本荘発が2本加わる。うち1本は羽後岩谷、羽後亀田、新屋、羽後牛島停車の快速である。そして新屋折返が3本加わる。

昼間時は3時間間隔だが、羽後本荘折返があって羽後本荘―秋田間では運転間隔が1、2時間毎になる。

夕方以降は約1時間毎の運転になり、新屋―秋田間と羽後本荘―秋田間の区間電車も加わる。秋田発最終は酒田行が20時48分、羽後本荘行が22時27分、新屋行が23時21分である。

【将来】 村上―酒田間は気動車を多用している。キハ110形はそれなりにスピードが出せるが、キハ47形は鈍足で、しかも老朽化している。交直両用電車は高価なので、これを電気式気動車GV―E400系に置き換える予定である。
●羽越本線の高速化 羽越本線と上越新幹線とを有機的に結合させる方法として、白新線と羽越本線を標準軌化してミニ新幹線を走らせる案と軌間変換車両を使ってフリーゲージトレインによって直通運転する方法が検討された。しかし、ミニ新幹線化は越後線や信越線などの兼ね合いや、日本海縦貫貨物列車が走ることから、とても実現できない。
フリーゲージトレインは国土交通省が西九州新幹線において実現させることになっているが、JR九州やJR西日本のなかには根強い反発論があるだけでなく、第3次試作車も大きな欠陥が見つかり、結局、実用化を断念することになった。ましてや蚊帳の外状態にあるJR東日本では、フリーゲージトレインに関してまったく熱意はなく実現する可能性は低い。

なお、西九州新幹線の新鳥栖《しんとす》―武雄温泉《たけおおんせん》間はミニ新幹線を走らせるために標準軌・狭軌併用の3線軌にすることが考えられるが、これも問題がある。ミニ新幹線電車同士の軌道中心間隔を狭軌と同じにするには標準軌の3線目は複線の外側に設置しなければならない。島式ホームであれば問題はないが、相対式ホームや片面ホームではホームを削る必要があり、これも大変である。

結局、山陽新幹線と九州新幹線鹿児島ルートとの直通運転はあきらめ、小倉駅あるいは博多駅から在来線ルートをとる特急が武雄温泉駅で同じホームで接続することにした。

上越新幹線と「いなほ」も新潟駅で同じホーム乗り換えによって、乗換時間の短縮と乗り換えのわずらわしさを解消させたのと同じ方式になる。

次は「いなほ」の高速化だが、振り子方式は保守に手間がかかり、乗り心地に難があることで、今後は新たに採用しないことになった。

現在は空気ばねの伸縮によって2度程度の車体を傾斜する方式が採用されている。といっても「いなほ」の利用状況からして新車の導入はペイしないと判断され、常磐線で使用していた「フレッシュひたち」用車両を転用することによって、それまでの旧国鉄タイプの485系を淘汰した。

しかし、新潟―酒田間で所要時間の短縮は2分程度にすぎなかった。やはり車体傾斜車両によって20分程度の短縮をしたいところだが、それもなかなか無理がある。

●羽越新幹線　羽越新幹線は、昭和48年11月に運輸省が告示した基本計画新幹線である。富山―新青森間730㌔の路線で、富山―上越妙高付近間は北陸新幹線、長岡―新潟車両基地間は上越新幹線と共用する。このため、整備区間は560㌔である。

国鉄時代は二つの新幹線が分岐する駅は停車線が2線ある島式ホーム2面6線にするとしていた。上越新幹線と北陸新幹線が分岐する高崎駅や、奥羽新幹線が分岐する福島駅がそうなっている。

上越新幹線と合流する長岡駅がまさしく2面6線にできるようになっている。ただし現在は通過線と停車線が各1線ある片面ホーム2面4線である。しかし、下りホームは明らかに島式ホーム2面になっており、第2停車線の路盤も確保されている。上りホームについても、両端は明らかに島式ホームになっている。中央部分は柵が設置されており、すぐに外側の壁があるが、第2停車線を設置するときには在来線線路側に拡幅することができるようになっている。

新潟車両基地の入口には、入出庫線が両側に広がっていて中央に複線分の用地が空けられている。羽越新幹線はここで地下にもぐって車両基地を貫通すると考えられる。

実は北陸新幹線の金沢延伸前の、長野の新幹線車両基地でも複線の入出庫線の間を広げ、その間に北陸新幹線は車両基地の地下を抜けることにしていた。事実、入出庫線の間に北陸新幹線本線を通すための橋脚が完成していた。結局は車両基地の横を高架で進むことになった。

上越妙高《じょうえつみょうこう》駅付近では分岐するための準備設備は見当たらないが、ＪＲ化後、国は分岐駅については建設費を圧縮するために島式ホーム2面4線にすることにした。上越妙高駅はＪＲ東日本とＪＲ西日本の境界駅のために2面4線になっているとしているが、運転上の境界駅は長野駅である。上越妙高駅の2面4線構造は無駄な構造であり、「かがやき」を待避する「はくたか」もない。やはり分岐駅として考えられているからこそ2面4線になっているといえる。

国鉄時代は高崎側から羽越新幹線へ、富山側からも羽越新幹線へ、いずれもスイッチバックせずにできるよう三角線にすることが考えられていたが、高崎側から羽越新幹線へのスルー線はさほど使われない。上越新幹線があるからである。

それに三角線だと1辺だけは上越妙高駅を通らないことになる。もっとも高崎方面からは上越妙高駅を過ぎてから分岐、富山方面からも上越妙高駅を過ぎてから分岐する構造ならすべての電車は上越妙高駅を通ることができるが、複雑な配線構造になる。

おそらくは富山側から上越妙高駅を経て羽越新幹線が分岐することになろう。次の駅は柏崎《かしわざき》、そして長岡となろう。新潟から先は新発田、村上、鶴岡、酒田、羽後本庄、秋田、東能代、鷹ノ巣《たかのす》、大館、弘前といったところだが、坂町やあつみ温泉、追分、川部《かわべ》にも駅の設置を行うかもしれない。秋田駅で奥羽新幹線と接続する。

新青森駅で北海道・東北新幹線に接続するのは当然だが、奥羽新幹線は新青森駅を通り越して青森駅まで乗り入れるという案もある。基本計画では終点を青森市とだけ記されているからである。

全線東日本の路線になるが、北陸新幹線が新大阪まで全通したとすると新大阪—青森間を走る新幹線電車が考えられる。さらに鹿児島中央—札幌間のロングラン列車も考えられる。また、上越新幹線経由の東京—新青森間は「いなほ」ということになろう。

とはいえ、北陸新幹線の金沢以西ができてない状況のなか、羽越新幹線の建設などは夢のまた夢でしかない。

JR米坂線

快速「べにばな」の米坂線内通過運転の復活が急務

POINT! 米坂線《よねさか》は山形と福島から新潟を結ぶ東北横断線として建設された路線だが、新在直通の山形新幹線にするために奥羽本線が標準軌化されてからは、山形駅へも福島駅へも直通列車を走らせることができなくなってしまった。乗り換えなければならないのなら、クルマ利用に切り替えようということで乗客が減ってしまった。そのため快速「べにはな」は米坂線内では各駅に停車するようになった。線内で乗車チャンスは増えたが、都市間利用は減ってしまった。やはり、山形新幹線と連携して米坂線内でも快速運転をすべきである。

【概要】 米坂線は米沢《よねざわ》—坂町《さかまち》間90・7キロの単線非電化路線で、奥羽線の部に所属している。地方交通線の運賃率が適用されている。

米沢駅で奥羽本線と連絡、今泉《いまいずみ》駅で山形鉄道フラワー長井線と接続し、同駅から旧白川信号場まで同鉄道と同じ線路を走る。旧白川信号場は現在、今泉駅の構内扱いになっている。坂町駅で羽越本線と接続し、新潟—米沢間の快速「べにばな」が直通する。

明治25年6月に公布された最初の鉄道敷設法の予定線の項で北越線として、「新潟県下新発田ヨリ山形県米沢ニ至ル鉄道」が奥羽線との連絡線として取り上げられた。しかし、明治期には着工されず、大正末期になってようやく着工、米沢—今泉間が大正15年（1926）9月に開通した。

その後、終点を羽越線坂町駅とし、坂町駅と今泉駅の両方から建設することになり、米沢側を米坂東線、坂町側を米坂西線と呼ぶようになった。昭和6年（1931）8月に東線の今泉―手ノ子《てのこ》間と西線の越後下関《えちごしもせき》―坂町が開通、8年11月に東線の手ノ子―羽前沼沢《うぜんぬまさわ》間、西線の越後金丸《えちごかなまる》―越後下関間が開通した。

昭和10年10月に東線の羽前沼沢―小国《おぐに》間が開通し、残る小国―越後金丸間は昭和11年8月に開通して全通した。

米坂線に優等列車が走りはじめたのは昭和35年11月と遅い。仙台―新潟間の都市間連絡列車は磐越西線経由の準急「あがの」があった。「あがの」の走行距離は317・0㌔だが、仙山線、奥羽本線、米坂線経由だと249・8㌔と70㌔近く短くなる。そこでこのルートを通る準急「あさひ」が設定された。ただし仙台―山形間は酒田発着の準急「月山」と併結する。なお、「あさひ」の列車名は朝日連峰からとっている。

「あさひ」の登場で仙台―新潟間は「あがの」よりも1時間短縮した。とはいえ所要時間は5時間余りにも達していた。それでも好評なので昭和37年11月にもう1往復増発され2往復となった。急行に格上げされたのは41年3月である。

昭和43年10月改正時の「あさひ」の米坂線内の停車駅は、西米沢（下りあさひ1号のみ）、羽前小松、今泉、羽前椿《うぜんつばき》、小国、越後下関である。最速は上り「あさひ」1号の5時間11分である。

上越新幹線が大宮暫定開業した昭和57年11月、速達タイプの列車名を「あさひ」にしたために、米坂線を走る「あさひ」は57年5月に「べにばな」に改称した。このとき仙山線の電車急行「仙山」が快速となり、気動車急行「べにばな」はそれよりも遅いことから仙台―山形間は利用されなくなってしまった。このため60年3月から運転区間を山形―新潟間に縮小した。

そして平成3年（１９９１）8月に奥羽本線福島―山形間を標準軌への改軌工事がはじまり、「べにばな」の運転区間を米沢―新潟間にするとともに快速に格下げした。

その後、「べにばな」3、4号は米坂線内各駅停車となり、平成13年に4号は廃止、1、2号の米坂線内の停車駅は羽前小松、今泉以遠各停となり、19年3月から1往復に縮小するとともに米坂線内は各停運転となってしまった。そして21年3月にキハＥ１２０形に置き換えられた。

米坂線内各駅停車の「べにばな」の米沢―坂町間の所要時間は1時間57分、米坂線内快速運転時では最速1時間43分だから14分遅くなっている。各駅停車にして各駅での乗車チャンスが増えたとはいえ、高出力のキハＥ１２０形なので、快速運転をすれば20分は速くなる。普通の運転本数は現状のままにして、快速を2往復程度増発してもいい。

【沿線風景】米沢駅の1番線の反対側にある切欠きホームの3、4番線から発車する。4番線の隣には気留線が1線置かれている。米坂線の信号保安装置は軌道回路検知による特殊自動閉塞である。

少しの間、奥羽本線と並行してから右に大きく曲がって南向きから西向きになる。途中で１８０ｍの松川橋梁を渡って、右に片面ホームがある南米沢駅となる。

南米沢駅を出ると、半径６００ｍで右に大きく曲がり北北西に向きを変えて直線で進む。そして左手に片面ホームがある西米沢駅となる。元は両開きポイントによる相対式ホームだったので、使用されていない下り線の片面ホームが残り、駅の前後で両開きだった上り線をそのままトレースした線形になっている。

１６９ｍの鬼面《おもの》川橋梁を渡り半径３００ｍで右に、

次に同じ半径で左に曲がってまっすぐ進むと左手に片面ホームの成島《なるしま》駅がある。

成島駅を出ると半径1200mで右にカーブしてから直線になる。最急勾配11・4‰、平均勾配8・6‰で米沢盆地を下っていく。

半径1200mで左カーブした先に左手に片面ホームがある中群《ちゅうぐん》駅がある。もとは相対式ホームの行き違い駅で、その下り線を残して棒線化したので、前後で両側分岐をしていたときと同じ線形で線路を西に振っている。

中群駅を出てもほぼ直線で進み勾配も緩い。田園地帯から街の中を走るようになって相対式ホームの羽前《うぜん》小松《こまつ》駅となる。両端のポイントは両側分岐で1番線である下り線側は米沢と坂町の両方面に出発できる。このためワンマン運転時の後方確認用ミラーが米沢寄りにも置かれている。

同駅を出ると半径1200mで右にカーブし、44mの犬川《いぬかわ》橋梁を渡り左カーブしてから直線で進んで右手に片面ホームがある犬川駅となる。元行き違い駅だったためにホームにかかる線路は右に振っている。旧下り線側に吹雪防雪用の柵が設置されている。

ほぼ直線で進んだ先で左カーブしながら11・4‰の上り勾配になり、右手から山形鉄道フラワー長井線が並行してきて島式ホームの今泉駅となる。フラワー長井線も島式ホームになっており、長井線側の上り線が1番線で米坂線の下り線が4番線である。

長井線の2番線と米坂線の4番線は米沢・赤湯方面への出発が可能で、米坂線では米沢駅から同駅で折り返す区間列車が設定されている。4番線の隣に側線があり、その向こうに横取線と保守車庫がある。その向こうには転車台が残っている。

今泉駅の先で直線の長井線に合流する形で長井線と共用して走る。319mの白川《しらかわ》橋梁を渡った先で分岐する。以前は白川信号場だったが、昭和59年にここまでを今泉駅の構内とし白川信号場は廃止された。分岐点には小さな三角形のホームがあり、両線から今泉駅に向いた安全側線がある。ホームの壁面は長井線のほうは残っているが、米坂線のほうは崩れている。

半径400mで左に大きく曲がり西北方向から西南方向へ向きを変える。勾配もそれまでは下り勾配基調

米坂線（米沢—小国）

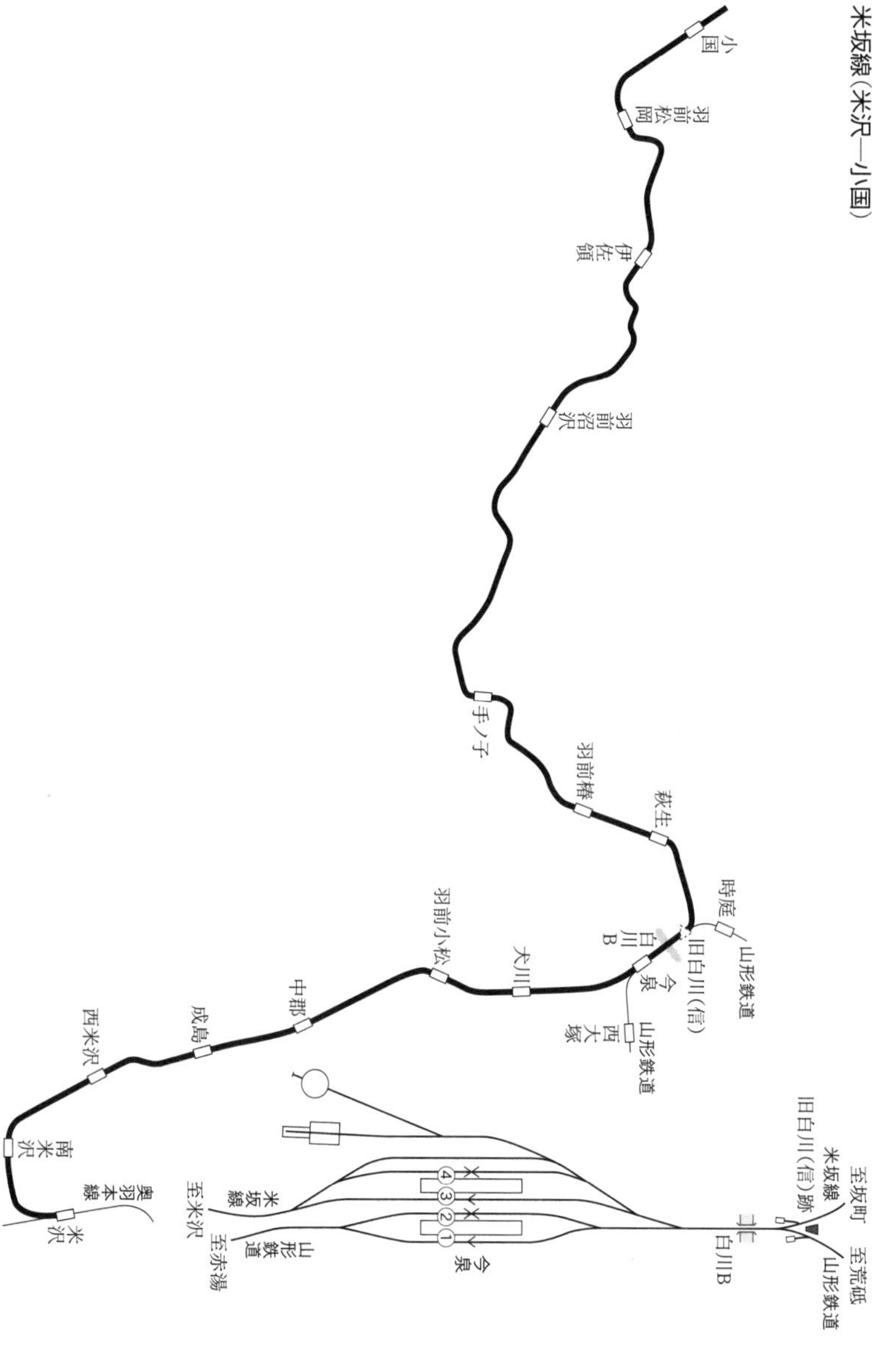

小国
羽前松岡
伊佐領
羽前沼沢
手ノ子
羽前椿
萩生
時庭
山形鉄道
旧白川（信）
白川B
今泉
西大塚
山形鉄道
犬川
羽前小松
中郡
成島
西米沢
南米沢
米沢
奥羽本線
至坂町
米坂線
旧白川（信）跡
至荒砥
山形鉄道
白川B
今泉
①
②
③
④
米坂線
至米沢
山形鉄道
至赤湯

だったのを上り勾配基調になる。米沢駅の標高は251・0m、南米沢駅は262・9mとなっているように、ずっと下り勾配基調で進む。旧白川信号場では215・3mと47・6m低くなる。

直線で進み半径800mで大きく左にカーブしたところには萩生《はぎゅう》駅がある。右手に片面ホームがあり、左手は空き地になっている。元相対式ホームの行き違い駅だったが、下り線を撤去し棒線駅となった。行き違い設備は昭和57年に撤去した。この先の棒線化駅もすべて57年に行われている。ほぼ南向きになって直進する。

次の羽前椿駅は相対式ホームで、2番線である下り線が左に分岐する片開きポイントになっている。直線の上り線側に出入口があり、また、坂町方向へ出発できる。米沢―羽前椿間の区間列車は1番線に進入して折り返している。米沢寄りの上り線の外側に貨物側線と貨物ホームがある。また駅の手前右手に秘湯の「がまの湯温泉いいで旅館」がある。

羽前椿駅を出ると半径400mで右にカーブする。まだ山間部に入っていないが白川に沿って進むようになる。白川の支流の小白川を36mの小白川橋梁で渡る。その先で20・0‰の上り勾配があり、勾配が緩むと左手に片面ホームがある手ノ子駅となる。

駅は半径400mの右カーブ上にあり、元は相対式ホームの行き違い駅だった。上りホームと線路は残っているが、米沢寄りは撤去され、坂町寄りの本線との接続ポイントは乗り上げ式になっている。

少しの間、緩い上り勾配で進むが、途中から25・0‰の連続上り勾配になって宇津《うつ》峠を抜ける。最小曲線半径も250mで右に左に曲がっていく。途中に1289mの宇津トンネルがあり、これを抜けたところが米坂線の最高地点で、標高は363mである。

すぐに下り勾配になって440mの間瀬《まぜ》トンネルに入る。トンネル内の勾配は12・0‰でトンネルを出ると25・0‰になる。荒川の支流の横川のそのまた支流の間瀬川《まぜがわ》に沿って下っていく。

次の羽前沼沢駅は3・0‰の緩い勾配上で半径600mの左カーブ上にある。片面ホームが左手にあり、右手には横取線と保守車庫がある。保守車庫には除雪車両（正確には除雪機械）が留置されている。

再び20・0‰か25・0‰の下り勾配になる。最小曲線

坂町寄りから見た米坂線米沢駅

今泉寄りから見た旧白川信号場。左に分岐しているのが米坂線、
右に分岐しているのがフラワー長井線

小国—米坂間にある赤芝峡付近を走る新潟行

半径も２００ｍになる。途中に86ｍの百子沢《ひゃっこさわ》、１２４ｍの登戸、１８６ｍの栗松、６７２ｍの弁当沢、１７８ｍの眼鏡、59ｍの箱の口の各トンネルを抜ける。

　次の伊佐領《いさりょう》駅は右手に片面ホームがある。以前は相対式ホームだったが上り線を本線とし、下り線は横取線として残している。横取線は米沢寄りで本線と乗り上げポイントでつながっている。

　この先、平均勾配18・４‰の下り勾配になり、その先はさらに緩んで右側に片面ホームがある羽前松岡《うぜんまつおか》駅を過ぎる。地形に沿って右に回り込んで西北向きになり街中に入ると小国駅である。

　１番線の下り線が片面ホームに面したＪＲ形配線となっており、島式ホームの内側は上り本線である。片面ホームの向かいにある島式ホームが坂町寄りにずれている。３番線の向こうに2線の側線があり、坂町寄りに転車台、その向こうに2線が入る除雪機械庫が置かれている。

　しばらく小国盆地を走り、山が迫ってきて荒川に並行して進む。まずは１１４ｍの第6荒川橋梁を渡る。左手の荒川は渓谷になっていて赤芝峡《あかしばきょう》と呼ばれている風光明媚な峡谷である。次に４５８ｍの赤芝トンネル、次いで61ｍの第5荒川橋梁、５６０ｍの横根山トンネル、１４９ｍの第4荒川橋梁、１０１ｍの第3荒川橋梁と進む。この先に左手に片面ホームの玉川口《たまがわぐち》駅があった。もとは相対式ホームの行き違い駅だったのを昭和57年に棒線化し、さらに平成7年に乗客が少ないので廃止した。

　６８２ｍの玉川トンネルをくぐると新潟県に入る。荒川に沿って半径４００ｍで大きく曲がって向きを北に向けると越後《えちご》金丸《かなまる》駅となる。

　相対式ホームだが、平成28年12月に下り線は使用停止となっており、前後のポイントや出発信号機は撤去され上り線だけの棒線駅になっている。米沢寄りで上り線から分岐する旧貨物側線は残っている。駅の坂町寄りは右にカーブしている。

　北上して第2荒川橋梁を渡り、左にカーブする。90ｍの龍《りゅう》の髭《ひげ》、１１２ｍの八ツ口の二つのトンネルを抜け１２４ｍの第1荒川橋梁を渡る。この先、２４２ｍの高置場山トンネルを抜けて、しばらく進むと右手に片面ホームがある越後《えちご》片貝《かたかい》駅となる。古くに棒線化したが、左手に旧上り線を流用した横取線がある。本線と米沢寄りで乗上ポイントによってつながっている。

駅を出ると８１０ｍ榎山《えのきやま》、６７７ｍの鷹ノ巣《たかのす》の二つのトンネルを抜ける。鷹ノ巣トンネルは25・０‰の下り勾配がある。勾配はきついがカーブは緩くなっている。そして１１１ｍの大石川《おおいしがわ》橋梁を渡ると勾配も緩くなって相対式ホームの越後下関《えちごしもせき》駅となる。１番線の上り線側に出入口がある。２番線は米沢寄りにずれ、上り線の米沢寄りには横取線になった旧貨物側線と貨物ホームがある。

途中に半径１２００ｍの短い右カーブがあるものの、ほぼ直線で開けた地形を進み、左手に片面ホームがある越後大島《えちごおおしま》駅となる。元行き違い駅でその下り線を使用しているが、上り線は横取線に転用されている。坂町寄りで乗り上げポイントによってつながっているが、旧下り線は１線スルー駅のスルー線のように

米坂線（小国—坂町）

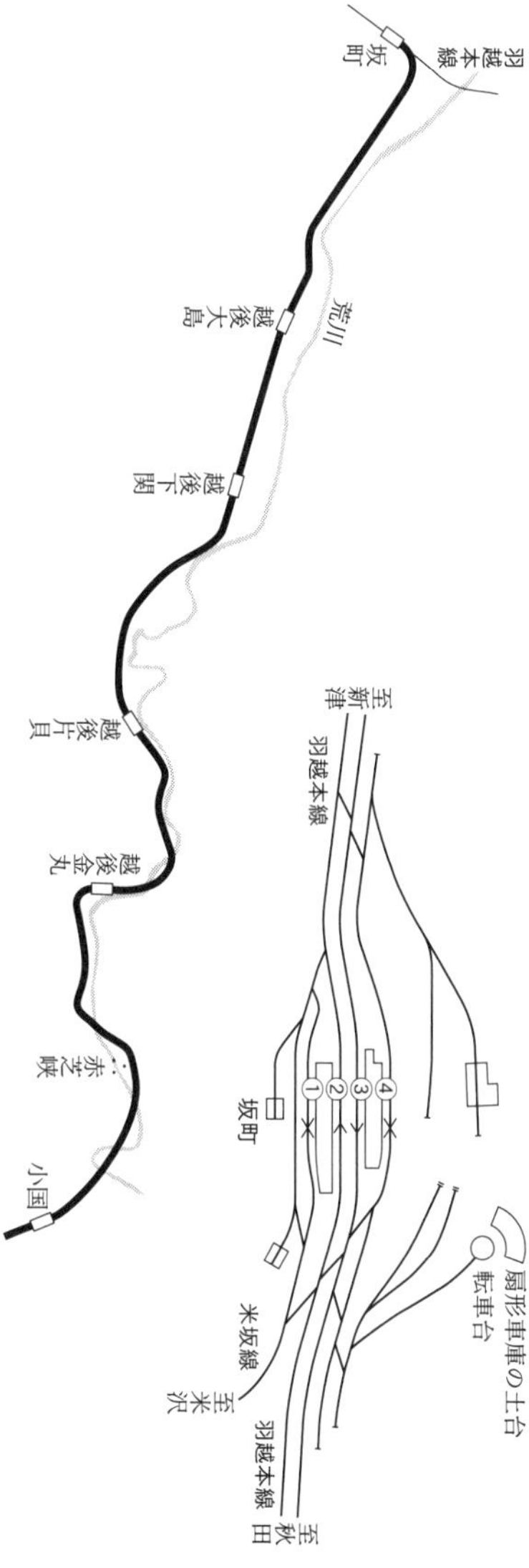

速度を落とさずにすむようにカーブを緩くして、その途中で横取線がつながっている。

荒川の左岸に沿って進むが、左右の山が迫っている隘路を抜ける。このためやや線形が悪くなる。隘路の出口付近左手に片面ホームがある花立《はなだて》駅があったが、平成7年に廃止された。

地形が開けてほぼ直線で進み。正面に羽越本線が見えてくると半径300mで左に曲がって坂町駅となる。坂町駅では1番線に到着する。ただし新潟発の快速「べにばな」号は4番線から発車する。

【車両】 新津運輸区所属のキハ110形とキハ111形、キハE120形を使用する。すべてワンマン運転である。大半が2両編成だが、上り1本だけ単行運転である。

【ダイヤ】 米沢―坂町間の運転は、新潟直通の快速「べにばな」と新津発普通も含めて5往復である。新津発は新津運輸区からの出庫回送を兼ねている。

区間運転は米沢―小国間が1往復、米沢―羽前椿間が3往復、米沢―今泉間と小国―坂町間が各1往復である。

朝は米沢駅や南米沢周辺や奥羽本線沿線、それにフラワー長井線に高校が多数あるため通学用に運転間隔を比較的短くしている。小国駅にも小国高校があるが、1校だけなので通学列車としては米沢発坂町行1本だけで事足りている。坂町駅にも県立荒川高校があるだけなので同様である。

昼間時は2、4時間毎と過疎運転である。午後になると通学生の帰宅用に米沢―今泉・羽前椿間の区間運転が走る。夜間は2、3本程度しか走らない。

【将来】 「べにばな」の米坂線内快速運転の復活を期待したい。快速運転をすれば20分程度は短縮される。米坂線ではワンマン運転をしているために停車に時間がかかっているから、快速運転の効果は大きい。

さらに磐越西線で述べているように、高出力車体傾斜車両を導入して40分程度短縮する特急の運転をしてもいいように思う。

並行して高速道路はなく、一般国道しかないから、クルマより速く走る高速列車を設定すれば、新潟発着はもちろんのこと、米沢駅では最速「つばさ」に連絡すれば大いに利用されよう。

山形鉄道フラワー長井線

快速の増発で山形新幹線へのアクセスを改善する

POINT! 山形《やまがた》鉄道フラワー長井《ながい》線は通学生の利用が多いが、少子化によって通学生の利用が減ってきている。そこで、ツアー会社とタイアップして、長井―荒砥《あらと》間で風景を楽しんでもらったりして乗客増を図っている。その努力には敬服するが、長井市街から東京方面への利用客の多くはマイカーで赤湯駅に向かい、ここから山形新幹線に乗っている。長井駅から短時間で赤湯《あかゆ》駅に向かう列車があれば、大いに利用されよう。すなわち快適な車両による快速の運転である。

【概要】 山形鉄道フラワー長井線は赤湯―荒砥間30・5㌔の単線非電化路線で、赤湯駅で奥羽本線と連絡、今泉《いまいずみ》駅で米坂線と接続する。

国鉄軽便線として赤湯―長井間が計画され、大正2年（1913）10月に長井軽便線の路線名で赤湯―梨郷《りんごう》間、3年11月に梨郷―長井間が開通した。その後、荒砥を経て左沢《あてらざわ》まで延伸することにしたが、長井軽便線としては長井―荒砥間の建設が決定した。

軽便鉄道法が大正8年4月に廃止になっても長井―荒砥間は軽便規格で建設された。11年4月にいわゆる改正鉄道敷設法が公布され、その別表25には「山形県左沢ヨリ荒砥ニ至ル鉄道」が予定線として取り上げられた。そこでいまさら軽便線というのもおかしいとして9月に長井軽便線は長井線に改称、12月に長井―鮎貝《あゆかい》間が開通、12年4月に鮎貝―荒砥間が開通して長井線は全通した。

予定線となった左沢―荒砥間などローカル新線建設促進のために国鉄は昭和4年（1929）7月に建設規定に丙線規格を新設、それでも費用がかかることから12年5月には簡易線建設規定を定めた。簡易線の規格は最小曲線半径160m、最急勾配35‰、30kgレールを使用して軸重制限11tとした鉄道黎明期の規格と同じである。

とはいえ、これによっても左沢―荒砥間は建設線に昇格することはなく幻の路線になってしまった。赤湯―今泉間は山形方面から米沢を通らないで今泉以遠に行けるショートカット路線だったが、配線の関係上、赤湯駅で方向転換をしなくてはならず、直通列車があまり走らなかった。昭和43年時点で荒砥発山形行直通列車が上り1本だけ運転していた。逆に朝に米沢―長井間に通学用の直通列車が2往復運転されていた。

昭和61年10月に国鉄第3次特定地方交通線に選定され、地元は第3セクター鉄道を設立して引き受けることにしたが、62年4月の分割民営化には間に合わず、とりあえずはJR東日本の路線として運行をし続けた。2往復の米沢―長井間で朝に走る直通列車は存続していたが、米沢発の1本は今泉駅で赤湯発荒砥行に長井まで併結運転をしていた。また、最終の荒砥発は赤湯から奥羽本線に乗り入れて米沢駅まで直通していた。

昭和63年10月に山形鉄道が長井線を引き継いだ。引き受け後も米沢―長井間の2往復の直通列車は存続していた。平成5年（1993）3月に宮内《みやうち》、今泉、長井停車で所要時間が下り35分、上り34分の快速の運転を開始したが、さほど利用者増にはならずに7年12月に廃止されてしまった。また、米沢直通列車も9年3月に廃止した。

転換時はタブレット・スタフ閉塞だったが、平成7年に赤湯—宮内間を電子符号照査式特殊自動閉塞に切り替え、平成9年に残りの区間も特殊自動閉塞にした。

最盛期には13往復運転されていたが、少子化によって現在は所要時間1時間前後の普通が12往復運転されるのみである。地元の利用が減ったために、各旅行会社とタイアップして長井—荒砥間利用のツアー客を乗せるようになった。通常は単行運転している列車に団体ツアー客用に1、2両増結して貸切で乗せている。そして車内で関連グッズを発売するとともに、長井線で撮影された映画「スウィングガールズ」のエピソードを中心に名物車掌のトークが行われる。

輸送密度は540人、輸送人キロでの定期比率は通勤が3・5％、通学が75・5％、定期外が21・0％と圧倒的に通学定期客が多い。平均輸送キロは10・1キロ、平均運賃は通学定期客が多いために28・02円と低い。

1日平均の輸送人員は1636人、1日平均の運輸収入は45万4779円、1日平均の営業費は64万5685円で1日当たり19万906円の赤字である。営業収支率は減価償却前で137・0％、償却後で142・0％の赤字で赤字額は1日1キロ当たり6259円となっている。

運賃収入額が大きい定期外客の取り込みが必要である。そのためには赤湯—長井間で快速運転をする列車を昼間時に頻繁に走らせるのが効果的である。

【沿線風景】 赤湯駅の4番線から発車する。4番線の左手に側線が1線あり、長井線の本線につながっているる。その先で、半径600mで左に曲がって奥羽本線と分かれる。

直線になってすぐに左手に片面ホームがある南陽市《なんようし》役所《やくしょ》駅となる。ホームは南陽市役所のすぐそばにあり、近くに南陽市文化会館や市役所関連の建物などがあるが、右手は田園地帯になっている。昭和63年に山形鉄道に転換されたときに開設した駅である。

ホームの荒砥寄りに赤湯駅に近いことを伝えるもので、南陽市役所駅は赤湯駅から0・9キロしかないので、赤湯駅のための遠方信号機がここに置かれている。

通常の信号機は背板の上下が円形になっているが遠方信号機は長方形になっている。赤湯駅は行き止まり駅なので黄色の注意信号が現示されている。

最大10・0‰の上り勾配になり、直線でしばらく進んで半径300mで左カーブすると島式ホームの宮内駅となる。長井線が開通したときからある駅で、1番線の上り本線の隣に側線がある。駅の手前には宮内丸運事業所があり、線路側に貨物ホームが残っている。宮内駅の標高は242・8m、長井線で一番高い駅である。

宮内駅を出ると下り勾配になり、半径600mで左カーブして右手に片面ホームがある、おりはた駅となる。山形鉄道になる前は西宮内《にしみやうち》駅だった。赤湯寄り端部は半径600mで右カーブしている。

田園地帯を最小半径400mで右に左に曲がりながら平均勾配9・1‰で降りていく。果樹園が見えてくると左手に片面ホームがある梨郷《りんごう》駅となる。元は島式ホームで旧上り線が撤去された後、ホームの壁を崩して緩い斜面になっている。両開きポイントだったために、その線形で線路は右に振ってホームに面している。

勾配は緩いが最小曲線半径300mで右に左に曲がって256mの松川橋梁を渡ると西大塚《にしおおつか》駅となる。右手に片面ホームがあり、ホームは駅前広場の地面と同じレベルになっている。荒砥寄りに貨物ホームが残っている。

直線で進み、国道287号をくぐる。やや右にカーブして国道113号もくぐる。半径460mで右に大きくカーブして米坂線と合流して今泉駅となる。

今泉駅の西側の1、2番線に面している島式ホームが長井線のホームである。長井線の上下線が収束し直線になったところで米坂線が合流する。この先の旧白川信号場までは米坂線と線路を共用している。白河を渡って旧白川信号場を通る。ここまでが今泉駅の構内扱いとなっている。

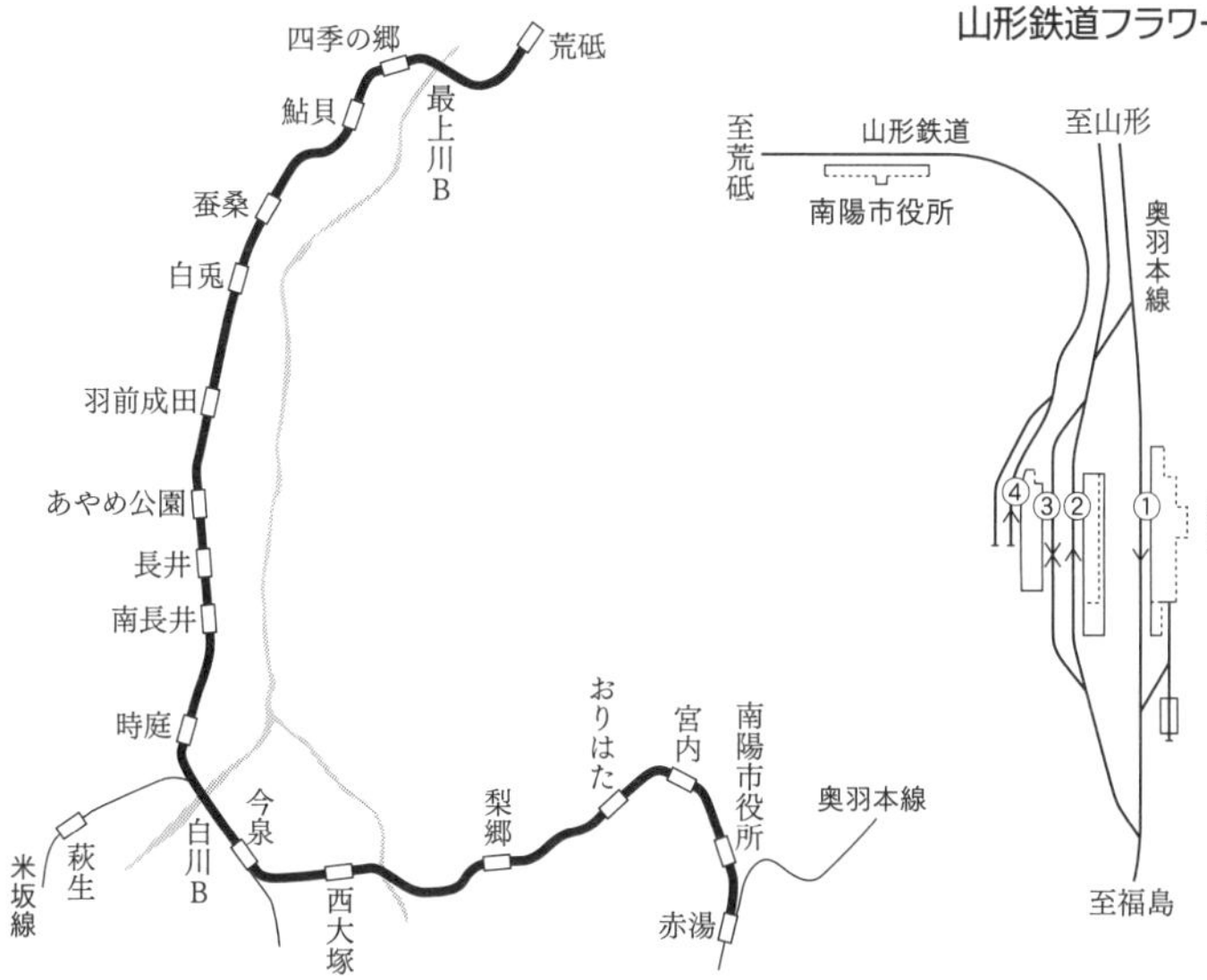

山形鉄道フラワー長井線

半径400mで右にカーブして米坂線と分かれ、半径300mで右に曲がった先に時庭《ときにわ》駅がある。右手に片面ホームがあるが、元は島式ホームだった。このためホームの前後でカーブしている。旧上り線のホームの壁は崩されて緩い斜面になっている。

田園地帯から市街地に入って進む。列車からの車窓では建物が密集しているように見えないが、線路の東側は最上川河畔まで建物が密集している。途中に簡易なコンクリート製の片面ホームが右手にある南長井駅がある。この先はずっと直線で進む。

次の長井駅は島式ホームがあり、上り線側に側線が1線と横取線2線がある。上下本線とも赤湯と荒砥の両方向に出発できる。観光バスでやってきたツアー客がここから荒砥駅まで体験乗車をする。このときはホームは客で溢れるが、団体客用に1、2両を赤湯寄りに増結するために一般客の迷惑にはならない。車内では乗務員のトークショーが行われ、映画スウィングガールズの裏話などが披露され、長井線オリジナルの物品の販売もなされる。

次のあやめ公園駅は左手に片面ホームがあり、平成

14年に開設された新しい駅である。線路の両側は長井あやめ公園になっている。その左手に山形県立長井工業高校があり、その通学の利便性をよくするために開設されたものである。

198mの野川橋梁を渡り、緩く左カーブしてから直線になって、右手に片面ホームがある羽前成田《うぜんなりた》駅となる。左手は吹雪防雪林があり、その向こうは田園地帯である。右手は集落になっている。以前は相対式ホームで駅の前後で緩いS字カーブになっている。元の下りホームのところにも吹雪防雪林がある。

32mの高梁川《たかはしがわ》橋梁を渡り、まっすぐ進む。次の白兎《しろうさぎ》駅は平成元年に開設された駅で左手に簡易な鉄骨コンクリート製の片面ホームがある。

この先で半径1000mの右カーブがあって右側に片面ホームがある蚕桑《こぐわ》駅となる。もとは相対式ホームで旧下り線のホームが残っており、その向うに吹雪防雪林がある。

この先で12・5‰の下り勾配になる。勾配が緩くなると半径1000mで右に大きく曲がり、そこに鮎貝《あゆかい》駅がある。左手に片面ホームがあり、線路に面してホームの屋根の柱が並んでいる。平成4年に改築されて公民館と一体になり、駅のガラス窓はステンドグラスである。

半径1000mで右カーブがあり、その先の直線のところに四季の郷《しきのさと》駅がある。左手に片面ホームがあり平成19年に開設されたもっとも新しい駅である。

さらに半径400mで右カーブし、赤湯寄りはガーター橋だが、荒砥寄りの水面上については径間200フィートで3連の下路ダブルワーレントラス橋になっている318mの最上川橋梁を渡る。このトラス橋部分は東海道本線木曽川橋梁に架かっていたものを再利用したものである。

渡った先で半径300mで左に曲がると片面ホームの荒砥駅となる。線路はホームを少し通り越して止まっている。その左側に2線が入っている車両検修棟があり、検修棟の手前は留置線になっている。留置線は荒砥駅の赤湯寄りで本線とつながっている。荒砥駅の標高は187・6m、一番高い宮内駅が242・2mだから54・6m降りてきたことになる。

本線終端部の先で県道が横切っているが、その先に

北上川橋梁の荒砥寄りにある3連の下路トラス橋は東海道本線の
旧木曽川橋梁だったものを移設した

2両編成の後部1両は団体ツアー客専用で、フラワー長井線の魅力などを案内する

左沢を目指すために造った思える盛土の路盤が数メートルほど伸びている。

【車両】　開業時に用意したYR880形4両と平成2年に増備したYR880―2形2両の計8両がある。

YR880形は2扉で運転席側にだけ乗務員扉がある。扉間中央に片側5組のボックス式クロスシートを配置、扉寄りはロングシートだが、赤湯寄り助手席側はトイレになっている。トイレとボックスシートの間に2人掛けのロングシートが置かれている。なお、880―2形はトイレがない。

6気筒、燃料直噴式ターボチャージャー付の出力250PSのエンジンを1基搭載、2軸駆動である。国鉄の旧式気動車にくらべて加速がいいために赤湯―荒砥間で所要時間を10分短縮した。

【ダイヤ】　今泉駅で米坂線列車、赤湯駅で奥羽本線列車と接続するようにダイヤが組まれている。

赤湯駅では時間帯によって接続列車が異なる。朝1番に赤湯駅到着の列車は20分待ちで「つばさ」122号東京行に接続している。2番列車は山形と米沢の両方面の普通に接続する通学用である。午前中の列車は赤湯駅で「つばさ」東京行の接続を重きにおき、午後は東京方面からの「つばさ」から長井方面への乗り換えをよくするようにしている。夕方になると米沢、山形方面の普通との接続を行い、夜間は東京方面からの「つばさ」と接続している。

その反面、反対方向では「つばさ」とも普通とも接続が悪い列車がある。

今泉駅では米沢方面との接続だけでなく小国《おぐに》方面から赤湯、荒砥の両方面への接続も考慮している。そのため今泉駅で少々停車して米坂線の列車への乗換客と米坂線列車から長井線への乗換客を待つために長い間停車する列車も多い。

荒砥発一番の列車は今泉駅で当駅始発の米沢行に接続するだけなのですぐに発車する。2番の列車は行き違いをしないのに今泉駅で7分ほど停車して、まずは米沢方面への乗換客を降ろし、その後、小国発米沢行が到着すると乗換客が跨線橋を通って長井線ホームへくるのを待っている。

3番目は長井駅で行き違いをして今泉駅に到着する。米坂線では米沢―羽前椿間の区間運転の上下列車が行き違いをするので、双方間の乗換客を待つために10分間停車している。

朝の通学時には運転間隔を40分前後にするために3本の列車を走らせている。基本的に2両編成2本と単行1本なので5両の車両を使う。長井線には6両の車両があるものの、予備は1両という、ぎりぎりの運用をしている。

昼間時午前中は約1時間30分間隔となり、午後の通学生の下校時に1時間間隔になる。米坂線列車と接続するときは今泉駅で最大15分間停車している。昼間時以降は単行の2列車運用となっている。

行き違い待ちがない列車での赤湯―荒砥間の所要時間は50分である。

【将来】　かつての快速は赤湯―荒砥間を35分で走っていた。しかし、乗客があまり増えなかったために廃止されてしまった。

しかし、快速を必要とするのは赤湯―長井間である。長井―荒砥間を各駅に停車にした区間快速を走らせてもいい。あるいは赤湯―長井間の運転にして長井で先行の各駅停車と接続するという形での快速の運転をしてもいい。

ただし、特殊自動閉塞なので閉塞の境界、つまり宮内、今泉、長井の各駅では列車が到着してからでないと続行列車を走らせられない。

普通列車が長井駅に到着してからでないと、後を追いかける快速が手前の今泉駅を発車することができない。といっても今泉―長井間の快速の所要時間は7分だから、普通が長井駅に到着して、すぐに今泉駅を快速が発車しても、7分後に長井駅に到着する。待ち時間は7分である。7分程度の接続時間はさほど長くはないといえる。

新しく快速を設定した場合、1日1往復では利用価値がない。最低でも3往復、できれば朝、昼、夕、夜の時間帯に各1往復あればいい。赤湯駅に駐車場があって、ここに駐車して「つばさ」に乗って東京方面に出掛ける人が多く、そのため長井線が利用されない要因の一つである。

しかし、長井駅から20分そこそこで赤湯に行けるなら長井線を利用して「つばさ」に乗り換える人も増える。このような快速の運転を望みたいところである。

ＪＲ左沢線

山形—寒河江間にセミクロスシートの快速を設定すべし

POINT! 左沢《あてらざわ》線も通学生の利用が多い。「フルーツライン左沢線」の愛称を持つが、市街地のなかを通り抜けており、利用客は多い。ここが他のローカル線と違うところである。それでもクルマ社会によって乗客減が進んでいる。歯止めをかけるには私鉄並みに頻繁運転をすることだが、増発した列車は速達性を持たせるために、やはり快速にするのがいい。

【概要】 左沢線は北山形《きたやまがた》—左沢間26・7キロの単線非電化路線で、北山形駅で奥羽本線と接続して全列車が山形駅まで直通する。奥羽線の部に所属する地方交通線で、規格は丙線である。

地方交通線だが仙台近郊区間に含まれている。仙台近郊区間に含まれる路線は東北本線矢吹《やぶき》—平泉《ひらいずみ》間、奥羽本線福島—新庄間、磐越東線郡山—船引《ふねひき》間、磐越西線郡山—喜多方間、常磐線原ノ町《はらのまち》—岩沼《いわぬま》間、仙石線青葉通り—石巻《いしのまき》間、石巻線、仙山線、陸羽東線、そして左沢線である。

仙台近郊区間内では2度同じ駅を通らない限り、実際の乗車経路にかかわらず最短経路で運賃が計算される。しかし、１０１キロ以上の距離があっても途中下車はできない。仙台近郊区間は区間内でＳｕｉｃａ利用ができるようにするために設定されたものだが、左沢線ではＳｕｉｃａ用の自動改札機も簡易Ｓｕｉｃａ改札機もなく、Ｓｕｉｃａ利用はできない。近くで利用できるのは山形駅である。

左沢線は軽便鉄道規格で建設された。山形盆地の東北側は比較的人口が多く、県都山形への往来が多かったために計画され、左沢軽便線の名称で、大正10年（1921）7月に山形―羽前長崎《うぜんながさき》間が開通した。すでに軽便鉄道法が廃止になっても国鉄は軽便線規格で左沢軽便線として開通させた。

大正10年12月に羽前長崎―寒河江《さがえ》間、11年4月に寒河江―左沢間が開通して全通した。鉄道敷設法別表25（山形鉄道フラワー長井線の項を参照）で左沢―荒砥間を予定線として取り上げられ、また別表24は「山形県楯岡ヨリ寒河江ニ至ル鉄道」を予定線としている。楯岡《たておか》は現在の村山駅である。しかし、この二つの予定線は工事線に昇格せず、昭和61年12月に鉄道敷設法が廃止になって幻の路線となってしまった。

大正11年9月に軽便の文字を削除して左沢線に路線名を変更した。乗車人員も比較的多く、貨物も米と白土（粘土の一種）を輸送していた。

北山形駅は左沢線にしかホームがなかったため、左沢線の起点は山形駅だったが、昭和2年（1927）9月に奥羽本線にもホームを設置した。山形―北山形間は奥羽本線と左沢線の重複区間となった。

昭和26年9月に気動車を導入し、丙線にとしてはめずらしい頻繁運転を行った。気動車の導入によって駅も倍近くに増やした。その後、朝夕の通勤時はC11蒸機が4〜5両程度の客車を牽引して走らせていた。その他の時間帯は気動車による単行または2両編成だった。

昭和42年10月改正では蒸気列車は朝上り1本、夕方下り1本に減った。蒸気列車は加速が悪いので停車駅を北山形、羽前山辺《うぜんやまべ》、羽前長崎、寒河江、羽前高松《うぜんたかまつ》と1駅飛ばしで走るようにしていた。所要時間は下りが56分、上りが58分である。気動車が全駅停車で約1時間だったので、所要時間はさほど変わらないために快速とはされなかった。

ヨンサントウ改正でも客車列車は1往復残っていた。しかもまだ蒸機列車だった。やがてDL牽引になり、昭和54年に客車列車は走らなくなった。

国鉄分割民営化のとき、重複区間をなくすということで左沢線は起点を北山形に変更した。

平成2年（1990）にワンマン運転を開始、3年3月には夜間の下りに北山形、羽前山辺、羽前長崎、寒河江停車の列車が1本走るようになったが、これも快速とは称されなかった。しかし、所要時間は33分と他の列車よりも10分程度速かったので、実質は快速である。

平成5年10月にキハ101形の投入を開始し、12月改正で、通過列車については下りは11時台、上りは19時台の運転になり、6年3月改正で停車駅に羽前高松駅を加えて、下り2本、上り1本の運転にして、このときから快速となった。そして7年2月には下り3本、上り2本となった。

しかし、平成10年には停車駅に東金井《ひがしかない》を加えるとともに1往復に縮小、11年に廃止されてしまった。なお、14年2月に寒河江駅を北山形寄りに100m移転した。

現在はときおりトロッコ列車として快速が走ることがあるが、通常は普通だけが走らなくなった。やはり快速の運転がほしいところである。

【沿線風景】 奥羽本線の山形—北山形間は単線自動閉塞だが、北山形からの左沢線は単線軌道回路検知式特殊自動閉塞となっている。北山形駅の山形寄りで奥羽本線と左カーブして分かれた先に左沢線の相対式ホームがある。ホームもその前後も半径500～600mの左カーブ上にある。

左手の線路が6番線で線路名称は左沢本線、右手の線路が5番線で線路名称は左沢1番副本線になっている。6番線は山形と左沢の両方向に出発でき、行き違いをしない上り列車は6番線に停車する。奥羽本線を

左沢線

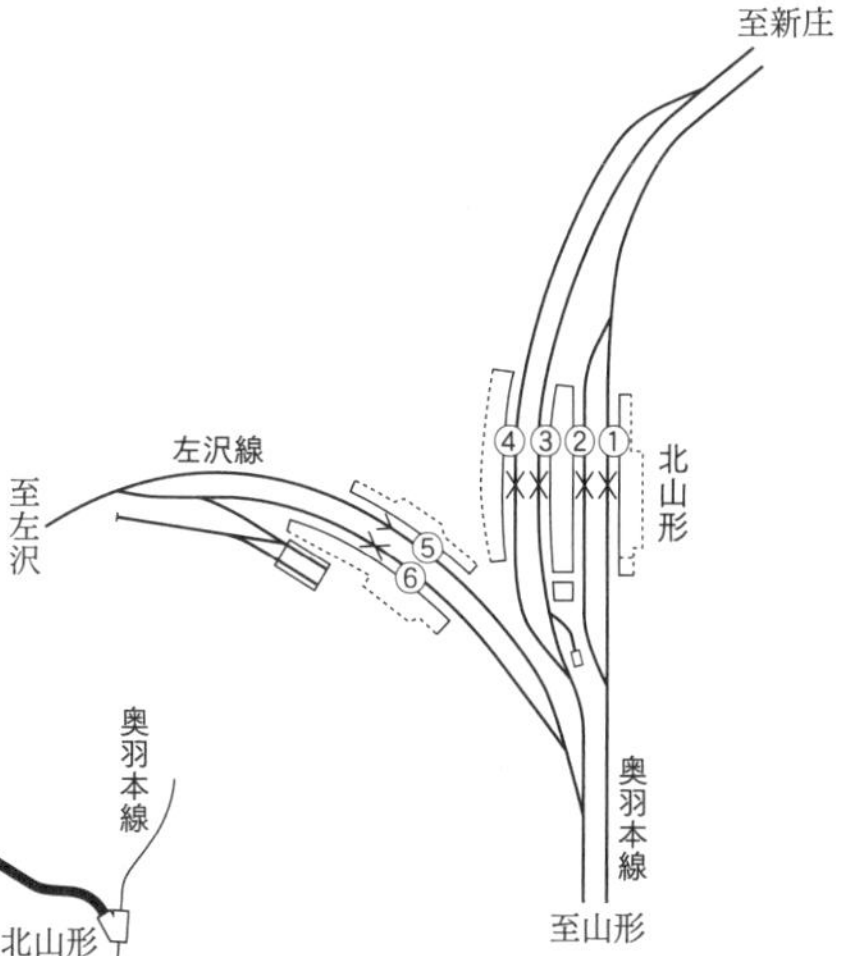

含む各ホームとは跨線橋で結ばれている。

駅を出ると盛土でしばらく進んでから地上に降り、市街地の中を平均9・2‰の下り勾配で進む。左手が田園地帯になっていて右手に片面ホームがある東金井駅となる。市街地が途切れ始めた先で東北中央自動車道をくぐる。

築堤を登って河川改修でコンクリート製の斜張橋に架け替えられた須川橋梁を渡り、半径400mで右カーブすると島式ホームの羽前山辺駅となる。両開きポイントで分岐し左側通行になっている。下り線側に側線があり、少し離れて貨物ホームが残っている。

途中に半径1000mの右カーブがあるものの、その前後は直線で進んで、左手に片面ホームがある羽前《うぜん》金沢《かねざわ》駅があり、さらに直線で進んで羽前長崎駅となる。両開分岐で島式ホームの行き違い駅だったが、下り線は撤去されて棒線駅になった。北山形寄りに乗り上げポイントで本線につながっている横取線がある。

さらに直線で進んで緩く右にカーブし築堤を登って下路ワーレントラス橋で334mの最上川橋梁を渡る。左に半径1200mで曲がって右側に片面ホーム

北山形駅を発車する山形行

寒河江駅は検修留置線が隣接している

左沢駅を北山形寄りから見る

がある南寒河江駅となる。

市街地を進み半径800mで左カーブして寒河江駅となる。寒河江駅自体も左にカーブしており、上り線が1番線の島式ホームである。2番線は両方向に出発できる。

1番線は山形方向に出発信号機があるだけだが、山形寄りにある場内信号機は2番線のほかに1番線に入線できるようにしていて、下り列車が1番線に入線して折り返すことができる。山形方面から寒河江駅で折り返す列車が多数あるためである。上り線側に留置線と洗浄線、検修線が各1線あり、同駅で夜間滞泊もする。

寒河江駅を出るとS字カーブを切ってから直線になる。次の西寒河江駅は左側に片面ホームがある。この先で半径600mで左に大きくカーブして北北西から南南西に向きを変える。

その途中の右側に片面ホームがある羽前高松駅がある。元々は相対式ホームだった。その上り線を残している。ホームの左沢寄りに切欠きホームがあってここから間沢《まざわ》駅まで山形交通三山線《さんざんせん》が出ていた。切欠きホームに面していた路盤は埋められている。

直線で進んでから右カーブして山を回り込んで進み左手に片面ホームがある柴橋《しばはし》駅を過ぎ、394mの鏡《かがみ》山《やま》、続いて234mの楯山《たてやま》二つのトンネルを抜けて左カーブして左沢駅となる。

左側に片面ホームがあり右には元機回線だった側線が1線だけある。かつては貨物側線があったが撤去されている。

この先、荒砥に向けて伸ばすことを前提に機折線があったが、駐車場などに転用されている。

【車両】左沢線は朝の通勤通学時に比較的混雑している路線で、しかも平均乗車距離も短い。そこで軽量高出力のキハ100形をベースに、オールロングシートにし、トイレも設置せずに、車椅子スペースにして収容力を増したキハ101形が左沢線専用として造られた。運転台を250㎜拡大したために車体全長がキハ100形の16mから16・5mと長くなっている。定員は107人、うち座席は44人である。出力330PSのエンジンを1基搭載している。

平成5年に6両、6年に5両、9年に2両の計13両が製造され、すべて山形車両センター所属で左沢線に使用されている。

【ダイヤ】　朝のラッシュ時には最大6両編成が走る。朝1番の左沢↓山形間の列車は2両編成、次の寒河江始発山形行は4両編成で、山形駅で先行の2両編成と連結して6両編成になり、寒河江駅で4両を切り離して寒河江—左沢間は2両編成になる。切り離した4両は寒河江始発の山形行になる。

朝一番の寒河江発左沢行は6両編成であり、折り返しの山形行、さらに山形からの折り返しも6両編成で走る。そして寒河江駅で4両を切り離して2両編成になる。朝ラッシュ時の運用両数は12両なので予備は1両しかないぎりぎりの車両運用をしている。

昼間時は2両編成で、山形—寒河江間は1時間から1時間半程度の間隔で運転されるが、寒河江—左沢間は3時間前後の運転間隔になる。

山形に14時29分に到着した列車は山形駅に留置していた2両を連結、4両編成の山形発15時27分発になる。次の山形発16時31分も山形駅で2両を増結して4両編成になり、以後夜間は4両編成で山形—左沢間を約1時間間隔で走る。

そして山形発20時29分と左沢発20時41分は寒河江駅で2両を開放して以後は2両編成で走る。

【将来】　山形—寒河江間で快速を復活してクルマよりも便利にする必要がある。その場合、快速用としてセミクロスシートのキハ101形を新造するか、他線で使っているキハ100形を転用するのがいい。クルマ利用から鉄道利用に切り替えたくなるようにするには、最低でもクロスシートが必要である。

地元では左沢—荒砥間を建設し、半環状線として路線網を形成したい構想があるが、現状のクルマ社会では、建設しても利用者は少なく赤字になるだけである。

しかし、高速の列車であれば荒砥から左沢経由で山形まで、あるいは左沢から今泉を経て米沢まで短時間で行ける。

左沢—荒砥間の運営は第3セクター鉄道になろう。その場合はJR線との直通運転をしないと、なんら意味はなくなる。環状線の形成はJRとの協調が不可欠である。

JR仙山線

停車駅が少ない特別快速の設定とパターンダイヤで速達性を確保せよ

POINT!

仙山線《せんざん》はその名の通り仙台と山形を結ぶ都市間路線である。だが、年々快速の停車駅が増えて時間がかかるようになった。原因は仙台都市圏の広がりで沿線人口が増えたために仙台—愛子《あやし》間のすべての駅に快速が停まるようになったのである。

だが、山形自動車道ができて、停車駅が多い快速は敬遠されがちである。かつては仙台—山形間ノンストップの快速も走っていた。再び両都市間を行き来する人々が戻ってくるように仙石線のダイヤを快速中心にする必要がある。


【概要】　仙山線は仙台—羽前千歳《うぜんちとせ》間58・0キロの単線交流電化路線で、東北線の部に所属している。また、信号保安方式は軌道回路検知式特殊自動閉塞である。運賃は幹線が適用され、全線が仙台都市圏になっている。ただし、Ｓｕｉｃａで入出場できる自動改札機や簡易Ｓｕｉｃａ改札機がある駅は仙台—愛子間の各駅と作並《さくなみ》駅、山寺《やまでら》駅である。

仙台駅で東北本線と接続し、東北新幹線と仙台地下鉄南北線、東西線、北仙台駅で仙台地下鉄南北線と連絡する。羽前千歳駅では奥羽本線と接続して全列車が山形駅まで直通する。

仙台と山形を結ぶ鉄道の敷設要望は明治中期にすでにあったが、奥羽山脈をどう抜けるかが問題でなかなか具体化しなかった。

大正11年（1917）4月に改正鉄道敷設法が制定され、その別表20でようやく予定線として取り上げられた。別表20では「宮城県仙台ヨリ山形県山寺ヲ経テ山形ニ至ル鉄道及宮城県川崎附近ヨリ分岐シテ山形県神町ニ至ル鉄道」となっている。本線にあたる前半の鉄道が仙山線である。後半は仙台市となった愛子駅付近から分岐して奥羽本線の神町《じんまち》までの分岐線である。

大正12年に前半の区間を仙山線として工事線に昇格し、仙台側を仙山東線、山形側を仙山西線として着工する予定だった。しかし、関東大震災によって着工は延期された。仙山東線は15年4月になってようやく着工、昭和4年（1929）4月に仙台—愛子間、6年に愛子—作並間が開通した。仙山西線は7年9月に着工し、8年10月に山寺—羽前千歳間が開通した。この時点で仙山西線は奥羽線の部の所属線だった。

難工事となった仙山トンネルと急勾配区間の作並—山寺間は直流電化を行い、汽車の煙に悩まされることがないようにした。昭和12年11月に同区間が開通して仙山線は全通した。このとき仙山西線は奥羽線の部から抹消して仙山東線とともに仙山線に統一し東北線の部に編入した。

戦後になってフランスは商業周波数による架線電圧25kVの交流電化に成功し、これを世界に広めようとした。日本の国鉄も地方線区では交流電化のほうが安上がりであり、高電圧の架線電圧ならば饋電《きでん》損失が少なくなって変電所間隔を開けられることから交流電化を進めることになった。

昭和28年に国鉄は「日本国有鉄道交流電化委員会」を発足させた。同委員会はフランスを中心にヨーロッパの交流電化を調査するとともに、29年10月、仙山線の山屋敷トンネルの羽前千歳寄りから陸前白沢《りくぜんしらさわ》駅手前間を架線電圧20kVの単相交流電化を行って、主に通信線や信号設備への誘導障害の影響に対する試験を行った。

フランスの25kVよりも5kV低いのは、いずれトンネルに架線を張ることになるが、これを路盤下げによってトンネル高さを高くしたとしても、地絡（漏電）から逃れるには電圧を低くするしかないためである。

昭和30年8月に熊ケ根《くまがね》駅まで電化区間を拡大してＥＤ44 1号機による走行試験を開始、山屋敷トンネルの路盤下げを行って北仙台—作並間も交流電化した。これによって本格的に走行試験を行うとともに、作並駅で交流電化区間と直流電化区間を通して列車を運転する交直地上切替試験も行った。

作並駅では下り本線と上り本線、上り1番副本線と上り2番副本線、それに上り本線と上り1番副本線の間にあった機待線と安全側線を兼ねた機引上線は交直切替ができるようにした。

昭和32年9月に仙台—作並間で交流電化の営業を開始した。

ＥＤ44 1号機は高い粘着性能を持った車両だったが、交流整流子モーターなので不具合が多く発生した。そこで車両に交流を直流に切り替える整流器を載せたＥＤ45形が試作され、その結果、量産形のＥＤ70形とＥＤ71形が生まれた。さらに交直両用電車のクヤ４９０形とクモヤ４９１形も試作された。

昭和35年11月に将来は交流電化に変更することを前提に、山寺—山形間が直流電化された。交流電化をすれば山寺駅でも交直切替をしなくてはならない。作並—山寺間には仙山トンネルなどがあり、この区間を交流電化するにはトンネルの路盤下げをしてトンネル高さを交流に対応できるようにしなければならないが、間に合わなかったのである。

このとき交直両用電車の試作電車は旅客営業できるかどうかの確認のために、買収した伊奈電気鉄道の車両をクヤ490—1に、モハ73形の1両をクモヤ491—1とした交直両用電車に改造、試験を行った。昭和35年11月から臨時行楽電車として営業運転を始めた。

その11月には仙山線経由の仙台—新潟間を走る準急「あさひ」と仙台—酒田間を走る準急「月山」が運転開始した。両列車は仙台—山形間で併結運転をする。37年7月には「あさひ」は2往復になった。上下「あさひ」1号が単独運転、2号が「月山」との併結運転である。

同時に仙台—上ノ山（現かみのやま温泉）間に準急「仙山」（山形—上ノ山間は普通）を毎日運転の臨時列車として運転を開始、38年10月に定期化して朝、昼、夜間の3往復に増発された。うち1往復が山形—上ノ山間も走る。

とはいえ電化区間なのに電車ではなく気動車の運転だった。50Hz対応の交直流急行形は昭和37年に登場した451系があるが、まだ、数が少なく「仙山」に投入することができなかったことと、「あさひ」や「月山」と共通使用し、「仙山」の1往復が非電化の山形—上ノ山間を走ることもあって、とりあえずは気動車を充当することにしたのである。

そして昭和43年10月に仙台—山形間の全区間が交流電化となり、455系電車を「仙山」に投入した。しかし、電車化されたのは下りと上りのそれぞれ1、2号で、3号は上下とも気動車のままだった。また、電車化された1、2号はモノクラスの3両しか連結していない短編成だったものの、「仙山」1、2号は20分程度所要時間が短縮した。このとき「あさひ」と「月山」は急行に格上げされた。

昭和47年3月からはグリーン車1両を含む6両編成になった。しかし気動車で残った1往復は他の列車との共通運用をしていた関係で電車化されるのは53年3月のことである。

東北新幹線が開通すると、急行のままだと敬遠されるので料金不要の快速に格下げされた。その後、朝に山形発、夕方に仙台発で所要時間59分（下りは60分）のノンストップとなる快速「仙山」が設定され、1日の運転本数も6往復となった。

山形新幹線の工事が始まった平成3年（1991）からは、特急「つばさ」と夜行急行「つがる」が仙山線を迂回運転するとともに、ノンストップの「仙山」は特別快速となった。仙台―山形間を51分で結ぶだけでなく、新庄まで延長運転をした。山形―新庄間では南出羽、乱川《みだれがわ》、蟹沢《かにさわ》（現さくらんぼ東根）、北大石田《きたおおいしだ》の4駅を通過する。

山形新幹線が開通後は、仙山線を走る「つばさ」はなくなったが、夜行急行「津軽」は残り、特快「仙山」も存続し、快速「仙山」8往復が走るようになった。しかし「津軽」は平成5年12月に廃止された。

平成10年10月に特快を廃止したが、その代わりに快速「仙山」は13往復に増発する。停車駅は北仙台、山寺、北山形の3駅停車から、仙台―作並間各駅と山寺、北山形停車や、北仙台、愛子―山形間各駅など多種類の停車駅のバリエーションがあるようになった。

そして平成16年10月に「仙山」の愛称を廃止して、ただの快速となり、停車駅も仙台―愛子間各駅、作並、山寺、羽前千歳、北山形に統一されて現在に至っている。

しかし、仙台―山形間の所要時間は最速で1時間15分、そして運転本数も7往復と半減している。仙台―愛子間の各駅の乗降人数が増えたことで同区間を各駅に停車するようになったのだが、同区間を走る区間普通を設定し、快速は同区間で北仙台のみの停車とした特別快速を新設してもいいように思う。

【沿線風景】　仙台駅の7、8番線が仙山線の列車の発着線になっている。7、8番線の線路名称は7番線が仙山下り本線、8番線が仙山上り本線である。

ホームを出た先で半径500mで左に曲がり、仙山線の上下線間にシーサスポイントがあって7番線と8番線が合流、単線になるとともに、東北本線上り線へ合流する配線になっている。半径390mで右にカーブしてから新幹線をくぐり、こんどは東北本線からの渡り線が合流する。

その先で仙台駅の構外に出て東北本線と並行する。半径1600mで右カーブしてもう一度新幹線と斜めに交差、徐々に盛土になりながら半径1600m、次に500m左カーブして再度新幹線と斜めに交差、さらに300mの左カーブをして東北本線と仙台車両センターの入出庫線を跨ぎ、84mの第1平田川橋梁を渡る。

地上に降りて仙台の市街地を通るが、再び盛土になりながら半径800mで左カーブをする。この先に右手に片面ホームがある東照宮《とうしょうぐう》駅がある。ホームの仙台寄りは前述の半径800mのカーブ上にかかっている。

山形寄りはやや下り勾配になっている。ホームの先で17・4‰の下り勾配で降りる。地面も上がっているのですぐに地上と同じレベルになる。最急25・0‰、平均10・0‰の上り勾配になって盛土になり、レベルになると島式ホームの北仙台駅となる。北側2番線である上下本線がスルー線の1線スルー駅である。

駅の山形寄りは地面が上がってきているので、地平線になっている。その先で25・0‰の連続上り勾配になり、再び盛土になって進む。次の北山駅は左手に片面ホームがある。

少し進んで東北福祉大前《とうほくふくしだいまえ》駅となる。同駅も左手に片面ホームがあるが、半径300mのS字カーブ上にある。平成19年に開設された比較的新しい駅である。

この先でS字カーブで進んだ先に国見《くにみ》駅がある。北側の1番線が上下本線の1線スルー駅だが、1、2番線とも線路の北側に片面ホームがある。当初は片面ホームだったのを行き違い駅にするために島式ホームに改築したが、狭いホームのために危険なので1番線の北側に片面ホームを追加設置した。そして島式ホームの1番線側に柵を設置した。

国見駅の先で20‰の上り勾配から下り勾配に転じ

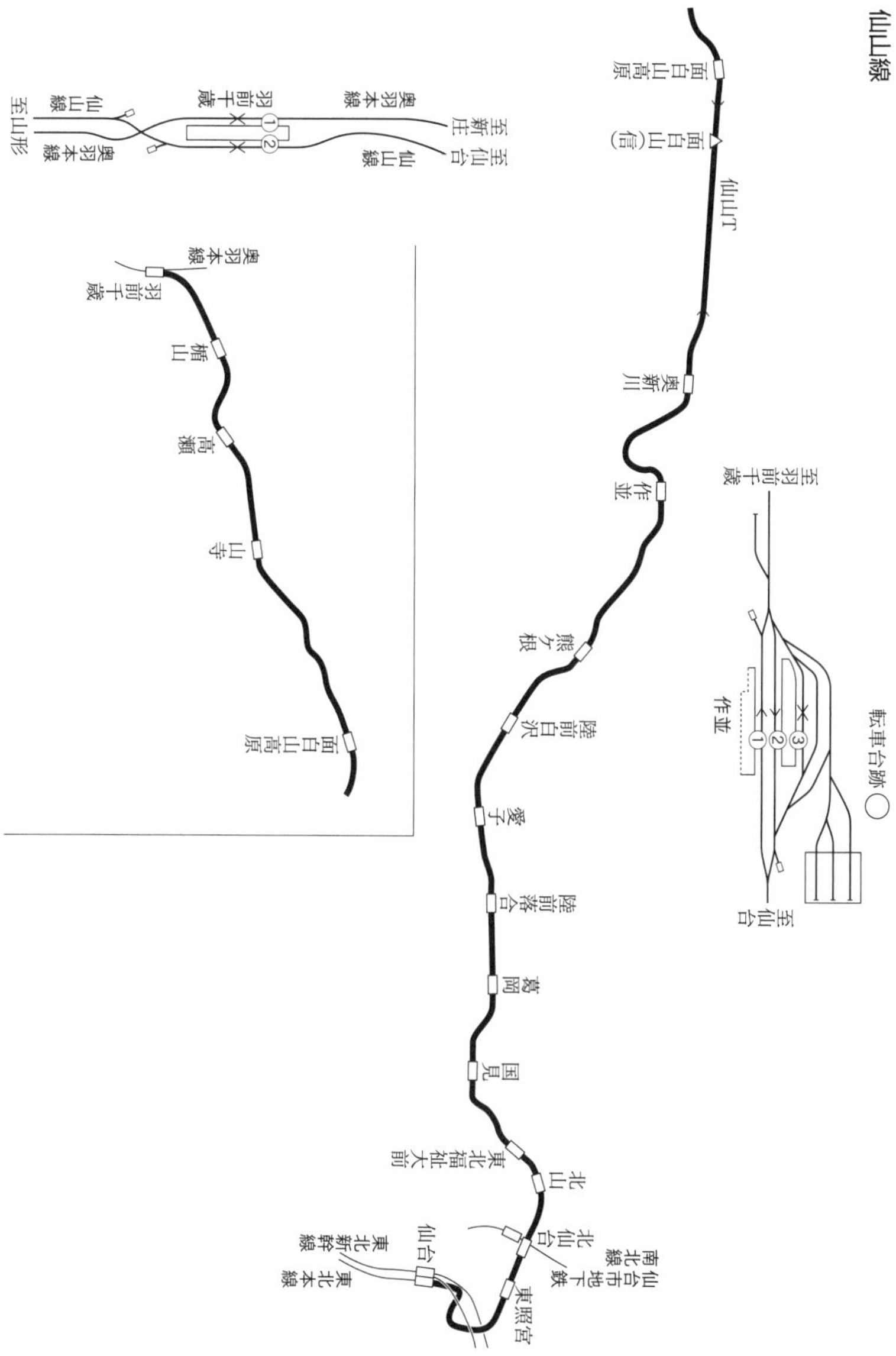
仙山線
面白山高原
面白山（信）
仙山T
奥新川
作並
熊ケ根
陸前白沢
愛子
陸前落合
葛岡
国見
東北福祉大前
北山
北仙台
仙台市地下鉄南北線
東照宮
仙台
東北本線
東北新幹線
至羽前千歳
転車台跡
作並
至仙台
奥羽本線
羽前千歳
楯山
高瀬
山寺
面白山高原
至新庄
奥羽本線
至仙台
仙山線
羽前千歳
仙山線
奥羽本線
至山形

る。その転じたところで山屋敷《やまやしき》トンネルがある。トンネル入ると一瞬レベルだが、すぐに25・0‰になり、出ると少しの区間20・0‰になるものの、すぐに25・0‰の連続下り勾配になる。トンネルを出て半径300mで右カーブをした先の左手に片面ホームがある葛岡《くずおか》駅となる。南側に住宅が広がり、北側は仙台市の葛岡霊園がある。

この先で東北自動車道を乗り越し、下り勾配でしばらく進み、133mの第1広瀬川橋梁を渡る。その先は20・0‰の上り勾配に転じる。そして相対式ホームの陸前落合駅になる。北側1番線が上下本線の1線スルー駅である。

平均勾配10・2‰で登って愛子駅となる。左手1番線が片面ホームに面し、島式ホームの内側が上り本線のJR形配線になっており、すべての線路は仙台と山形の両方向に出発できる。しかし、通常は下り本線の1番線が山形方面の電車、上り本線の2番線が仙台方面からの折返電車、島式ホームの外側の上1線で仙台方面の電車が発着する。

愛子駅周辺は住宅街が広がっている。その先は工場などがあるが徐々に住宅が減っていき、田園地帯を平均勾配12・2‰で登っていく。

愛子駅から5・4キロほど進んで陸前白沢駅となる。右側1番線が上下本線となっている1線スルー駅である。行き違いをしないときは下り列車も1番線に停車、快速と行き違いをする上り列車は2番線に停車する。普通同士では左側通行で行き違いをする。

陸前白沢駅を出て半径600mで右カーブ、少し進んで半径300mでまた右にカーブして、134mの第2広瀬川橋梁を渡る。今度は半径300mで左カーブして直線になって右手に片面ホームがある熊ケ根《くまがね》駅となる。かつては相対式ホームの行き違い駅だったが、旧下り線とホームはすでになく、線路がホーム部分で右に振っていることで、かろうじて相対式ホームだったことがわかる。

同駅の手前から25・0‰の上り勾配があり、熊ケ根駅を出ると最急25・0‰、平均24・0‰の上り勾配になる。曲線半径も最小で300mで右に左に曲がる。

途中に西仙台ハイランド臨時駅があったが、西仙台ハイランド遊園地（のちに仙台ハイランド遊園地）の最寄駅として左手に片面ホームを設置して昭和62年に開設された。しかし、遊園地までは道のりで3・9㌔もあり、さほど乗客は多くはなかった。平成15年に臨時停車する列車は1本もなくなり、26年に廃止された。仙台ハイランド遊園地も閉鎖されている。

勾配が緩むと作並駅となる。1番線である下り本線が片面ホームに面し島式ホームの内側が上り本線、外側が上1線になっているJR形配線の駅である。その隣に側線があり、側線から3線ある保守車庫がつながっている。その手前の北側に使われていない転車台がある。ずっと土に埋もれていたのを掘りだしたものである。

この先の仙山トンネルの前後は33・0‰の急勾配になっているため、作並—山寺間は開業時から直流電化がなされていた。そして仙台—作並間を50Hz20kVによる日本初の交流電化路線となった。駅前広場には「交流電化発祥の地」の碑がある。

作並駅を出ると国道48号を乗り越し60mの第3広瀬川橋梁を渡る。橋梁の真下周辺の広瀬川河原では秋になると芋煮を楽しむ人々が集まっている。芋煮の道具や食材を提供する店もある。作並温泉は国道48号に沿って北へ3・4㌔のところにある。

仙山線は33・0‰の上り勾配になってすぐに作並トンネルに入る。出ると3・0‰に勾配は緩んで72mの新川川《にっかわがわ》橋梁を渡った先に八ツ森《やつもり》臨時駅があった。左側にホームがあり、八ツ森スキー場の最寄駅だった。同スキー場が昭和45年に廃止されたあともハイキング用に一部の列車が停車していた。平成14年に全列車が通過し26年に正式に廃止になった。

この先でまた33・0‰となる。次に13・0‰に緩んで99mの荒沢川橋梁、続いて122mの大原トンネルを抜ける。また33・0‰の勾配に戻り、半径300mで大きく右に曲がって勾配が3・0‰に緩むと相対式ホームの奥新川《おくにっかわ》駅となる。

仙台寄りは両開き分岐、山形寄りは上下線が右カーブし、上り線が先に直線になった向こうで下り線と合流する。その先で62mの小滝トンネルをくぐって進み、5361mの仙山トンネルに入る。同トンネルの途中で3・0‰の上り勾配から5・0‰の下り勾配に転じる。

ここが仙山線の最高地点で、標高は450m超になっている。仙台駅の標高が35・1mだから410m以

立石寺の御堂から見た山寺駅。転車台がある

上の標高差がある。山形側坑口手前に両端が両開き分岐になった行き違い用の面白山信号場がある。同信号場の標高は444・7ｍである。

出るとすぐに33・0‰の下り勾配になるとともに半径300ｍで左に曲がる個所に面白山高原《おもしろやまこうげん》駅がある。左手に片面ホームがある。同駅の先もずっと33・0‰の下り勾配が続く。最小曲線半径も250ｍである。

集落が見えるようになって38ｍの立谷川橋梁を渡り、右手に立石寺《りっしゃくじ》が見え出し、半径300ｍで右にカーブしたところに山寺駅がある。島式ホームで2番線の下り線は仙台方向へ出発ができる。山形方面から2番線に進入も可能である。仙台寄りには本線とつながっていない転車台がある。この転車台も半ば土に埋まっていたものを掘りだしたものである。

山寺を過ぎても最急33・0、平均30・0‰と、まだきつい下り勾配になっている。次の高瀬《たかせ》駅は左手に片面ホームがある。65ｍの高瀬川橋梁を渡る。この先もまだ33・0‰の下り勾配がある。

楯山《たてやま》駅は左側通行で行き違いをする相対式ホームである。ようやく勾配が緩くなり、レベルになって半径

３００ｍで左に曲がって奥羽本線と合流すると羽前千《うぜんち》歳《とせ》駅である。左側の２番線で発着する。羽前千歳駅の山形寄りで標準軌の奥羽本線と平面交差して、山形駅まで仙山線電車は奥羽本線の右側の狭軌線を走って山形駅まで直通する。

【車両】仙台車両センター所属のＥ７２１系と７０１系が使用されている。Ｅ７２１系は３扉セミクロスシートの近郊形である。最大の特徴は床面の高さを９５０㎜にして、仙石線を含めて仙台近郊のホームの高さ９３０㎜に対してほぼ段差をなくしてバリアフリーになっていることである。

従来の近郊形車両は１１００㎜程度にして扉部分に１段低いステップを設けていた。このため有効床面積が狭くなっていたのを全床面をフラットにした。床面を下げたことによって重心も低くなって走行安定性もいい。車体幅は２９５０㎜の広幅車である。

McTcの２両編成とTcMMTcの４両編成がある。運転最高速度は１２０キロ、カーブ通過速度は本則プラス15キロである。

７０１系は３扉ロングシート車で通常幅車両である。オールロングシート車なのでラッシュ時の混雑緩和と乗降時間の短縮に効果がある。

【ダイヤ】仙台通勤圏として国土交通省から平成28年度の混雑率が発表されている。最混雑区間は作並↓仙台間で、最混雑時間帯は７時30分から１時間、輸送人員は２９８０人である。この１時間に平均４・５両編成が４本運転され、輸送力は２４２８人とし、混雑率は１２３％となっている。

しかし、最混雑区間は１駅間としなければならない。その区間は北仙台駅で仙台地下鉄南北線に乗り換える通勤通学客が多いことから、北山↓北仙台間となろう。北仙台着で７時30分から１時間の間にセミクロスシートの７２１系４＋２の６両編成が２本、４両編成が１本、ロングシートの７０１系２両編成１本の計４本、18両が走る（平成28年時）。このため平均編成両数が４・５両になる。

定員についてはセミクロスシート車は有効床面積を０・４㎡で、ロングシート車は０・35㎡で割った数値の小数点以下切り捨てで算出すると国道交通省は規定している。

この規定に基づいて計算すると、721系の運転台付でトイレなしの定員は122人、トイレ付が118人、中間車が134人、701系は2両とも先頭車でトイレはないので定員は131人である。そうすると輸送力は2026人となり混雑率は120％に修正される。

現在のダイヤではすべて721系となり、4プラス2の6両編成が3本（1本は快速）、4両編成が1本で通過車両数は22両に増えている。輸送力は2752人なので、輸送人員が同じならば混雑率は88％ということだが、乗客は増えているので実質は100％程度と思われる。

朝ラッシュ時は仙台―愛子間で13〜18分毎に運転される。一部作並始発が運転され、快速も走る。

終日の快速の運転本数は7往復で停車駅は仙台―愛子間各駅、作並、山寺、羽前千歳、北山形だが、下り2本と上り3本は仙台―愛子間で北仙台、国見、陸前落合のみに停まる。この停車駅の快速の最速の仙台―山形間の所要時間は1時間5分である。

昼間時は仙台―山形間運転が約1時間に1本の運転、そのうち半数が快速である。仙台―愛子間の区間電車は約1時間に2本運転され、快速と合わせて仙台―愛子間は15〜20分程度の間隔になる。快速の所要時間は最速で1時間14分である。

夕方の下りは快速は走らず、50〜60分毎に仙台―山形間が1本、仙台―愛子間が2本の運転になる。仙台発最終は山形行が22時16分、愛子行が0時2分である。

【将来】　昼間時は発車時刻がわかりやすいパターンダイヤが必要である。たとえば仙台発は毎時0分が快速、毎時20分と40分が普通というようにする。そうなると乗客は時刻表を見ることなしに利用できる。

また、快速はやはり速達性が必要なので、仙台―愛子間は各駅停車にせず、北仙台駅のみの停車にする。快速の通過によって不便になる駅が多数できるので仙台―愛子間の区間運転を1時間にもう1本増発するとなお、ベターである。

さらに仙台―山形間で北仙台、山寺の2駅だけ停車する特別快速を基本的に2時間毎に運転して、快速と合わせて1時間に1本の優等列車を走るようにすれば、山形自動車道利用に切り替えた人々も戻ってくるはずである。

JR陸羽東線

特急運転で東京―新庄間の新たなルートの開拓が必要

POINT! 陸羽東線《りくうとう》は東北横断線である。現在は定期運転の快速は走らなくなったが、古川駅《ふるかわ》で320キロ運転をする「はやぶさ」と接続すれば、東京―新庄間は山形新幹線「つばさ」よりも所要時間は短縮する。車体傾斜をする気動車特急があれば、もっと所要時間は短くなる。「はやぶさ」と連携した特急を走らせて、よみがえらせるのも一つの手である。

【概要】 陸羽東線は小牛田《こごた》―新庄《しんじょう》間94・1キロの単線非電化の地方交通線で丙線規格である。また仙台近郊区間に含まれている。

陸羽線の部に所属している。陸羽線にも本線はなく、しいて本線とするならば陸羽東線と陸羽西線の2路線を合わせたものである。信号方式は軌道回路検知による特殊自動閉塞である。「奥の細道湯けむりライン」の愛称がついている。

小牛田駅で東北本線と石巻《いしのまき》線に接続、古川駅で東北新幹線と連絡する。新庄駅では奥羽本線の新庄以北と陸羽西線と接続し、標準軌化された奥羽本線の新庄以南と連絡する。

当初の鉄道敷設法の奥羽線の部に「宮城県下仙台ヨリ山形県下天童若ハ宮城県下石ノ巻ヨリ小牛田ヲ経テ山形県下舟形町ニ至ル鉄道」がある。その後半の小牛田を経て舟形《ふながた》への東北横断路線としての予定線である。

この区間の路線名は陸羽線とし、舟形で奥羽本線と並行して終点を新庄とした。大正2年（1913）4月に小牛田―岩出山《いわでやま》間が開通、3年4月に岩出山―川渡《かわたび》間、4年4月に川渡―鳴子《なるご》間が開通した。11月には新庄側を新庄線として瀬見《せみ》―新庄間が開通、5年8月に羽前向町《うぜんむかいまち》―瀬見間が開通した。そして6年11月に鳴子―羽前向町が開通、新庄線を陸羽線に含めて陸羽東線とした。

昭和19年12月、戦時の鉄等の供出のために、奥羽本線と陸羽東線が並行する区間で単線並列複線だったのを両線併用の単線にした。このため分岐点に鳥越《とりごえ》信号場を設置した。再び単線並列複線に戻るのは35年12月のことである。同時に鳥越信号場を廃止した。ほぼ同じ位置の奥羽本線上に鳥越信号場があったが、これは行き違い信号場として昭和43年9月に設置されたもので、平成11年（1999）3月まで使用されていた。

優等列車の運転開始は昭和34年12月である。米沢・仙台―酒田間運転の準急「もがみ」と米沢・仙台―秋田間の準急「たざわ」である。このうち仙台―新庄間を走る列車が陸羽東線を経由する。両列車とも4両編成で仙台発の陸羽東線経由と米沢発の奥羽本線経由が新庄駅で合流してまた分かれる。

ようは仙台発の2両の「もがみ」と2両の「たざわ」、米沢発の2両の「もがみ」と2両の「たざわ」を、新庄駅で客を乗せたまま編成の組み換えをして、いずれも4両編成の酒田行「もがみ」と秋田行「たざわ」にする。このため新庄駅では20分ほど停車して、構内を行き来して、開放と連結を行う。

現在では乗り換えをしても、通しの準急（現在は特急）料金として計算する制度などが整備されているが、当時は列車単位で料金を計算することになっていたため、仙台発も米沢発の「もがみ」と「たざわ」を併結し、新庄駅で乗客を乗せたまま分解して組成しなおす必要があったのである。

昭和40年10月から「たざわ」は「千秋」に改称し、41年に「もがみ」とともに急行に格上げした。昭和57年11月の東北・上越新幹線本格開業で「千秋」は廃止、「もがみ」が米沢・仙台―羽後本荘間と仙台―酒田間の2往復が走るようになった。

そして分割民営化を前提とした昭和61年11月の改正で「もがみ」は廃止となった。廃止前の昭和60年3月時点での「もがみ」の陸羽東線の停車駅は古川、西古川、岩出山、川渡《かわたび》、東鳴子、鳴子、羽前赤《うぜんあか》倉《くら》、羽前向町、瀬見で、陸羽東線内で最速列車は新庄8時29分発の「もがみ」2号である。所要時間は1時間45分、表定速度53・8キロと鈍足だった。

昭和61年11月改正では小牛田―鳴子間で快速となる列車が1往復設定された。停車駅は北浦《きたうら》、古川、西古川、岩出山、東鳴子だが、このほかに池月と川西にも停車する快速でない普通が2往復設定された。

昭和63年3月には快速は「いでゆ」の愛称がつけられた。下り4本（1本は女川《おながわ》発）、上り5本が小牛田―鳴子間で快速運転をする。さらに鳴子―新庄間で快速運転をする「いでゆ」が1往復設定された。

それ以外に愛称がない小牛田―鳴子間運転の快速が、下り1本と新庄―小牛田間運転で、鳴子―小牛田間を快速運転する上り1本があった。さらに快速とも称されていない一部の駅を通過する普通が古川―鳴子間に下り1本が設定された。

これらの停車駅は北浦（一部停車）、古川、西古川、岩出山、池月（一部通過）、川渡（一部通過）、東鳴子が大半である。鳴子以西で快速運転をする「いでゆ」は羽前赤倉まで各駅、羽前向町、瀬見、長《なが》沢《さわ》に停車する。

平成2年（1990）9月から、奥羽線の改軌工事のために寝台特急「あけぼの」が陸羽東線経由となった。陸羽東線内では新庄駅に停車するが小牛田駅も含めてその他の駅はすべて通過した。

その後、快速「いでゆ」は仙台―鳴子間と小牛田―新庄間各1往復に縮小、仙台直通もなくなり、1999年に「湯けむり」に改称、2003年に小牛田―新庄間の1往復となり、そして2004年に廃止されて普通列車のみの運転になった。

現在は土休日を中心に、仙台―新庄間に全車指定の快速「リゾートみのり」あるいは自由席の快速が走るだけになった。しかし、快速といってもゆっくり走り、さらに下りでは古川駅や鳴子《なるこ》温泉《おんせん》駅で結構長く停車する。乗って楽しむにはいいけれど、本来の快速としての機能はない。朝夕にせめて各1往復の快速がほしいところである。

【沿線風景】　小牛田駅は島式ホーム2面4線で東側1番線が陸羽東線本線、2番線が東北下り本線、3番線が東北上り本線、4番線が石巻本線となっている。陸羽東線本線の東側に下2線と下3線の副本線の貨物着発線がある。西側にも上2線から上4線までの貨物着発用副本線がある。

陸羽線列車は1番線から発車するが、他の本線、副本線からも発車でき、東北上り本線、石巻本線、上り2～3番線への入線も可能である。東北本線や石巻線との直通運転ができるようになっている。

半径400mで大きく左カーブして西に向きを変える。半径1600mの左カーブがあるだけでほぼ直線で進む。0・8～1・5‰の緩い上り勾配しかない。4・5㌔ほど進むと島式ホームの北浦駅である。オーソドックスな左側通行の駅である。左手に小牛田寄りから入る横取線がある。

ずっと直線で進み、右側に片面ホームがある陸前谷地《りくぜんやち》駅となる。この先も直線で進む。15・0‰の勾配で築堤を上り115mの新江合川《しんええあいがわ》橋梁を渡る。渡りきると築堤を降り半径1600mで左カーブして島式ホー

陸羽東線（小牛田—鳴子温泉）

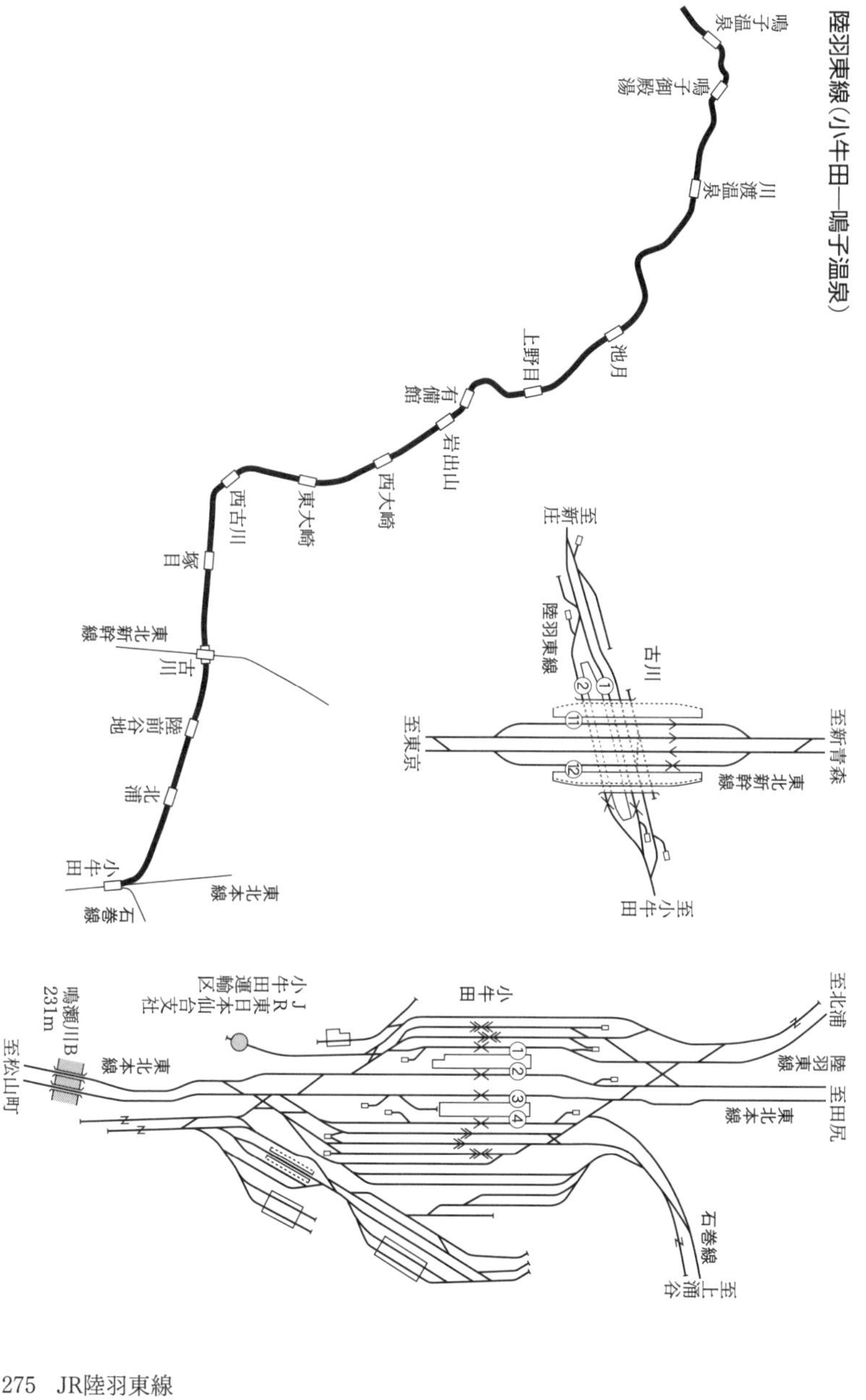

ムの古川駅となる。新幹線と交差している。

貨物取り扱いをしていたために、まずは貨物着発線と旅客線が分かれてから、旅客線の1、2番線が分かれる。小牛田寄りで1、2番線は両開きポイントで分かれ、新庄寄りは片開きポイントで1番線が分岐方向になっている。1、2番線ともに両方向に出発が可能である。しかし、貨物の運転は行われていない。新庄寄り北側に貨物ヤードを転用したJR貨物の古川ORSがある。

新幹線と陸羽東線のコンコースはともに2階にある。ずっと直線で進むと、右側に片面ホームがある塚目《つかのめ》駅があり、この先も直線で進み勾配もない。少し進んで半径400mで右に大きく曲がって西北向きになると島式ホームの西古川駅となる。右手に新庄寄りから入る横取線がある。

西古川駅を出ると上り勾配基調になり半径700mで大きく右に曲がって北向きになる。27mの第2渋川橋梁をしばらく進み右側に片面ホームがある東大崎《ひがしおおさき》駅となる。左カーブしてから直線になり、26mの清水川橋梁を築堤で上り下りして渡る。この先で当初は半径600mで左に曲がって次に半径1200mで左カーブし、そのカーブ上に右側に片面ホームがある西大崎駅となる。

この先は直線で進む。次の岩出山駅は島式ホームになっており、右手に新庄寄りから入る横取線がある。岩出山駅の先、半径600mで左カーブし、その先の左手に片面ホームがある有備館《ゆうびかん》駅がある。平成8年に開設された比較的新しい駅である。

半径400mで右カーブして438mの第1荒雄川《あらお》橋梁を渡り、今度は半径600mで左カーブした先で左手に片面ホームがある上野目《かみのめ》駅がある。

山は近寄ってくるが、まだまだ地形は緩いのでカーブも勾配も緩い。半径1200mで左にカーブしてから直線で進む。山を登り始めるが、まだ最急勾配は10.0‰と緩い。次の池月《いけづき》駅は島式ホームで左手に貨物ホームが残っている。貨物側線は新庄寄りから入る保守用横取線に転用されている。

この先から最小曲線半径400m、最急勾配11.4‰で登り始める。次の川渡温泉《かわたびおんせん》駅も島式ホームで右手に除雪車の車庫、左手にも新庄寄りから入る横取線が

鳴子峡を第1大谷川橋梁で渡る新庄行

ある。

川渡温泉駅を出ると66mの境川橋梁を渡る。最小曲線半径は300mになり、築堤を登って389mの第2荒雄川橋梁を渡り、盛土のまま半径300mで右カーブしたところに鳴子御殿湯《なるこごてんゆ》駅となる。盛土だが駅部分の右手は地面が上がっている。

盛土を進んだ先で胡桃ヶ岳《くるみがたけ》を回り込むように進むとJR形配線の鳴子温泉駅がある。左手1番線が片面ホームに面し、島式ホームの内側は中線で、すべての線路は両方向に出発できる。駅の前後は左カーブ上にあり、島式ホームの中央には寒風除けの仕切り壁が置かれている。

鳴子温泉駅を出ると18・2‰の連続の上り勾配になる。1062mの鳴子トンネルをくぐり、49mの第1大谷川《おおやがわ》橋梁を渡る。同橋梁から鳴子峡がちらっと見えるが、すぐに397mの第1、262mの第2、69mの第3の三つの中山トンネルを抜ける。抜けると左手に鳴子峡が見えるようになる。

しばらく進み、右手に片面ホームがある中山平温泉《なかやまだいらおんせん》駅になる。もとは島式ホームだった。旧上り線は横取

陸羽東線（鳴子温泉—新庄）

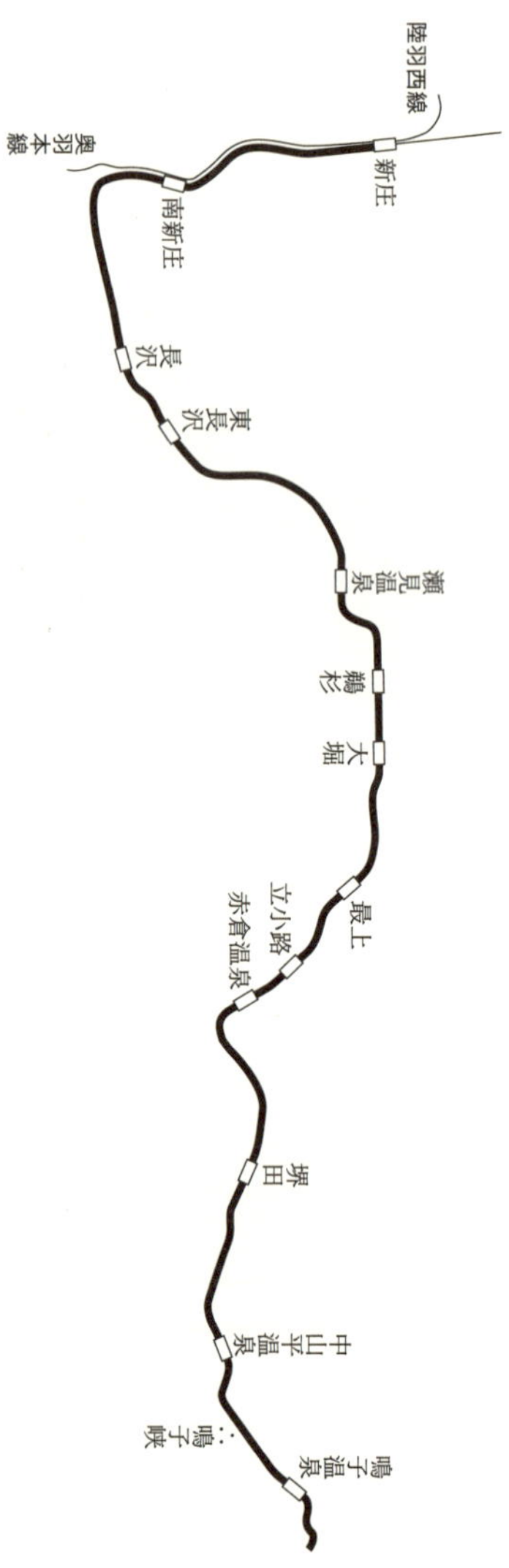

線に転用されている。また、貨物ホーム跡にはC58 356号機が静態保存されている。

駅の古川寄りの横取線が分岐する乗上ポイントの左側の横に、神社の神主が祝詞を唱えるときに持つ大麻《おおあさ》と思われるようなものが立てられている。紐は薄青色をしている。これは線路の魔除けではなく、簡易な建築限界標で、積雪地帯の線路横に設置されている。

さらに新庄寄りには矢印と44の文字が書かれた標識が置かれている。これは除雪用のラッセル車の段切翼の開角度と掻き込んだ雪を吹き飛ばす方向を示している。中山平温泉駅にある矢印は左に雪を飛ばし、閉（1）、2〜4、全（5）の5段階ある段切翼の開角度のうち4段目にせよということが示されている。

全開になると片側で3・5mも広がるが、標識などがあると当たってしまう。そこで4段目の開角度にせよということである。山形、秋田地区の積雪地帯に多

最上駅に進入する小牛田行。左側にラッセルの開角度と
吹き飛ばし方向を示す標識や榊状の限界標識が見える

くみられるものである。

ともあれ18・2‰の連続上り勾配になり、最小曲線半径４００ｍで進む。登り詰めた先で勾配が緩むと右手に片面ホームがある堺田《さかいだ》駅となる。もとは相対式ホームで下りホームは残っている。堺田駅の標高は３３７・１ｍ、陸羽東線で一番高い。

同駅から18・2‰の連続下り勾配になる。途中91ｍの高橋川橋梁を渡り、１７７ｍの笹森スノーシェルターをくぐって左手に片面ホームがある赤倉温泉《あかくらおんせん》駅となる。元は島式ホームでその上り線を使っている。

13・3‰の連続下り勾配で降りると右手に片面ホームがある立小路《たちこうじ》駅がある。左右の山々は後退し、開けた土地を走るようになる。立小路駅はレベルだが、駅を出るとまた13・3‰の連続下り勾配になる。94ｍの馬出川橋梁を渡り、最上《もがみ》駅の手前で２０６ｍの絹出川《きぬでがわ》橋梁を渡る。

最上駅は島式ホームで、下り線の左手に側線があり、除雪用車両の車庫も置かれている。上り線は新庄方向に出発が可能である。

北羽前街道と並行して進む。勾配はいったん緩み、

１７１ｍの白川橋梁を渡る。左手に片面ホームがある大堀《おおほり》駅を過ぎ、11・4‰の連続下り勾配になり、北羽前街道が斜めに陸羽西線を乗り越していく。この付近ではスノーシェルターで覆われている。

次の鵜杉《うすぎ》駅は11・4‰の連続下り勾配上にあって右側に片面ホームがある。同駅の先で１５８ｍの鵜杉川橋梁を渡り４９８ｍの瀬見など三つのスノーシェルターをくぐる。

次の瀬見温泉《せみおんせん》駅は右側に片面ホームがあるが、元は島式ホームで、下り線側を利用している。ホームは右カーブ上にあり、左手に新庄寄りから入る横取線がある。

瀬見温泉駅を出ると最急勾配は10・0‰に緩む。66ｍの中沢スノーシェルターに続いて66・4ｍの中沢トンネルを抜け、61ｍの第1小国川橋梁を渡る。土地が開けて左側に片面ホームがある東長沢《ひがしながさわ》駅を過ぎ、半径６００ｍの右カーブ上にあって２４１ｍの第2小国川橋梁を渡る。

そして左手に片面ホームがある長沢駅となる。もとは相対式ホームで、下りホームが過ぎた先の斜向かいに上りホームがある。また、下り線の新庄寄りから入る横取線が下りホームの向かいにある。分岐は乗り上げポイントである。

２４５ｍの内山トンネルを抜け、左手から標準軌化された奥羽本線が並行するようになる。ともに右カーブをしてから左カーブをする。その半径８００ｍの左カーブ上に南新庄駅がある。片面ホームは右手に置かれている。

奥羽線とともに並行して新庄駅に滑り込む。

【車両】 小牛田運輸区所属のキハ１１１形とキハ１１2形からなる2両編成、キハ１１０形の2両編成が走る。これに「リゾートみのり」用キハ48形が加わる。キハ１１2形はトイレなし、キハ１１０形は両運転台付である。

「リゾートみのり」用のキハ48形は3両固定編成で眺望を良くするために大窓化しシートピッチ１２００㎜の回転リクライニングシートを設置している。エンジンは出力３００ＰＳのカミンズ社製に換装している。

【ダイヤ】 現在は鳴子温泉駅を境に運転系統が分かれている。全線通しは下り2本、上り1本しかない。これに小牛田―古川間の区間運転がある。うち下り1本は石巻駅始発である。この区間運転は古川駅で新幹線に接続する新幹線連絡列車であるとともに、古川駅周辺の高校大学の通学列車でもある。

朝の小牛田↓古川間の運転間隔は17～32分、古川―鳴子温泉間は最小25分間隔だが、鳴子温泉以西は1時間以上間隔が開いている。

昼間時は小牛田―鳴子温泉間が1、2時間、鳴子温泉―新庄間が2、3時間の間隔になる。15時台に小牛田―古川間の区間運転が1往復設定されている。

夕方は小牛田―鳴子温泉間が約1時間毎、鳴子温泉―新庄間が約1時間30分毎、夜間は2時間ほど開くこともあるが小牛田↓鳴子温泉間は最終とその前の列車との間隔が約1時間程度になる。そして小牛田↓古川間に最終列車が走る。

不定期列車の快速「リゾートみのり」の下りは古川駅で長時間停車したりして、ほとんど普通と所要時間は変わらない。上りは岩出山―古川間を13分で走り、普通よりも5分ほど速い。きちっと速く走れば古川―新庄間は1時間40分で走ることができる。

【将来】 小牛田―新庄間直通の普通は最短2時間3分かかっている。鳴子温泉駅で4分停車しているのを1分停車にすれば2時間ちょうどの所要時間になる。これを快速運転にすれば20分以上速くなり、小牛田―新庄間は1時間40分になる。

古川駅で新幹線と接続する。仙台以北で各駅に停車する「はやぶさ」の東京―古川間の所要時間は1時間54分である。古川―新庄間は1時間30分、乗り換え時間を10分として東京―新庄間は3時間34分になる。山形新幹線を走る「つばさ」の東京―新庄間の最速は3時間42分なので、これよりも速い。

とはいえ、それほどの差はないが、東京―新庄間が2ルートあるということは、片方が不通になってももう一方でカバーできるなど、なにかと都合がよい。また、鳴子温泉などへも行きやすくなる。

車体傾斜式の気動車特急を運転すれば、古川―新庄間は1時間20分で結ばれる。

クルマ社会であっても320キロ運転の新幹線「はやぶさ」と連携して快速、特急を走らせることは、陸羽東線の活性化につながる。

JR陸羽西線

磐越東線との直通運転が活性化のカギだが課題多し

POINT! 東北横断線の一環として造られたが、現在では細々と走るローカル線になってしまっている。他の東北横断線と違って快速が走っており、列車愛称は「最上川」である。しかし、1日1往復、下りは最終列車で新庄《しんじょう》—古口《ふるくち》間は各駅に停車する。快速として恩恵を受ける人は少ない。上りは昼間時に走り、所要時間は52分である。

東京—酒田に行くには上越新幹線「とき」と羽越本線の「いなほ」を乗り継ぐのが定番で、東京—酒田間の所要時間は4時間半程度である。古川《ふるかわ》停車の「はやぶさ」と連絡して陸羽東線と直通する古川—酒田間に特急が走ったとすると、やはり4時間半程度になる。しかし、2ルートあることは、なにかと都合がいい。ただし古川停車の「はやぶさ」の定期運転はない。

【概要】 陸羽西《りくうさい》線は新庄—余目《あまるめ》間43・0㌔の単線非電化路線の地方交通線、丙線規格である。陸羽線の部に所属している。信号方式は軌道回路検知式の特殊自動閉塞である。「奥の細道最上川ライン」の愛称がある。

新庄駅で奥羽本線と陸羽東線、余目駅で羽越本線と接続して、多くの列車が余目駅から酒田駅まで直通する。

最初の鉄道敷設法の奥羽線の項では「福島県下福島近傍ヨリ山形県下米沢及山形、秋田県下秋田青森県下弘前ヲ経テ青森ニ至ル鉄道及本線ヨリ分岐シテ山形県下酒田ニ至ル鉄道」となっている。この後半の（奥羽）本線より分岐して酒田に至る鉄道が陸羽西線の前身の酒田線である。

酒田線は大正2年（1913）12月に新庄―古口間が開通、3年6月に古口駅から清川《きよかわ》駅まで、8月に狩川《かりかわ》駅まで、9月に余目駅まで、12月に酒田駅まで開通して全通した。

大正6年11月に陸羽西線に改称し、13年4月までに酒田駅から羽後岩谷《うごいわや》駅まで延伸して、羽越北線と接続した。このときに余目―羽後岩谷間は羽越線に編入、新庄―余目間を陸羽西線とした。

陸羽東線で述べたように昭和34年（1959）12月、米沢・仙台―酒田間に準急「もがみ」の運転を開始した。35年11月に山形、新庄経由の仙台―酒田間の「月山」と不定期夜行準急の上野―新庄間の「出羽」も運転開始し、「出羽」は36年10月に定期急行となって38年10月に新庄駅から陸羽西線経由で酒田駅まで延長運転された。このとき寝台車付の客車列車から気動車列車に替わった。

連結開放が得意な気動車なので、上野駅発車時点では10両編成で山形駅まで走り、山形駅で5両を切り離して5両編成で新庄駅まで向かう。そして新庄駅でも2両を切り離して3両編成で酒田まで向かっていた。昭和41年3月に「もがみ」と「月山」は急行に格上げした。

以後、「出羽」「もがみ」「月山」（3往復、うち1往復は山形―鼠ケ関《ねずがさき》間）が東北新幹線開通まで走り続けたが、東北新幹線の本格開業となった昭和57年11月に「出羽」が廃止、61年11月改正で「もがみ」も廃止され、平成4年（1992）7月に2往復残っていた「月山」は快速に格下げされた。格下げ直前の「月山」の陸羽西線内の停車駅は古口、狩川だった。最速は下りの1号で所要時間は40分、表定速度64・5㌔だった。

快速に格下げされても、ほぼ同じダイヤでずっと維持されたが、平成11年3月から山形新幹線新庄延伸によって運転区間を新庄―酒田間に縮小、「月山」の愛称も廃止して愛称なしの快速になった。

平成11年12月に公募によって路線愛称名を「奥の細道最上川ライン」とし、これにあわせて快速の列車愛称を「最上川」とし、停車駅も陸羽西線内では古口駅だけにした。これによって新庄―余目間の所要時間は37分に短縮、下り2本、上り3本の運転とした。

しかし、平成16年に下り快速「最上川」1号は陸羽西線の最終列車とし、停車駅も新庄―古口間各駅、狩川と大幅に停車駅が増えた。一方、上りは2往復となり、2号の停車駅は狩川、古口、4号は古口のみとした。19年には上り「最上川」も1本のみとした。停車駅は狩川、古口である。

そして現在もこのダイヤが維持されている。しかし、昼間に上り1本だけしか快速が走っていないのではクルマ社会に負けてしまう。余目→新庄間の所要時間も40分と遅い。上下とも朝と昼、夜間に各1往復を走らせ、しかも所要時間を35分以下にスピードアップすればいい。そして特急として走らせればいい。このときは磐越東線と連携して仙台―酒田間の運転がいい。

【沿線風景】 新庄駅の3番線が陸羽西線列車の発着線である。ただし一部は5番線から発着する。3番線も交流電化されており、奥羽本線の電車もときおり発着する。

新庄駅を出ると奥羽本線である4番線と合流するが、すぐに片開き分岐で左に分かれ並行する。非電化の磐越西線に架線は必要がないので途中でなくなる。3・8‰の上り勾配を直線で進むので、低い盛土になる。このため左側に並行している引上線とは段差ができる。この引上線は電化されている。

半径500mで大きく左カーブして奥羽本線と分かれ、少し直線となるが、また大きく左にカーブして街並みを回り込むように田園地帯を南西向きに進む。最急10・0‰、最緩2・3‰で降りていく。

東北中央自動車道をくぐり、半径800mで右カーブした先に右手に片面ホームがある升形《ますかた》駅となる。もとは島式ホームで、その下り線を使っている。右手に余目寄りから進入できる横取線がある。

この横取線はまずは乗り上げポイントで旧上り線の線形で分岐し、島式ホームにかかる手前でもう一度分岐するような線形になっている。つまり旧上り本線から貨物側線が分岐していたが、上り本線を撤去して1線の側線だけを横取線として残したのである。その横取線には保守車庫が置かれている。

升形駅はレベルだが、駅の先は10・0‰の下り勾配でしばらく進む。そしてレベルになった先で、91mの前波《ぜんなみ》トンネルをくぐる。トンネルを出ると10‰の下り勾配になるが、地形はもっと下がっているので盛土になる。その盛土の右手に片面ホームがある陸前前波《うぜんぜんなみ》駅

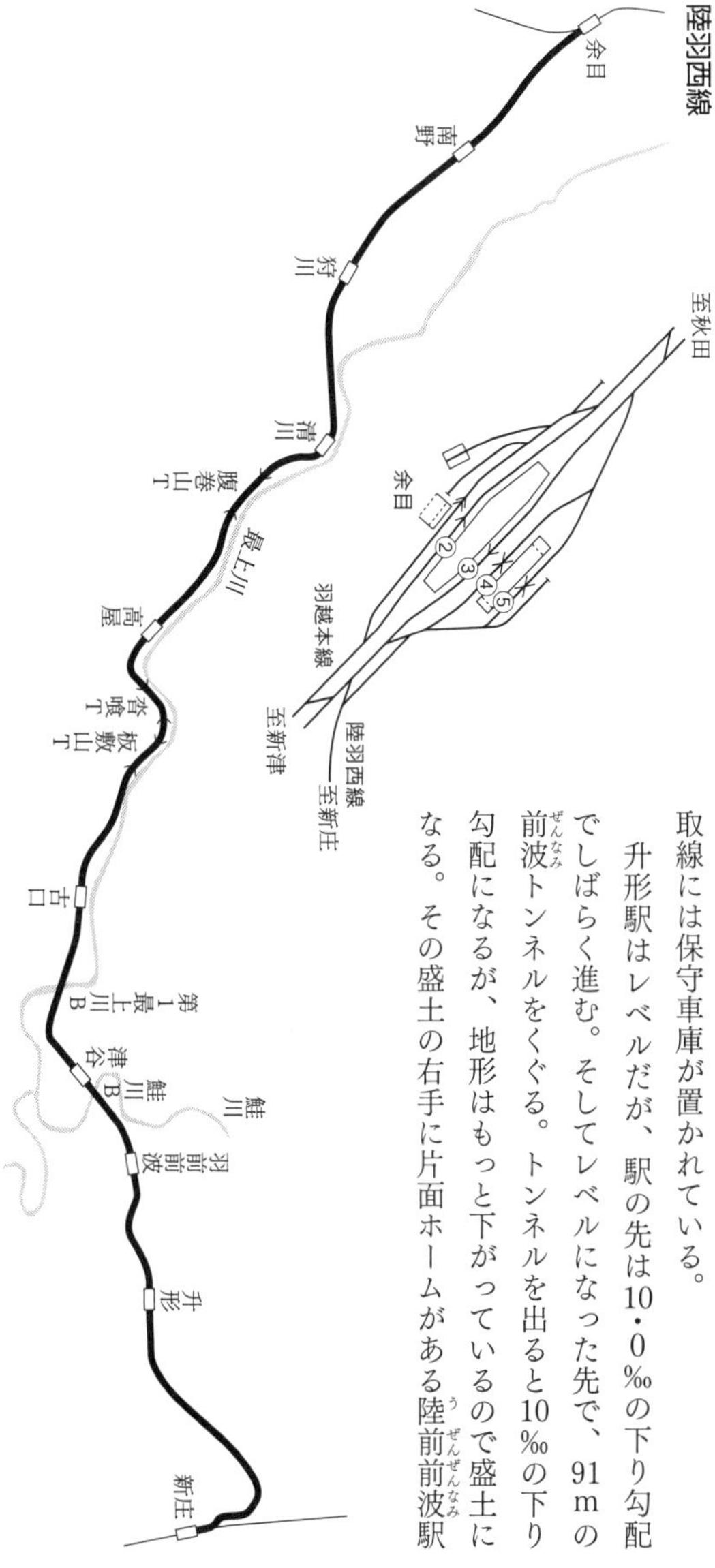

がある。

例のラッセル車の段切翼の開角度標は、駅の手前では左に排雪、つまり跳ね飛ばし、開角度はホームがある右側は「閉」、左側は建築物がなにもないので「全」となっている。ホームを過ぎると障害物がないことを示す、例の魔除けの建築限界標とともに開角度標は左に雪を飛ばし開角度は右側も左側も「全」、つまり「全全」と表示されている。

この先で305mの岩清水《いわしみず》トンネルをくぐる。半径800mで左に曲がって249mの鮭川《さけかわ》橋梁を渡り築堤を下って半径500mで左カーブすると右手に片面ホームがある津谷《つや》駅となる。

もとは島式ホームで、その下り線を使っている。旧上り線の向こうには貨物ホームも残っている。待合室はホームから外れた旧上り線の路盤上に新しく設置されている。

盛土を進んだ先で右手は切り通しになる。そこに防雪防風を兼ねた土砂崩壊や落石防ぐ鉄道防備林、左手に吹雪防雪林があり、それらに囲まれて進み、築堤を登って435mの第1最上川橋梁を渡る。

左手は山、右手は国道47号が並行し半径800mで左に曲がると古口駅となる。島式ホームで1、2番線とも新庄と余目の両方向に出発できる。

右側通行で行き違いをする。余目に向かって右側に駅舎があって構内踏切が余目寄りにある。上り列車が1番線を進入するときに事故が起こる可能性があるため、停車中に構内踏切を渡る人の有無が確認できる下り列車を右側通行で発着させている。最上川芭蕉ライン船下りの最寄駅だが、列車で来る人は少ない。

古口駅を出ると最上川に沿って進むので、最上川を下っていく船が見えることも多い。114mの角川《つのがわ》橋梁を渡り、586mの板敷山《いたじきやま》、続いて971mの沓喰《くつばみ》、152mの第1高屋、続いて第2高屋の四つのトンネルを抜けると高屋《たかや》駅となる。

高屋駅は右手に片面ホームがある。もとは相対式ホームだった。使っていない下りホームとレールは残っている。駅を出ると140mの第3高屋、200mの土湯、133mの第1草薙《くさなぎ》、157mの第2草薙、86mの第3草薙、そして957mの腰巻の六つのトンネルを抜け、900mの右カーブ上にある311mの立《たち》

新庄寄りから見た前波駅。ラッセルの開角度と吹き飛ばし方向の標が立てられている

新庄寄りから見た津谷駅

余目寄りから見た古口駅

谷沢川《やざわがわ》橋梁を渡る。

少し地形が開けると左手に片面ホームがある清川《きよかわ》駅となる。半径600m上にあり、もとは島式ホームだった。その上り線を使用している。左手の上り線の向こうには転車台があった。行き違いはできないが、閉塞区間の境界を今も維持しており、出発信号機と場内信号機も機能している。

地形は緩み、カーブも勾配もあまりなくなり進んでいく。次の狩川《かりがわ》駅は左手に片面ホームがあるが、こちらも元は島式ホームで旧上り線を使っている。旧下り線のレールはホームに面した所だけ残されている。

次の南野《みなみの》駅は右手に片面ホームがあり、半径1600mの左カーブ上にある。この先直線で進み、場内信号機が見えて半径600mで右カーブした先の左手をまっすぐ進んでいる羽越本線と合流して余目駅となる。陸羽西線のホームは4、5番線で4番線が酒田方面、5番線が新庄方面の発着となっている。

新庄駅の標高は106・1m、余目駅は16・7mなので90mほど降りてきたことになるが、途中高屋駅手前の板敷山トンネル付近から一度上り勾配になって標高51・9mの高屋駅に停車して、再び下り勾配になっている。

【車両】　小牛田運輸区所属のキハ111形とキハ112形の2両編成あるいは両運転台付のキハ110形の2両編成が使用される。

小牛田運輸区所属だが、実際には新庄駅横の新庄運転区に常在して使用される。

【ダイヤ】　快速「最上川」は1日1往復である。普通は1日9往復でうち5往復が羽越本線に乗り入れて酒田駅まで走る。新庄─余目間は1、2時間間隔になっている。

新庄─余目間の所要時間は下り快速が44分、上り快速が40分、古口駅での行き違いをしない普通の所要時間は46分と快速とあまり変わらない。

【将来】　やはり快速の増発とスピードアップを望みたいところである。2エンジンを搭載する高出力気動車を投入すれば、新庄─余目間の所要時間は35分以下にできよう。そして朝、昼、夜間に3往復走らせるのがいい。投資に見合わないとすれば、特急として走らせればいい。

JR北上線

温泉駅「ほっとゆだ」を軸に1時間を切る速達列車を

POINT! 北上《きたかみ》線も東北横断線として敷設されたものの、現在は地域の足としてしか機能していない。快速が走っているが、横手《よこて》寄りの3駅を通過するだけでおよそ快速とはいえない列車である。かつてのように停車駅が少ない快速を設定して、しかも奥羽本線の院内《いんない》まで直通させれば使いやすい快速になる。院内や湯沢は山形新幹線や秋田新幹線に見放されている。この快速によって北上駅まで速く結ばれれば、東京方面に行くのも便利になる。

【概要】 北上線は北上―横手間61・1キロの単線非電化路線である。内線規格で地方交通線である。東北線の部に所属している。信号保安方式は軌道回路検知式特殊自動閉塞である。

北上駅で東北本線と接続、東北新幹線と連絡する。横手駅では奥羽本線と接続する。

東北本線の北上駅はもともと黒沢尻《くろさわじり》という駅名だった。その黒沢尻から奥羽本線横手駅まで結び、東北本線と奥羽本線の連絡線として横黒線が計画された。建設費を圧縮するために軽便鉄道規格で黒沢尻駅と横手駅の両方から工事を進めることになり、黒沢尻寄りは東横黒軽便線、横手寄りは西横黒軽便線の名で着工した。

大正9年（1920）10月に西横黒軽便線の相野々《あいのの》―横手間、10年3月に東横黒軽便線の黒沢尻―横《よこ》川目《かわめ》間、11月に西横黒軽便線の黒沢―相野々間と東横黒軽便線の横川目―和賀仙人《わかせんにん》駅が開通した。

大正11年9月に東西横黒軽便線は軽便の文字が削除され、東西横黒線となり、12月に西横黒線陸中川尻《りくちゅうかわじり》（現ほっとゆだ）─黒沢間、13年10月に東横黒線和賀仙人─大荒沢《おおあらさわ》（現在は廃止）間、11月に大荒沢─陸中川尻間が開通して東西横黒線は統一して横黒線に改称した。

昭和29年（1954）11月に黒沢尻駅は北上駅に改称されたが、路線名は横黒線のままにしていた。

昭和37年7月に、仙台─秋田間を結ぶ準急「たざわ」の輸送力不足を補うために横黒線経由の仙台─秋田─青森間の急行「あけぼの」の運転開始をした。横黒線にとって初の優等列車である。キロ28形を挟んで両側にキハ58形を連結した3両編成である。仙台─秋田間では新庄経由の「たざわ」よりも30分速かった。

昭和41年10月に北上線に改称、43年10月のヨンサントウ改正で急行「あけぼの」は「きたかみ」に改称した。ヨンサントウ改正時点で「きたかみ」の北上線内の停車駅は陸中川尻1駅だけで、北上─横手間の所要時間は下りが1時間15分、上りが1時間14分だった。その後、2往復に増発された。

昭和46年3月改正で仙台─秋田間に北上線経由の不定期特急「あおば」の運転を開始、47年10月から定期運転となった。北上線内の停車駅は陸中川尻のみ、所要時間は下りが1時間8分、上りが1時間5分となった。

急行形のキハ28・58系よりパワーがあるキハ181系を使用したので、停車駅が同じでも10分ほど所要時間が短くなったのである。当時の気動車特急「つばさ」の間合い運用のため、グリーン車と食堂車が各1両連結された7両編成だった。

しかし、昭和50年に「つばさ」は電車化されたために、「あおば」は廃止され、代わってキハ58系を使った急行「きたかみ」を3往復にした。

昭和57年11月に東北新幹線が開通すると、田沢湖線経由の特急「たざわ」を新幹線と秋田との連絡特急にしたために「きたかみ」は快速に格下げされてしまった。しかし、格下げといっても運転区間は北上—湯沢間で北上線内の停車駅は藤根《ふじね》、横川目《よこかわめ》—陸中川尻間各駅、黒沢《くろさわ》、相野々と増え、しかも1往復だけであり、急行をそのまま快速化したわけではない。

平成8年（1996）3月から田沢湖線が秋田新幹線化するために改軌工事が始まり、北上線経由の北上—秋田間に特急「秋田リレー」号の運転を開始した。北上線内はノンストップ運転が原則だが、一部はほっとゆだ駅に停車した。「秋田リレー」号の運転は平成9年3月まで行われた。所要時間は最速で57分だった。

その後は快速「きたかみ」が3往復運転されるようになったが、各列車の停車駅はまちまちで定まっていない。一番停車駅が少ないのは上りの「きたかみ」3号で相野々、ほっとゆだ、和賀仙人、横川目、立川目《たてかわめ》、藤根《ふじね》で所要時間は1時間7分、一番停車駅が多いのは下りの1号で黒沢まで各駅、相野々で、所要時間は1時間22分だった。その「きたかみ」は平成11年12月で廃止された。

平成29年3月に下り4本、上り2本の快速を運転開始した。停車駅というよりも通過駅は小松川《こまつがわ》、平《ひら》石《いし》、矢美津《やびつ》の3駅である。そして現在は下り3本、上り2本が運転されている。

とはいっても、全線で1時間11分もかかるので快速というべき列車ではない。特急「秋田リレー」号のように停車駅をほっとゆだ駅だけにし、所要時間も1時間を切る急行の頻繁運転を望みたいところである。

【沿線風景】　北上駅の切欠きホーム0番線と1番線の東北下り2番副本線（下2線）で北上線列車は基本的に発車する。もっとも北上駅の東北下り本線、東北上り本線、そして貨物着発線の上2線から上4線までの各本線、副本線と直通ができる。ただし東北下り本線は出発のみ、東北上り本線とは到着のみである。

東北本線と引上線とともに左にカーブし、さらに直線になって少し進んでから、北上線が半径６０４ｍで左に大きくカーブをして東北本線と分かれる。

左手に片面ホームがある柳原《やなぎはら》駅を過ぎ、北上の市街地を西に向かって緩い上り勾配で進む。国道4号や東北自動車道をくぐった先の左手に片面ホームがある江《え》釣子《づりこ》駅がある。右手に横取線がある。北上寄りで乗り上げポイントでつながっている。

さらに西へ進み続けて相対式ホームの藤根駅となる。貨物列車が走っていたために行き違い線は長く、1番線の下り線は横手と北上の両方向に出発できる。ポイントはスプリング式である。

直線でずっと進む。市街地から離れるようになったが、まだまだ人家は多い。左手に片面ホームがある立川目駅を過ぎると徐々に田園地帯になっていく。95mの坪平川橋梁を渡ると左手に片面ホームがある横川目駅がある。もとは相対式ホームの駅で旧上り線の片面ホームが残されている。

半径１６０４ｍで左に曲がり、１３２ｍの第5和賀《わが》川《がわ》橋梁を渡ると連続20・0‰の上り勾配で山登りをはじめる。半径３６２ｍで右カーブ、続いて左カーブと蛇行する和賀川に沿って進む。和賀川は石羽根《いしばね》ダムによってダム湖になっている。レベルになると岩沢《いわさわ》駅となる。もと相対式ホームでその旧下り線を使っている。

同駅の先からほっとゆだ駅の手前までは、湯田ダムの建設によってルートを変更している。18・2‰の上り勾配で進み、勾配が緩み５６２ｍの岩沢トンネルを抜けて和賀仙人駅となる。島式ホームで半径１２００ｍの左カーブ上にある。

駅を出ると再び上り20・0‰になり、半径３００ｍでＵ字型に左カーブする。その先で６２５ｍの曲森ト

北上線

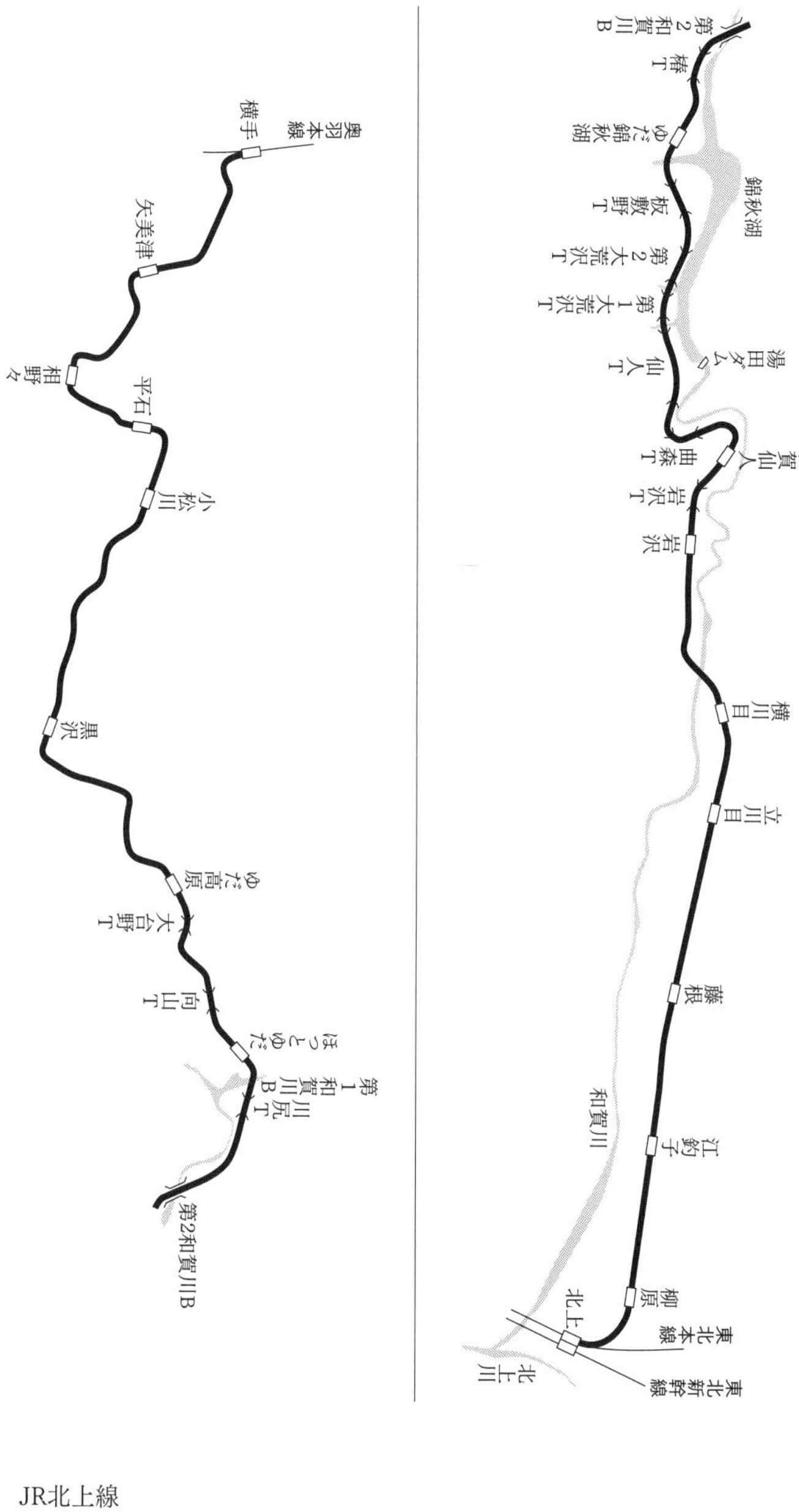

第2和賀川B
椿T
ゆだ錦秋湖
錦秋湖
板敷野T
第2大荒沢T
第1大荒沢T
湯田ダム
仙人T
和賀仙人
曲森T
岩沢T
岩沢
横川目
立川目
藤根
和賀川
江釣子
柳原
北上
東北本線
東北新幹線
北上川
奥羽本線
横手
矢美津
相野々
平石
小松川
黒沢
ゆだ高原
大台野T
向山T
ほっとゆだ
第1和賀川B
川尻T
第2和賀川B

ンネル、続いて１５１４ｍの仙人トンネルを抜ける。勾配が緩み81ｍの大荒沢橋梁、１７４ｍの第１大荒沢トンネル、１０４ｍの小荒沢橋梁、６２８ｍの第２大荒沢トンネル、続いて第３大荒沢トンネル、そして１３２１ｍの板敷野トンネルを抜け、２４９ｍの南本川橋梁を渡ると右手に片面ホームがある、ゆだ錦秋湖《きんしゅうこ》駅となる。もとは島式ホームで、その下り線を使っている。もとの駅名は陸中大石だった。

　この先で５５５ｍの椿トンネルを抜け、５０６ｍの第２和賀川橋梁を渡る。しばらく進んで川尻トンネルを抜け２４９ｍの第１和賀川橋梁を渡ると、ほっとゆだ駅となる。

　１番線の下り本線が片面ホームに面しているＪＲ形配線の駅で島式ホームの内側の２番線は上り本線になっている。２番線は北上方向しか出発できないが、他は両方向に発車できる。

　秋田自動車道をくぐり３８１ｍの向山トンネルをくぐる。続いて第４鬼ケ瀬川《おにかせがわ》橋梁を渡ってしばらく13・３‰の連続上り勾配を進む。そして１５３ｍの大台野トンネルを抜けて少し進むと左手に片面ホームがある、ゆだ高原駅となる。元は島式ホームでその上り線を使っている。

　この先で最急15・２‰、平均12・０‰の勾配を登りきると北上線最高地点となる。標高は２８７ｍである。

　ここから秋田県に入り、20・０‰の連続下り勾配になる。40ｍの第12黒沢川《くろさわがわ》橋梁を渡り勾配が緩むと島式ホームの黒沢駅となる。

　黒沢駅の先も連続20・０‰の下り勾配になる。第11から第２までの黒沢川橋梁を抜ける。第７と第６の黒沢川橋梁の間には１０２ｍの岩淵トンネルがある。橋梁がなくなっても連続下り勾配は続き、１２５ｍの小松川トンネルを抜けてレベルになり右手に片面ホームがある小松川駅となる。

　再び20・０‰の下り勾配になり山を降りていく。次の左手に片面ホームがある平石駅は半径４００ｍの右カーブ上にある。

　平石駅はレベルにあるが、また20・０‰の下り勾配で進む。１９５ｍの岩瀬トンネルを抜け、街中に入り、大きくＵ字状に右カーブをしているところに島式ホームの相野々駅がある。その先で80ｍの第３旭川橋

和賀仙人駅に停車中の北上行

黒沢駅に進入する横手行。右上のバックミラーに北上行が映っている

横手駅の1番線が北上線の発着線。右は奥羽線電車

梁を渡り、西向きになって進む。

半径402mで大きく右にカーブする。途中67mの第2旭川橋梁を渡り、国道107号をくぐって右手に片面ホームがある矢美津駅となる。矢美津駅も半径402mの右カーブ上にある。

66mの第1旭川橋梁を渡って横手の街中を走るようになる。半径402mで左カーブ、続いて半径282mで右カーブして奥羽本線と合流、横手駅の1番線に到着する。


【車両】一ノ関運輸区のキハ100形の単行あるいは2両編成が走る。すべてワンマン運転である。

16m車体2扉セミクロスシート車で出力330PSのエンジンを搭載し、最高運転速度は100㌔、25‰の上り勾配での均衡速度は60㌔となっている。


【ダイヤ】快速は下り3本、上り2本、普通は全線通しが4往復、北上—ほっとゆだ間に2往復、休日運休する北上—藤根間に1往復走る。

朝は約1時間間隔だが、区間列車が走る北上—藤根間は約40分間隔になる。

昼間時は快速だけが2往復走る。

夕方の北上—ほっとゆだ間は1時間間隔、夜間は全区間で2時間間隔である。なお、平石駅と矢美津駅は冬期の12月1日から3月31日まで通過する。

快速の停車駅は北上—黒沢間各駅、相野々と通過するのは3駅だけなので、最速の所要時間でも1時間11分もかかっている。


【将来】やはり、停車駅が少ない快速か特急の設定がほしいところである。

その場合、ほっとゆだ駅だけ停車するのがいいが、藤根、和賀仙人、黒沢、相野々にも停車してもいい。

所要時間は1時間を切るくらいでないとクルマに対抗できないし、運転本数も倍くらいにしないと、だれも利用しない。

このためには、短編成で高出力の車体傾斜式特急気動車を投入して、前述の停車駅で1時間を切る特急を走らせるべきである。

このような特急を設定した場合、奥羽本線の新庄駅まで乗り入れれば、特急やミニ新幹線に見放された感がある湯沢や院内、真室川の各駅と東京方面の行き来がしやすくなる。

由利高原鉄道鳥海山ろく線

新庄—矢島間の観光路線バスを新設し東京とのアクセス強化を

POINT! 由利高原《ゆりこうげん》鉄道は営業キロ23・0キロと短い行き止まり路線である。利用客の半数以上が高校生で占めている通学路線である。このため登校時と帰宅時には高校生で一杯になる。昼間時には閑散としているが、団体ツアー客が楽しく乗れるようにイベント列車の設定や、沿線の観光案内をするアテンダント乗務の「まごころ列車」を走らせたり、自転車持ち込み可などをして利用喚起をしている。今後も一般客の増加策を講じていくことになる。

【概要】 由利高原鉄道鳥海山《ちょうかいさん》ろく線は、羽後本荘《うごほんじょう》—矢島《やしま》間23・0キロの単線非電化路線で、羽後本荘駅で羽越本線と側線を介して接続しているだけなので直通列車はない。

信号保安方式は羽後本荘—前郷《まえごう》間がスタフ閉塞、前郷—矢島間がタブレット閉塞である。行き止まり側をスタフ閉塞、他の閉塞区間をタブレット閉塞とするのが通常なのに、その反対になっているのは、終点矢島駅に車庫があるためである。

国鉄時代の矢島線用の車両は秋田車両基地に所属し、羽後本荘支区で給油し、夜間滞泊も同駅で留置していた。由利高原鉄道になったときに矢島駅に車両基地を置いた。救援列車等を続行で走らせる必要があるときなどには、前郷—矢島間をタブレット閉塞にしておいたほうがいいからである。

もともとは羽越線の部に所属していた矢島線を、第3セクター鉄道の由利高原鉄道が引き継いだ。

改正鉄道敷設法の別表15は「秋田県本荘ヨリ矢島ヲ経テ院内ニ至ル鉄道」となっている。奥羽本線と羽越本線を結ぶ横断短絡線であり、院内《いんない》と本荘を結ぶことから院本線と名付けられた。

しかし、改正鉄道敷設法の予定線に組み込まれる前に、横手鉄道が発起され、大正3年（1914）7月に本荘―横手《よこて》間の鉄道敷設免許申請を行った。免許を取得すると5年10月に横荘鉄道を設立した。横荘鉄道は横手―釜石《かまいし》間も建設して東北横断鉄道を目指していた。

大正7年8月に横荘東線として横手―沼館《ぬまだて》間が開通、本荘側も横荘西線として羽後本荘―前郷間が開通した。その後も横荘東線の沼館―老方《おいかた》間を昭和5年（1930）に開通させたが、昭和初期の不況によって残りの区間を開通させる資金が調達できなかった。

そんなとき鉄道敷設法の予定線の院本線に重なることから横荘西線を国鉄線として買収するように国鉄に働きかけた。そして昭和12年9月に国鉄が買収して羽越線に所属する矢島線とし、12月に前郷―西《にし》滝沢《たきさわ》間、13年10月に西滝沢―羽後矢島間を簡易線規格で開通させた。

旅客列車は早期に気動車化され、秋田機関区所属の気動車が最大5両編成で使用されていた。貨物列車はC11形が使用され、給炭給水と気動車の給油は羽後本荘支区で行われ、検査は秋田機関区へ回送されて行われる。時期によって走らなかったこともあるが、回送を兼ねて最終の羽後矢島発秋田行が走ったりしていた。

昭和41年の営業係数は188％と赤字だが、閑散線区としてはさほど悪くない数字である。しかし、その後、クルマ社会の普及によって営業係数が悪化し、昭和56年9月に第1次特定地方交通線に指定されて、バス転換がほぼ決まりかけていた。そんなときの59年に青森県の弘南鉄道が矢島線を引き受けることを表明し、それが転機になって秋田県と地元自治体が10月に第3セクター鉄道の由利高原鉄道を設立して60年10月に転換された。転換後、駅の増設や列車を増発を行い、利便性が高まった。

輸送密度は386人、平均輸送キロは14・5キロ、平均運賃は20・03円、輸送密度での定期比率は通勤が6・2%、通学が59・5%、定期外が34・3%となっている。1日平均の輸送人員は611人、1日平均の運輸収入は26万7715円、1日平均の営業費は48万6926円で1日当たり21万9921円の赤字である。営業収支率は減価償却前で181・1%、償却後で192・3%となっている。

今後、貸切バス事業も行っていることから矢島駅で横手行のバスに接続して、実現しなかった横荘鉄道の夢を再現すればいい。できれば新庄・大曲―矢島間の路線バスを開設して由利高原鉄道に訪れやすくなれば乗客も増えよう。

【沿線風景】 羽後本荘駅の4番線が由利高原鉄道の発着線である。その隣の側線は秋田寄りで羽越本線とつながっている。

羽後本荘駅を出ると羽越本線と少し並行してから半径1600mで緩く左カーブをする。羽越本線も緩く右カーブするものの両線は離れていく。少し走ると右手に片面ホームがある薬師堂《やくしどう》駅となる。

薬師堂駅を出た先で半径400mで左カーブする。右手には吹雪防雪板が置かれている。そして左手に片面ホームがある子吉《こよし》駅となる。線路の向こうは小規模ながら吹雪防雪林がある。その先にも吹雪防雪板が置かれている。

この先で曲線半径300mで右に左に曲がりながら最大25・0‰の勾配でアップダウンして丘を越える。次に804mの鮎川《あゆかわ》橋梁を渡る。その先の半径500mの左カーブ上に鮎川駅がある。右手に片面ホームがあるが、かつては島式ホームだった。

田園地帯を進み、半径400mの左カーブ上で、右

由利高原鉄道鳥海山ろく線

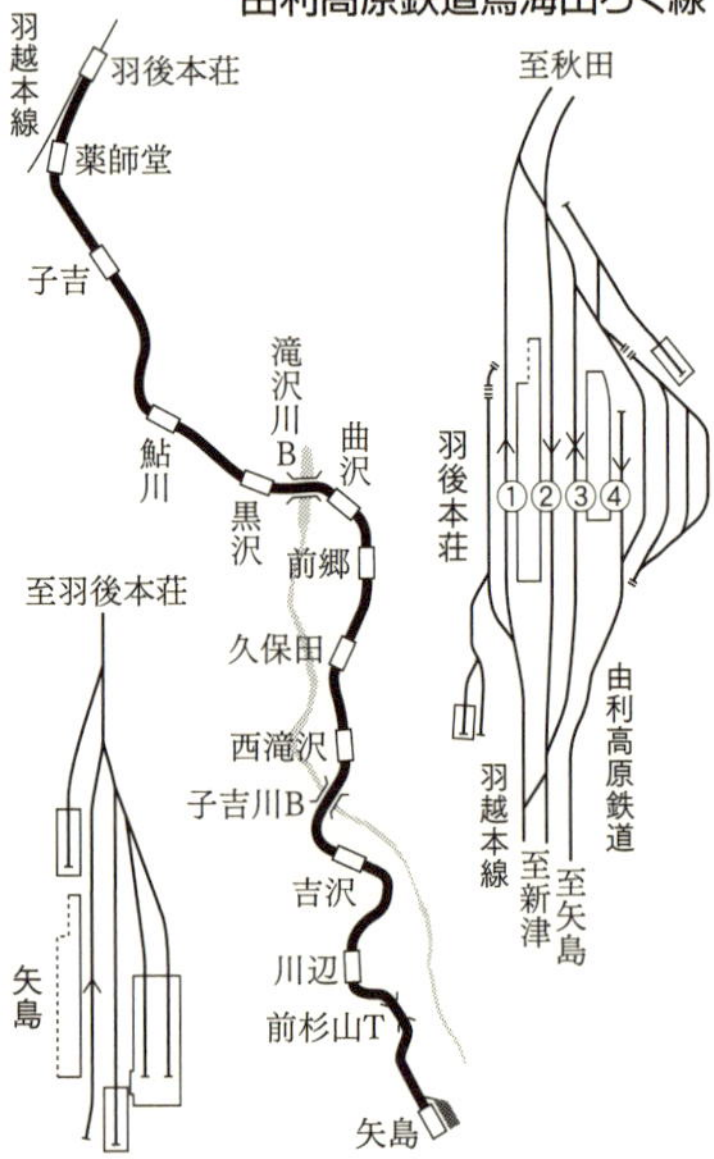

手に片面ホームがある黒沢駅となる。この先、子吉川《こよしがわ》を901mの滝沢川橋梁で渡り、半径300mで右に大きくカーブしてから直線になると左手に片面ホームがある曲沢《まがりさわ》駅となる。

田園地帯を直線で走り、半径400mで右カーブ、市街地に入ると行き違い駅で相対式ホームの前郷駅となる。行き違いがなくてもここでタブレットとスタフの交換を行う。

次の久保田《くぼた》駅は左手に片面ホームがある。子吉川に沿って南下する。次の西滝沢《にしたきさわ》駅は右手に片面ホームがある。かつては相対式ホームだった。盛土になって553mの子吉川橋梁を渡り、左に大きくカーブする。

子吉川に沿って進み、今度は半径400mで大きく左カーブをする。途中に右手に片面ホームがある川辺《かわべ》駅がある。その先で18・0‰の上り勾配になって唯一のトンネルである520mの前杉山トンネルをくぐる。

そして一旦緩く下ってから15‰の上り勾配になり町並みが見えてきて右手に片面ホームがある矢島駅となる。左手に車庫が併設されている。矢島駅の標高は53・3m、羽後本荘駅が6・5mだから標高差は50m弱である。

矢島駅に売店があり、また、ツアー客が体験乗車するときには従業員あげてお見送りをする。後述の「まごころ列車」に団体ツアー客を乗せることが多い。

【車両】　YR―3000形3両とYR―2000形2両がある。

YR―3000形は転換以来使用していたYR―1

前郷駅では停車毎にスタフとタブレットを交換する

０００形（後に冷房化して１５００形になる）が老朽化したために置き換えた。平成24年、25年、26年に各１両ずつ日本車両で造られた。２扉18m車で中央に片側４組のボックス式クロスシートがあり、扉側端部の羽後本荘寄りはロングシート、矢島寄りは車いすスペースとトイレが配置されている。ボックスシートには着脱式のテーブルが設置され、定員は73人、うち座席定員は41人である。

出力３３０ＰＳのエンジンを搭載、運転最高速度は90キロである。電気指令式ブレーキを装備しているので、他形式と連結はできない。

ＹＲ―１０００形が15m車体で朝ラッシュ時に３両編成で運転しても通学生で非常に混雑していた。このため18m車体のＹＲ―２０００形を平成12年と15年に各１両増備された。この２両の形式は同じでも車体はまったく異なる。

ＹＲ―２００１号はセミボックス式クロスシートで、由利高原鉄道初のトイレ付で空気バネ台車となっている。定員は１１６人、うち座席41人である。また、側窓は２段窓で下段は上昇、上段は下降式になっ

子吉—鮎川間を走る羽後本荘行。手前に榊状の限界標識、奥に吹雪防風板、
右手前に小規模な吹雪防雪林がある

黒沢—曲沢間にある滝沢川橋梁を走る矢島行

駅には車庫が隣接している

ている。

ＹＲ―２００２号はオールロングシートで側窓は１枚窓になっている。定員は１１４人、うち座席は49人である。混雑緩和のためにロングシートにしたが、イベント列車にするときは通路中央にテーブルを設置、モニタも車内に置かれている。出力３３０ＰＳのエンジンを搭載している。

【ダイヤ】　羽後本荘―前郷間がスタフ閉塞、前郷―矢島間がタブレット閉塞となっている。しかし、通常ダイヤでは続行運転はなく、前郷―矢島間はスタフ閉塞と同様の方式をとっている。

矢島駅近くに矢島高校があり、その通学生で混んでいる。また、羽後本荘で羽越本線に乗り換えて秋田や酒田方面への通勤通学の流れがある。

１日14往復で朝は約１時間間隔で２往復が２両編成となっている。昼間時午前中は１時間20分ほどの間隔、午後の前半は約２時間間隔だが、以降は最終まで約１時間間隔になる。最終は矢島発21時10分、羽後本荘発22時０分である。

矢島発９時40分と羽後本荘発10時43分は「まごころ列車」として、秋田おばこの着物姿の女性アテンダントが添乗する。また矢島発９時40分から14時46分までと、羽後本荘発10時43分から15時50分までは、薬師堂―矢島間で自転車の無料持ち込みができる。

【将来】　昼間時は各旅行会社の団体ツアー客が体験乗車したりしている。貸切バス事業も行っている由利高原鉄道だから、奥羽本線新庄駅から横手を経由して、横手駅から旧横荘線の廃線跡をめぐって矢島駅に達し、ここから由利高原鉄道に乗車するツアー、あるいはその逆のツアーを組んで、楽しませてもらうのも集客対策の一つではある。

首都圏などから由利高原鉄道に行くには、山形新幹線の新庄駅から陸羽西線経由か、秋田新幹線の秋田駅から羽越本線に乗り換えて行くことになるが、結構時間がかかり面倒である。また、横手―本荘駅前間に羽後交通のバス路線もあるが、横手からバスに乗るのも面倒である。

そこで新庄駅から国道13号と１０８号経由で矢島に行くバス路線と、大曲駅から由利本荘駅へ行くバス路線があると便利である。

秋田内陸縦貫鉄道秋田内陸線

長距離三セク路線を生かして驚きの観光列車を開発せよ

POINT! 秋田《あきた》内陸《ないりく》線は営業キロが94キロもあり、第3セクター鉄道としては長い路線を持つ。人口過疎地帯を走るものの、内陸線は沿線住民にとっては重要な足であり、赤字になっているが、沿線住民や秋田県も存続に向けて努力している。その努力が実ってか、近年、観光客がけっこう利用するようになってきた。いろいろ趣向をこらした観光列車を走らせているが、他には真似ができないあっと驚くような観光列車がほしいところである。長距離路線を生かして走らせるとすれば食堂車か寝台車であろう。

【概要】 秋田内陸縦貫《あきたないりくじゆうかん》鉄道秋田内陸線は角館《かくのだて》—鷹巣《たかのす》間94・2キロの単線非電化路線で、角館駅で田沢湖線と連絡、鷹巣駅で奥羽本線と接続して、不定期列車が弘前方面から直通する。信号方式は軌道回路検知式特殊自動閉塞である。「スマイルレール秋田内陸線」の愛称が付けられている。

もともとは国鉄の奥羽線の部に所属する阿仁合《あにあい》線と東北線の部に所属する角館線を秋田内陸縦貫鉄道が引き継ぎ、さらに鉄道建設公団によって両線を結ぶ阿仁合線の延長線を開通させて秋田内陸線としたものである。

改正鉄道敷設法の別表13の「秋田県鷹ノ巣ヨリ阿仁合ヲ経テ角館ニ至ル鉄道」として予定線に取り上げられた。路線名は鷹角線としたものの、工事線に昇格したのは昭和に入ってからで、とりあえず鷹ノ巣―阿仁合間を阿仁合線として着工した。

昭和９年（１９３４）12月に鷹ノ巣―米内沢《よないざわ》間、10年11月に米内沢―阿仁前田《あにまえだ》間、11年9月に阿仁前田―阿仁合間が開通、戦後の38年10月に阿仁合―比立内《ひたちない》間が延長開通した。

一方、角館側は角館線として昭和14年に着工したが、16年に戦時体制のために中止してしまった。

沿線の人口は少なく、貨物は桂瀬《かつらせ》駅で石炭、阿仁合駅で鉱石のほかは全駅で積み込む木材の輸送だった。昭和40年度の営業係数は２５９％と高い。

田沢湖線が全通すると角館線の再着工の声が高まり、昭和40年9月に日本鉄道建設公団の手で着工した。そして45年11月に松葉《まつば》―角館間が開通した。所要時間は30分で路線バスの50分より速いが、１日３往復しか運転されなかった。バスは１日17往復走らせていた。

松葉―桧木内《ひのきない》（工事仮称駅名・現上桧木内《かみひのきない》）間は昭和41年10月、桧木内―比立内間は昭和48年8月に着工された。50年時点で松葉―桧木内間の路盤工事は竣工したものの、56年9月に国鉄再建法によって角館線の開通区間は第１次特定地方交通線に指定され、59年6月には阿仁合線も第２次特定地方交通線指定され、未開通区間の工事も凍結されてしまった。

国鉄はバス転換を奨励したが、地元は点在する高校への通学はバスでは輸送力が不足し、冬期の安定輸送ができる鉄道に固執した。そして昭和59年10月に第３セクター鉄道の秋田内陸縦貫鉄道を設立し、61年11月に阿仁合線区間を秋田内陸北線、角館線区間を秋田内陸南線として運行を継承した。

転換する前年の昭和61年度の輸送密度は阿仁合線が９２７人、角館線が１７０人、営業係数は阿仁合線が８６９％、角館線が１０７６％であった。

転換時に、国鉄のキハ22形気動車を北線は7両、南線は2両を借り受けた。南北両線とも1両が予備車で、北線は朝ラッシュ時3両編成、その他の時間帯は、単行または2両編成で1日鷹巣—阿仁合間12往復、阿仁合—比立内間8往復だった。戦前の開通区間の最小曲線半径が250m、最急勾配が25‰なので最高速度は65キロと遅い。

南線は終日単行運転で1日7往復だったが、戦後になって建設したことから最小曲線半径400m、最急勾配20‰なので最高速度は85キロになっている。

工事凍結区間は、第3セクター鉄道が運営するなら再開ができるために、昭和60年9月に工事を再開し、平成元年4月にようやく鷹角線は秋田内陸線として全通した。

昭和63年2月にAN—8800形9両と平成元年3月にAN—8900形5両を増備した。AN—8800形は一般用だが、AN—8900形は急行用またはイベント用である。8901〜8904号は正面非貫通のパノラマ窓の片運転台で、連結側に1枚の扉があるだけである。また中央にソファがあり、その両側は転換クロスシートになっている。奇数番号車の扉と車端部の間にはトイレと売店、偶数番号車には飲料自動販売機とロングシートを配置した。

8905号は貫通式の両運転台付で急行を3両編成にして多客期の混雑を緩和する。オール転換クロスシートである。3両編成にするほかに8901〜8904号が検査入場したときに代替連結したりもする。

急行は「もりよし」の愛称が付けられ2往復が設定された。「もりよし」の愛称は秋田内陸線からも見ることができる森吉山からとったものである。

運用的には阿仁合駅を普通で鷹巣駅まで向かい、折り返しは急行となって角館駅に行く。そして間合いで上桧木内駅まで普通で往復してから、角館―鷹巣間を急行で１往復半する。さらに鷹巣駅で最終の普通比立内行になって入庫する。

鷹巣―角館間の最速の所要時間は１時間52分、表定速度50・５キロだった。そして角館駅では田沢湖線の特急「たざわ」に接続していた。

田沢湖線を秋田新幹線とするために標準軌化工事がはじまって、１年間ほど田沢湖線が運休した平成９年には、急行「もりよし」は１往復に減らした。その後、秋田新幹線ができると２往復に戻ったが、10年からは上り「もりよし」４号は阿仁合―鷹巣間は普通となった。

平成13年12月から、３号は停車駅はそのままにして快速に格下げ、４号は廃止となり、その快速もその後廃止となった。しかし、17年12月に下りの「もりよし」３号が復活した。その後、１号が阿仁合―角館間に運転区間を縮小したりした。

平成24年３月、ＡＮ―８９００形の老朽化と燃料消費を少なくするために急行「もりよし」は一般車の単行運転に切り替え、普通も２往復が削減された。26年３月に比立内―角館間で夜間の下り２本と早朝の上り１本を快速にして燃料費を節約するようになった。普通だと各駅を発車するときに燃料を消費するが、快速だと発車する回数が少なく、そのぶん燃料を消費しない。

平成28年にダイヤを改正して、従来角館発の急行「もりよし」２号は秋田新幹線の「こまち」７号に接続していたのを、「こまち」３号に接続するように発車時間を１時間早め、現在に至っている。

輸送密度は２８６人と非常に少ない。平均輸送キロは31・６キロと長い。それなのに平均運賃は15・９円と安い。割引率が高い通学定期客によって平均運賃を押し下げている。輸送密度での定期比率は通勤が3・8％、通学が29・2％、定期外が67・0％となっている。時系列的にみると定期外客が微増している。

1日平均の輸送人員は854人、1日平均の運輸収入は41万1287円、1日平均の営業費は111万2144円で1日当たり70万857円の赤字である。営業収支率は減価償却前で260・9％、償却後で270・4％と非常に苦しい。

行楽客や観光客を呼び込む努力をしているところだが、なかなかこれといった集客力があるアイデアがでてこない状況である。

観光地田沢湖に一番近い駅が松葉駅なので、松葉駅発の田沢湖周遊バスの運行や、JRの旧式気動車あるいは寝台客車を譲受して走らせるといったことや、さらには鷹巣駅からの奥羽線直通列車の定期運転も考えてみるのもいいだろう。しかし、阿仁合駅にある車庫の検修ピットは18m車2両編成用なので、20m車の2両編成を検査できない。

急行「もりよし」は一般車両を使っているが、50キロまで160円、51キロ以上320円と安いとはいえ急行料金をとっている以上、単行運転可能な8905号か、8901号などを両運転台に改造して走らせることが必要である。

【沿線風景】　JR羽越本線の上り本線である片面ホームの1番線の秋田寄り反対側に秋田内陸縦貫鉄道（以下内陸線）の鷹巣駅のホームがある。ホームはJRとつながっているが、内陸線独自の改札口がある。JRは鷹ノ巣、内陸線は鷹巣と読みは同じでも内陸線のほうは「ノ」を入れない。

発着線に並行して保守横取線があり、角館寄りでJRとの渡り線がある。しかし、そのまま内陸線へ進入できる信号機はなく、ポイントも手動である。手信号に従って手動でポイントを転換して内陸線の本線に転線する。そしてバックして内陸線の発着線に停車し、内陸線の出発信号機に従ってはじめて角館に向けて発車できる。内陸線からJRへの直通も一度内陸線ホームに停車してから、バックして手信号により入れ替え作業でJRの下1線に停車させる。

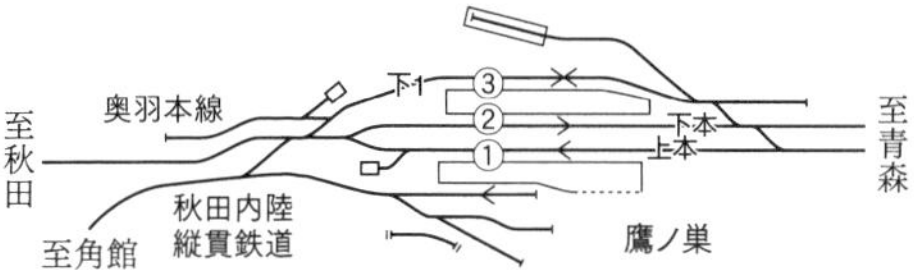

　鷹巣駅を出ると少し羽越本線と並行してから、半径400mで左カーブをして羽越本線と分かれる。直線になって少し進んで左手に片面ホームがある西鷹巣駅となる。この先で526mの米代川《よねしろがわ》橋梁、続いて41mの小猿部川《おさるべがわ》橋梁を渡る。

　右に大きくカーブして右手に片面ホームがある小ヶ田《おがた》駅があり、半径300mで左カーブしながら31mの小ヶ田橋梁を渡る。渡ってから最大25・0‰の上り勾配で丘を越えていく。

勾配が緩むと左手に片面ホームがある大野台《おおのだい》駅となる。駅を出ると再び25・0‰の上り勾配があり、途中で下り勾配に転じる。最小曲線半径も300mで右に左に曲がっていく。

　降りきる手前に合川《あいかわ》駅がある。島式ホームで鷹巣寄りから進入できる横取線が左手に、右手には貨物ホームの跡が残っている。前後のポイントは両側分岐で制限速度は25キロである。さらに緩く下ってから緩い上り勾配に転じ、右手に片面ホームがある上杉《かみすぎ》駅となる。

　南東に進み、半径600mで大きく左カーブしたところに左手に片面ホームがある米内沢駅がある。もとはJR形配線の駅で、右手に島式ホームが残っている。

　阿仁川《あにがわ》に沿って緩い上り勾配基調で進む。蛇行している阿仁川なので内陸線も最小曲線半径200mで右に左にカーブする。次の桂瀬駅は右手に片面ホームがある。

　阿仁前田駅は下り線が分岐側の相対式ホームの駅で鷹巣寄り右手に貨物ホームが残っている。上りホーム側に駅舎があり温泉保養施設「クウィンス森吉」が併

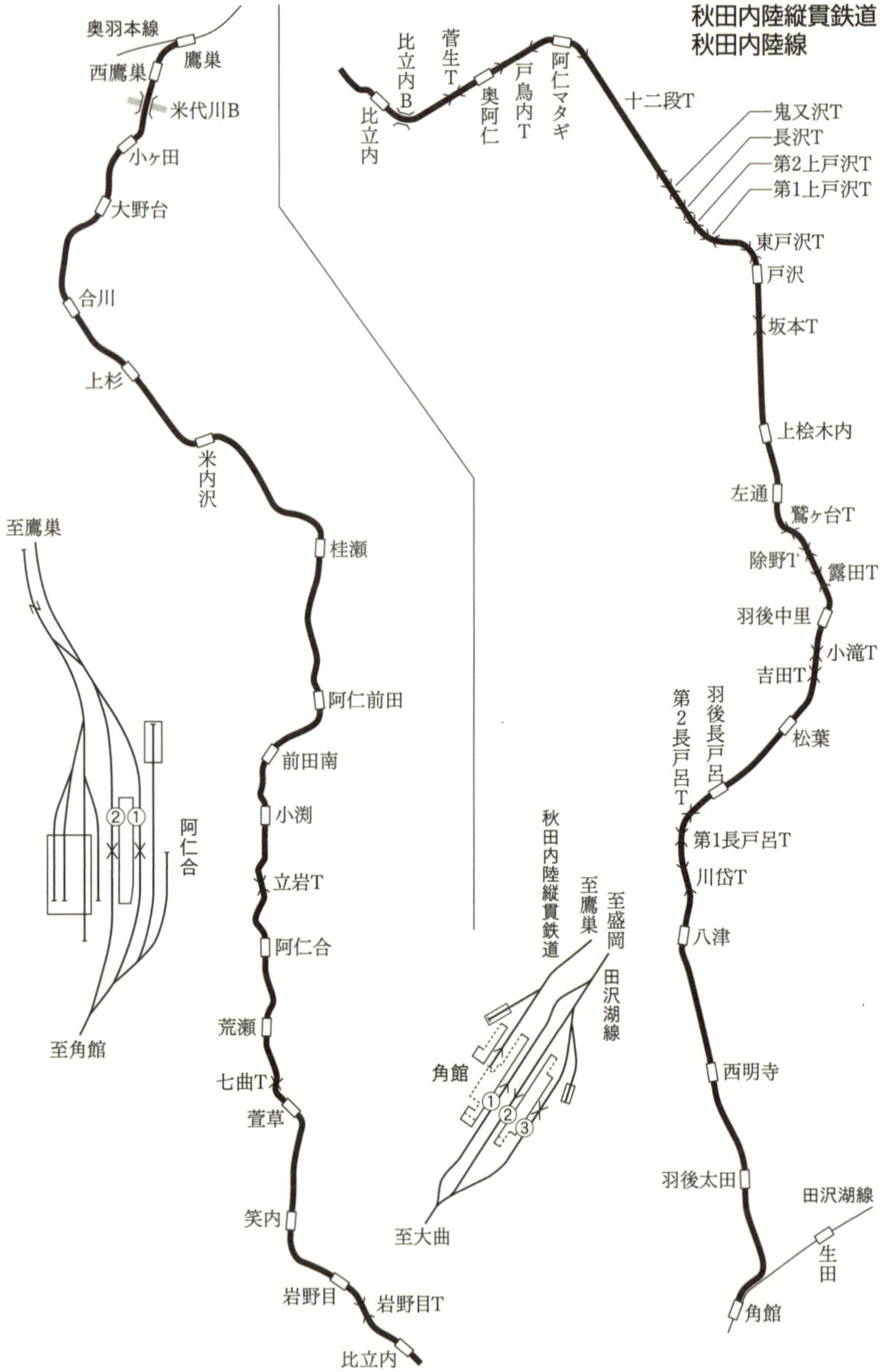
秋田内陸縦貫鉄道
秋田内陸線
奥羽本線
鷹巣
西鷹巣
米代川B
小ヶ田
大野台
合川
上杉
米内沢
桂瀬
阿仁前田
前田南
小渕
立岩T
阿仁合
荒瀬
七曲T
萱草
笑内
岩野目
岩野目T
比立内
比立内
比立内B
菅生T
奥阿仁
戸鳥内T
阿仁マタギ
十二段T
鬼又沢T
長沢T
第2上戸沢T
第1上戸沢T
東戸沢T
戸沢
坂本T
上桧木内
左通
鷲ヶ台T
除野T
露田T
羽後中里
小滝T
吉田T
松葉
羽後長戸呂
第2長戸呂T
第1長戸呂T
川岱T
八津
西明寺
羽後太田
角館
田沢湖線
生田
至鷹巣
②
①
阿仁合
至角館
秋田内陸縦貫鉄道
至鷹巣
至盛岡
田沢湖線
角館
①
②
③
至大曲

阿仁合駅に隣接している車庫。建屋内の検修ピットは中形車2両編成分しかない

比立内駅を発車した急行「もりよし」号。現在は一般車を使用している

設されている。トレインビューの宿泊施設も平成29年12月にできた。

上り勾配になって１８７ｍの小文川橋梁を渡ってしばらく進むと右手に片面ホームがある前田《まえだ》南《みなみ》駅となる。駅は半径６００ｍの左カーブ上にある。79ｍの小様川《こざまがわ》橋梁を渡りしばらく進むと右手に片面ホームがある小渕《こぶち》駅となる。さらに南下し山が阿仁川に迫っているので１４７ｍの立岩トンネルで抜ける。

しばらく走って阿仁合駅となる。左手が１番線の島式ホームで、右手には車庫がある内陸線の中心駅である。１、２番線とも鷹巣と角館の両方向に出発ができる。車庫は４線の線路があり、うち３線は検修庫につながっている。車庫からは一度鷹巣寄りにある引上線に向かい、方向を変えて本線に入線する。左手にも2線の側線があり、その1線は奥で保守車庫につながっている。

この先も上り勾配基調で阿仁川と並行して進む。森の中をずっと走り続け、半径1000mの左カーブ上の左手に片面ホームがある荒瀬《あらせ》駅を過ぎる。65mの第1、100mの第2、93mの第3の三つの七曲トンネルをくぐる。そして51mの渡り145mの七曲橋梁を渡り145mの七曲トンネルをくぐる。そして51mの又沢橋梁を抜けた先の左手に片面ホームがある萱草《かやくさ》駅がある。さらに進んで右手に片面ホームがある笑内《おかしない》駅、次いで右手に片面ホームがある岩野目《いわのめ》駅となる。

岩野目駅を出ると138mの岩野目トンネルをくぐり、土地が開け街中に入って島式ホームの比立内駅となる。左手が下り本線、右手が上り本線で、下り本線は鷹巣方に折り返しができる。また、右手に側線が1線ある。

左に大きくカーブし下路トラス橋の比立内橋梁と上路トラス橋の早瀬沢橋梁を渡る。比立内橋梁はインスタ映えするとして台湾人が取り上げ、それを見た多くの台湾人が撮影に来ている。

比立内橋梁は比立内駅から歩いていける。そのため比立内駅には日本語も含めて4か国語で駅から橋梁までの案内パンフレットが置かれている。

その先で312mの菅生トンネルを抜ける。そして右手に片面ホームがある奥阿仁《おくあに》駅となる。

続いて1575mの戸鳥内トンネルを抜け、右カーブして左手に片面ホームがある阿仁マタギ駅となる。この先は盛土で進み、内陸線で一番長い5697mの十二段トンネルを抜ける。

続いて233mの鬼又沢、329mの長沢、65mの第2戸沢、45mの第1戸沢、154mの東戸沢の五つのトンネルを抜け、右手に片面ホームがある戸沢《とざわ》駅となる。内陸線はおろか秋田県で一番標高が高い駅で、標高は315mである。

少し進むと後方に標高1454mの森吉山《もりよしやま》が見える。70mの坂本トンネルを抜け、しばらく進むと島式ホームの上桧木内駅となる。下り線は角館に向かって折り返しができる。上り線の角館寄りに乗り上げポイントによる横取線がある。

盛土になって南下、右手に片面ホームがある左通《さどおり》駅

秋田内陸鉄道角館駅。右はJR角館駅で「こまち」東京行が発車している

を過ぎ、338mの露田トンネルを抜けて、また盛土になって右カーブすると右手に片面ホームがある羽後《うご》中里《なかざと》駅となる。この先に675mの小滝、206mの吉田の二つのトンネルを抜けて元島式ホームの松葉駅となる。元上り線の一部が角館寄りに残っている。田沢湖にもっとも近い駅だが、といっても結構な距離がある。

緩い下り勾配で桧木内川に沿って進み、左手に片面ホームがある羽後《うご》長戸呂《ながとろ》駅を過ぎる。25mの新瀬沢橋梁を渡り、484mの第2長戸呂トンネルをくぐる。89mの下田橋梁を渡り、565mの第1長戸呂トンネルをくぐる。112mの第1一軒屋橋梁、続いて52mの大渕橋梁を渡り、312mの川岱《かわたい》トンネルを抜け、さらに69mの第1川岱、49mの第2川岱の二つの橋梁を渡ってしばらく走ると下り線が直線、上り線が分岐側になる相対式ホームの八津《やつ》駅となる。

なだらかに地形をほぼ直線で進んで右手に片面ホームがある西明寺《さいみようじ》駅、続いて右手に片面ホームがある羽《う》後太田《ごおおた》駅がある。この先で半径600mで右にカーブして田沢湖線と合流し、そのまま並行して進んで角館駅となる。頭端片面ホームで右手に1線収容の車庫がある。

【車両】 概要で述べたようにAN―8801形9両と急行「もりよし」用だったAN―8901形5両のほかに、平成13年にAN―2000形1両を増備した。AN―8808号はお座敷車両に改造されている。

AN―2000形は正面非貫通のパノラマタイプの片運転台車で座席は転換クロスだが、運転台後部は片側にだけロングシートを設置、広い空間をとってイベントスペースにしたり畳を敷いてお座敷スペースにできる。

AN―8900形は急行「もりよし」の運用を中止して、団体列車や奥羽線直通の臨時列車に使用されている。AN―2000形とともに2両程度を両運転台化して急行「もりよし」用に再度使うのもいい。

AN―8801形は2扉ボックス式セミクロスシート車でトイレ付の正面貫通式である。扉近くのシートを取り外して冬期のスキー客のスキーが置けるようにしている。降雪時や秋の落ち葉によって空転を防ぐために2軸駆動にし、出力250PSのエンジンを搭載している。

【ダイヤ】 快速は速く走ることだけが目的ではなく、燃料消費を抑えることもあって走らせている。電車と違って気動車は回生ブレーキというものがない。減速時にエネルギーの見返りがない。停車回数が多ければそれだけ燃料を使ってしまう。このためまったく乗降客がない早朝に快速が設定されている。

快速の停車駅は阿仁合発角館行が比立内、阿仁マタギ以遠各駅、角館発阿仁合行が西明寺、松葉、上桧木内、阿仁マタギ以遠各駅である。

鷹巣駅近くに北秋田市にあった四つの高校を統一した県立秋田北鷹高校、そして角館に県立角館高校がある。このため両端に向かって通学生の流れがある。

羽越本線と接続する鷹巣から阿仁合に向かって漸減していく乗客の流れがあり、それに阿仁合から角館に向かって漸増する流れがある。そして全線を走破する地元乗客はほとんどない。このため阿仁合駅を境に普通の運転系統が分けられている。

また、秋田新幹線が開通してからは東京方面からの観光客が阿仁合や比立内を訪れる。比立内駅や阿仁合駅で一度降りて、あたりを散策しながら全線乗車する行楽客も増えてきた。近年になり、台湾の人々が比立内駅近くの比立内橋梁を走る列車を撮りに来たり眺めたりするようになった。

急行「もりよし」だけでなく、その後に走る普通などに角館―阿仁合間で女性アテンダントが乗務し、観光案内やグッズの販売をしている。

平日には「ウィークデーフリーきっぷ」と内陸線内の一駅だけ途中下車できる「片道寄り道きっぷ」、土休日には「ホリデーフリー全線」と「ホリデーフリーA」と「ホリデーフリーB」が発売される。ホリデーフリーのうち「全線」は急行も利用できる。「A」は鷹巣―松葉間で、「B」は阿仁合―角館間で乗り降り自由だが急行料金は別途支払わなければならない。

阿仁合駅始発の急行「もりよし」1号は角館駅で東京行「こまち」16号に接続している。折り返し「もりよし」2号は東京発7時36分の「こまち」3号に接続している。接続時間は22分もある。

5分もあれば充分乗り換えができるが、乗り換えに不慣れな行楽客が殺到してきて切符販売の窓口が混雑する。とくに休日は混雑する。窓口ではお得なフリーきっぷを勧めたりするので、乗客一人ひとりの対応に時間がかかる。このため22分もとっているのである。

鷹巣駅では奥羽本線弘前行普通に接続している。

鷹巣発の「もりよし」3号は角館駅で「こまち」32号に接続する。角館発15時33分の快速は急行と同じ停車駅で比立内駅までの所要時間も急行とほとんど変わらない。「もりよし」が一般車両を使用するようになって設備面も同じになっている。

この快速は「こまち」21号と接続しているが、繁忙期に「こまち」が増発されると行き違いに時間を取られ角館駅で1分しか接続時間がない。というより乗り換えはできない。内陸線だけではないが、JRの都合で列車の時刻を変更されると、接続している私鉄はすぐには対応できない。

普通については朝ラッシュ時には、角館と鷹巣に向かう通学生が少子化で少なくなったために有効時間帯には両方向とも1列車しか運転されていない。昼間時は2時間間隔、夕夜間は約1時間30分間隔である。また鷹巣発比立内行が2本運転されている。鷹巣方面から比立内へ向かう帰宅客があるためである。

行楽期にJRの弘前から角館駅までの臨時快速列車が走る。奥羽本線内の停車駅は大鰐温泉《おおわにおんせん》、碇ケ関《いかりがせき》、大館だが、鷹巣駅では手動入換で内陸線に入線するために到着してから発車まで約30分も時間がかかる。このあたり信号を連動させて5分程度に短縮する必要がある。使用車両はAN―8900形が多い。

【将来】　急行「もりよし」はやはり急行にふさわしい車両で走らせる必要がある。そのためにはAN―8900形を両運転台付に改造して単行運転をするか、もとの2両編成にするが、1両は指定席車にして指定席料金を徴収することで収益を上げることもいい。また、お座敷車両の8808号とAN―8901形を連結し、お座敷車両を指定席車にすることもいい。

国鉄の消滅しかかった気動車や寝台車、あるいは食堂車とディーゼル機関車も譲受して走らせることで鉄道ファンが乗りに来る。

とくに寝台車だと大曲《おおまがり》での花火大会終了後、角館駅まで田沢湖線で来て、秋田内陸線を走る寝台車に乗車してもらう。そして一度鷹巣に向かい折り返し阿仁合駅まで戻って同駅構内で朝まで停車して1泊してもらう。朝になって阿仁合駅駅舎内にあるこぐま亭で朝食を提供するといったツアーを組めば、鉄道ファンならずとも利用しようと思う人は多い。

2両編成で1両は個室寝台、もう1両は開放寝台にするのがいい。検修時は1両ずつにして行えばいい。ただし、JRに在籍している寝台はめっきり数が減っており、いまやJR九州に7両が残るだけである。しかも廃車もそう遠くない将来になされるだろう。早急に手当てが必要である。

旧式食堂車は1両も残っていない。AN―8800形などの旧式車両を改造するか、新造するしかないが、国鉄時代の食堂車に近いものにすれば、これも受けることこの上なしである。

花火大会だけでなく、角館駅を出発して鷹巣で折り返して阿仁合駅で1泊するツアーを土休日運転でおこなってもいい。

とにかく内陸線は94キロも距離があるので、あっと驚くような元JRの長距離列車を走らせると受けることになろう。

用語解説

既刊の「用語解説」も参照のこと

1線スルー　単線路線では駅や信号場で行き違いをするとき複線となるが、片側あるいは両側とも速度制限を受ける（通常は45キロ制限）。その駅に停車するならそれでもかまわないが、通過列車が速度を落とすのでは時間の無駄である。片方を直線にして、通過列車は上下線ともそこを走らせれば、速度制限を受けないですむ。これが1線スルー方式である。

VVVFインバータ制御　通常の電車は回転速度の幅が大きく制御しやすい直流モーターを使う。交流モーターは周波数により回転数がほぼ決まっており、電圧による回転数の大小幅は狭かった。インバータは周波数と電圧を自由に変化させる制御装置(Variable Voltage Variable Frequency)であるが、大容量のものも開発され、これを交流モーターに採用した電車がインバータ電車である。直流モーターにくらべてメンテナンスが楽であり、車体の下にある制御機器の数が減る。また、空転が起こりにくいので加速性能を上げることができる。

運転停車　行き違いなどで停車駅でない駅などに停車すること。

営業キロ　運賃を計算するときに設定したキロ程。必ずしも実際の線路延長と合致しない。

営業係数　100円の収益を上げるのにかかった経費。当然100円を超えると赤字である。

ORS　Off Rail Station の略。大きな貨物駅までコンテナをトラックで輸送する貨物取扱場。ほとんどは貨物列車を走らせるほどの需要がない貨物駅を廃止してORSにするが、まれに通運会社に委託してその集荷場をORSとしているところもある。

界磁添加励磁制御　国鉄が開発した初期の省エネ電車に採用された制御器。直流モーターの界磁側の電流を制御することによって、抵抗器による電気の損失を軽減する制御器。

回生ブレーキ　電気ブレーキで発生した電力を架線に戻し、他の電車の加速に使えるようにしたもの。

回転線　転車台につながる線路。

機折線　機関車用の短い折返線。

機走線　貨物ターミナルなどで機関庫と仕訳線とを結ぶ機関車だけが走る通路線。

機待線　仕訳された列車に連結するために機関車が待機する線路。

機回線　機関車牽引の列車は終点などで折り返すとき、機関車を反対側に連結しなければならない。そうするには、切り離された機関車を先頭側に付けるための線路が必要で、これを機回線という。ただし運転関係の部署では機関士が機関車を回すから「機回し線」、施設関係の部署では管理する線路に機関車が回るから「機回り線」と読み方が異なっている。

機留線　機関車留置線の略。

均衡速度　駆動力と走行抵抗の力が同じになって、これ以上加速できない速度。

甲線、乙線、丙線　国鉄時代に定めた線路等級の区分。甲、乙、丙と簡易線の4段階に分けていて、甲線の規格が一番よく、幹線に当てられる。その後、湖西線などができると甲線より規格が上になるため特甲線が追加され、さらに甲線から簡易線までを1級線から4級線に変更された。

シーサスポイント　シーサスクロッシングポイント。複線間の順方向と逆方向の渡り線を一つにまとめたもので、線路配線図には複線の間に×印で描く。

自動閉塞　鉄道路線ではある一定の間隔で閉塞区間を設け、一つの閉塞区間には一つの列車しか走ることができないようにして安全を保っている。自動閉塞は該当する列車が一つの閉塞区間に入った、あるいは出たことを軌道回路で検知する。軌道回路とは左右のレールに電流（これを信号電流という）を流し、車両の車輪でショートさせて電圧がゼロになったことで列車の出入りを検知する。そしてその閉塞区間の入口にある信号機を赤点灯の停止現示して、他の列車が入れないようにする。単線では前方の出口側にある対向列車のための信号機を停止現示にして正面衝突を防いでいる。

車扱貨物　貨車を1両ごとに扱って仕訳をし、貨物列車を組成する方式。かつてはこれが主流だったが、現在は各貨物ターミナル間を直行するコンテナ列車が主流になっている。しかし、今でも同一品目を数両の貨車に積載する貨物列車は車扱貨物として取り扱っている。

上下分離方式　線路などインフラ部分を所有する会社、あるいは公的組織と、実際に運営する鉄道会社とを分ける方式のこと。鉄道を運営する会社はインフラの建設費などの償還に関わらないので、経営が楽になる。

スタフ閉塞　一つの閉塞区間に置いて、票券（スタフ）を載せた列車しか走ることができないようにして正面衝突や追突を防ぐ信号保安方式。票券は一つしかない。

第1種（第2種、第3種）鉄道事業（者）　第1種鉄道事業者は線路を自らが敷設して運送を行い、さらに第2種鉄道事業者に使用させることができる。第2種鉄道事業者は第1種鉄道事業者または第3種鉄道事業者が保有する線路を使用して運送を行う。第3種鉄道事業者は線路を敷設して第1種鉄道事業者に譲渡するか、第2種鉄道事業者に使用させ、自らは運送を行わない。

たすき掛け線増　単線を複線化するとき、急カーブや急勾配を従来線より緩和する目的で、新規線増線を別ルートで設置することも多い。複線化後、線増線と従来線を平面図ではたすきを掛けたように見える。また、勾配を緩和した場合、縦断面図でもたすきを掛けたように見える。このことから、別ルート線増が「たすき掛け線増」と呼ばれる。

多層階運用　発駅・着駅などの異なる列車の併結運転を何度も繰り返す運用のこと。

タブレット閉塞　スタフ閉塞と同じだが、閉塞区間の両端にタブレット発行機を設置して、その内部には複数以上の票券を収納している。ただし、発行機から出ている票券は常に一つだけとし、いずれかの発行機に収納されるともう一方から新しい票券を取り出せる。これによって同じ方向に続いて列車を走らせることができる。

通路線　車庫などのところで留置や洗浄、検査をする目的の線路のほかに、これら線路へ向かうための通路として使用する線路。

定数牽引　機関車等が駅間などで定められた走行時間で走ることができる牽引列車の牽引できる限界重量。

鉄道敷設法　明治初期および中期には鉄道の建設は全国的な観点からなされていなかったので、全国的な鉄道建設構想を打ち出すために、明治25年に鉄道敷設法が制定され、予定線33路線を、順次国が建設することとした。すでに私鉄によって開業したものを国が買収することや、私鉄による建設は、帝国議会の承認によるとした。国にすべてを建設するだけの予算がなかったためである。だが39年に鉄道国有法ができ、一地域の輸送に限定する路線以外は国有化された。また、北海道は鉄道敷設法から除外されており、別に北海道鉄道敷設法が29年に公布されている。鉄道敷設法によってほぼ幹線、亜幹線が開通した後の大正11年には、もっと細かな路線を建設するために改正鉄道敷設法が制定された。これには北海道を含めた１４９路線が別表にあげられている。改正鉄道敷設法は年を経るごとに新路線が別表に加えられて、赤字ローカル線が造られていった。

電動制御車　電車において運転台とモーターがある車両を電動制御車、モーターがない車両を制御車、モーター付で運転台がない車両を中間電動車あるいは単に電動車、運転台もモーターもない車両を付随車と呼ぶ。

特殊自動閉塞　通常の自動閉塞方式は1閉塞のすべての区間に信号電流を流し続けている。これでは不経済である。一つの閉塞区間の入口と出口の位置に列車の出入りを感知するようにすれば経済的である。多くは単線区間の各行き違い駅間を1閉塞とし、各行き違い駅の前後に感知器を置いている。これを特殊自動閉塞という。検知方式は軌道回路や列車から発した電波を受けて検知する。前者を軌道回路式特殊自動閉塞、後者を電子符号自動閉塞という。特殊自動閉塞では一つの行き違い区間を1閉塞にするために、同じ方向に続けて後続列車を走らせることはできない欠点がある。

中線　基本的に上下本線の間に敷かれた副本線。

NATM工法　主として山岳トンネルにおける掘削工法。掘削後、コンクリートを素早く吹き付けて、そのコンクリートを通して岩盤にアンカーボルトを打ちこんで、コンクリートと岩盤を一体化する工法。

乗り上げポイント　保守用側線から本線に入るなどの際に使用するポイント。本線と渡り線との分岐部では通常、本線側のレールにすき間があるが、乗り上げ式の場合はそれがないため、本線列車が通過してもショックは起きない。保守車両が通るときは、線路の横に置いてある山形のパーツを取り外して分岐部に置く。

表定速度　一定の区間での停車時間を含めた平均速度。

平均運賃　一人が平均的に支払ったものではなく、運賃収入を人キロで割ったもの。人キロとは輸送人員と乗車キロを掛け合わせたもので、一人が1キロ乗車したときに支払った運賃である。実際の一人が平均的に支払った運賃は平均運賃に平均乗車キロをかければ算出できる。

平均輸送キロ　乗客一人当たりの平均した乗車キロ数。

棒線駅　ホーム1面1線でポイントがない駅。ポイントがない複線の駅でも言うときがある。

ボギー台車　一般的な鉄道で使用している台車。

輸送人キロ　輸送人員と乗車キロを掛け合わせた延べ輸送量。

輸送密度　営業1キロ当たりの1日平均乗車人数。

抑速ブレーキ　下り勾配で一定の速度を保って降りることができるブレーキ装置。

横取線　保守車両を収容する側線。

著者略歴――――
川島令三 かわしま・りょうぞう

1950年、兵庫県生まれ。芦屋高校鉄道研究会、東海大学鉄道研究会を経て「鉄道ピクトリアル」編集部に勤務。現在、鉄道アナリスト、早稲田大学非常勤講師、全国鉄道利用者会議顧問。小社から1986年に刊行された最初の著書『東京圏通勤電車事情大研究』は通勤電車の問題に初めて本格的に取り組んだ試みとして大きな反響を呼んだ。著者の提起した案ですでに実現されているものがいくつもある。著書は上記のほかに『全国鉄道事情大研究（シリーズ）』『関西圏通勤電車徹底批評（上下）』『なぜ福知山線脱線事故は起こったのか』『東京圏通勤電車 どの路線が速くて便利か』『鉄道事情トピックス』『最新 東京圏通勤電車事情大研究』（いずれも草思社）、配線図シリーズ『全線・全駅・全配線』、『日本 vs.ヨーロッパ「新幹線」戦争』『鉄道配線大研究』『全国通勤電車大解剖』（いずれも講談社）など多数。

全国鉄道事情大研究
東北・西部篇

2018年10月18日 第1刷発行

著者 川島令三
装幀者 板谷成雄
発行者 藤田 博
発行所 株式会社 草思社
〒160-0022 東京都新宿区新宿1-10-1
電話 営業 03(4580)7676 編集 03(4580)7680

編集協力 富田康裕
組版・図版 板谷成雄
印刷・製本 中央精版印刷株式会社

ISBN978-4-7942-2358-6 Printed in Japan 検印省略